新征程上的人才强国战略研究

关键问题
与重点突破

苏中兴 著

中国人民大学出版社
·北京·

2020 年，党的十九届五中全会通过的《中共中央关于制定国民经济和社会发展第十四个五年规划和二〇三五年远景目标的建议》指出，"坚持创新在我国现代化建设全局中的核心地位，把科技自立自强作为国家发展的战略支撑……深入实施科教兴国战略、人才强国战略、创新驱动发展战略"。2022 年，党的二十大报告指出，"教育、科技、人才是全面建设社会主义现代化国家的基础性、战略性支撑。必须坚持科技是第一生产力、人才是第一资源、创新是第一动力，深入实施科教兴国战略、人才强国战略、创新驱动发展战略"。党中央提出的科教兴国战略、人才强国战略、创新驱动发展战略，其底层逻辑是一致的，就是通过人才强国战略驱动科技创新，通过科技创新实现高质量发展。在全面建设社会主义现代化国家的新征程上，只有真正落实好人才强国战略，第二个百年奋斗目标才能实现。本书深入学习贯彻党的十九届五中全会精神、中央人才工作会议精神和党的二十大精神，对我国人才发展体制机制方面仍然存在的一些"多年困扰、反映强烈"的问题作了深入分析，并对我国深入实施新时代人才强国战略的重要方向进行了研究和阐述。

第 1 章阐述了人才强国战略在我国高质量发展和全面建设社会主义现代化国家中的基础性作用，以及人才强国战略需要深入研究的关键问题。本章指出，过去 40 多年造就中国经济腾飞的国际国内要素已经发生了根本性变化。全球贸易自由化面临严峻挑战，中国自身也因为生态环境保护、人工成本上升等原因，面临经济发展模式转型和动能转换的迫切要求。无论是作为战略上的主动选择还是面对环境变化的适应性调整，中国都不可能再继续过去 40 多年的高速增长战略，从高速增长到高质量发展是中国战略转型的必然选择。

高质量发展的基础是高质量的人才队伍和人才创新创造活力的激发。然而当前，我国人才发展体制机制中仍存在一些深层次问题在制约着人才强国战略的深入实施。比如，我国关键科技领域的战略科学家和科技领军人才依然缺乏；科技人才过于集中在事业单位，研发成果转化率有待提高；一些单位仍然存在科研管理行政化现象，科技人才的创新创造活力尚未得到充分激发；科技人才评价还存在唯论文导向，不能有效引导各类人才在本职岗位上的价值创造；科技人才培养的产学研融合程度有待提高；市场和用人主体在人才发展中的作用发挥不够；等等。精准识别和深入分析我国人才发展体制机制中存在的这些关键问题，将有助于人才政策的创新和突破。

第2章研究了美国以及欧洲、亚洲一些主要创新型发达国家的人才政策与实践，及其对我国的启示。本章指出，美国本土在历史上避免了两次世界大战的侵袭，世界范围内大量的科学家、工程师为躲避战火移民美国，这为美国科技创新储备了大量的资本、技术和人才。美国拥有完备的专利保护制度，极大激发了科技人才的原始创新动力。美国注重吸引全球优秀留学生在美国科学、技术、工程、数学（STEM）领域学习，同时在全球范围内招收科研博士后，加上向技术人才倾斜的移民政策，这些都为美国提供了大量高素质科技人才。

欧洲是工业革命的发源地，英国、法国和德国是欧洲较早进行工业革命的国家，至今仍保持着科技创新活力。瑞士、瑞典、荷兰、芬兰也都是位居世界前列的创新型国家，特别是瑞士连续十多年位居全球创新指数榜单首位。欧洲国家并非典型的移民国家，但在经济全球化和人口老龄化的背景下，也开始通过积极制定技术移民政策在全球范围内吸引高科技人才。德国和瑞士的职业教育是世界职业教育的典范，有机结合了职业院校的理论教学和企业内部的实践培养，为各自国家培养了大量高技能人才，促进了高端制造业的发展。欧洲国家普遍重视产学研合作，并出台了相关措施推动高校的科研成果较快转化成现实的科技生产力。

日本、韩国、新加坡和以色列是在第二次世界大战后崛起的亚洲新兴工业化国家。这四个亚洲国家都具有国土面积狭小、自然资源匮乏的特点，四国能迅速崛起并成为创新型国家，主要得益于政府对科技、教育与人才的重视。这些国家通过建立符合国情的高质量国民教育体系和人才培养体系，为本国科技创新与经济发展提供了源源不断的人才。比如，日本依靠自身高等教育体系培养了不少诺贝尔奖获得者；新加坡把人力资本开发作为基本国策，并提前介入和吸引优秀青少年在新加坡留学和就业；以色列义务教育为12年，同时将创新创业教育融入国民教育体系中；等等。这些国家都重视科技孵化器在高新技术产业发展中的作用，比如以色列的科技孵化器就在世界范围内享有盛名。

第3章研究了我国海外人才引进与全球化人才战略。本章指出，引进海外高层次人才是我国新时代人才强国战略的重要内容之一。尽管近年来回国的海外人才数量不断增加，但当前海归人才以社科经管类硕士为主，理工科博士回国比例较低。在海外高层次人才引进方面，回国人才的专业以生物学、化学、物理学等基础类学科为主，我国亟待突破的新一代信息技术、人工智能、生物医药、新能源、新材料、高端装备等重点产业和重点科技攻关领域的技术专家数量非常有限。我国海外人才引进政策还存在政出多门、标准不一、协调性不强等问题。针对这些问题，我国需要系统地构建新时代全球化人才战略。

本书课题组在访谈的基础上对海外人才进行了问卷调查。调查表明，在海外人才归国的前十个国内拉力因素中，前三名均属于情感类因素，分别是"为了和亲人团聚，方便照顾家人""对中国有感情，更希望有机会为中国工作""在国内的社会关系网络更广，能得到情感或发展支持"。可见，亲情纽带依然是吸引中国海外人才归国的最重要因素。"国内生活便捷"是影响人才归国意向的第四个因素，同一类型的因素还有排在第六位的"国内社会安全有保障"和排在第八位的"国内政治环境稳定"，说明国内的生活便捷、社会安全、政治稳定等因素越来越受到海外人才的重视，已经成为吸引海外人才回归的重要原因。第五名是"国内能带给我归属感"，第七名是"更适应在国内的生活"，第九名是"感觉更能融入国内主流社会"，第十名是"中国的发展潜力更大，机会更多"。

在导致人才流出的国内推力因素调查中，结果显示，"国内人际关系复杂，经常讲关系"是导致人才流出的第一因素，说明国内复杂的人际关系已经成为我国吸引和保留优秀人才一个很大的障碍。"国内生活压力大"和"国内工作或科研压力大"分别排名第二和第三。"国内社会包容度不够""国内存在多方面限制""不喜欢国内的官本位文化"分别排名第四、第五和第六。"国内薪酬水平低"排名第七，"不喜欢国内的教育模式"排名第八，"学术评价体系不合理"排名第九，"国内论资排辈，年轻人缺乏担纲机会"排名第十。可见，破除国内复杂的人际关系文化和官本位文化、营造更加公平的人才发展环境，更好平衡人才的生活和工作，进一步提高社会包容度、优化教育模式和学术评价方式，是我们需要重点关注的方向。

本章建议，我国要加强国家全球化人才战略顶层设计，围绕国家发展战略和科技创新需求，制定海外人才优先引进目录，建立全球高端人才信息和服务平台，提高海外引才精准性。积极展现大国复兴形象，通过国际宣传提升对全球高端人才的吸引力，以柔性引才观念汇聚全球高端人才，打造高端人才聚集的"生态圈"。建立海外人才联系网络，积极布局海外人才离岸创新创业基地和科技孵化器建设，推动重点科技领域的交流与合作。完善中国技术移民和绿卡制度，加大对外籍科技工作者的引进力度。进一步优化我国的科研环境、生活环境和教育环境，提高基础设施和宏观环境对全球高端人才的吸引和保留能力。淡化政府直接引才色彩，积极推动企业成为引进海外高端科技人才的主体。

第4章研究了我国科技人才评价体系。本章指出，我国当前人才评价还存在一定的政府主导色彩，市场化程度和用人主体作用发挥不够；体现行业和岗位特点的人才分类评价体系还没有完全建立，科技人才评价唯论文唯帽子现象还比较突出，不利于引导科技人才专注于科技工作本身；人才评价没有与岗位绩效管理有效结合，业绩导向不够，容易受到人际关系的干扰；人才评价指标的短期化也导致一些科技人才不愿意潜心钻研那些很重要但短期内不能发表论文的课题或者研究方向。针对当前存在的这些问题，我国需要进一步优化人才的发现和评价机制，用好用活各类人才。

本章建议，人才评价要以人才的价值创造为核心要素，让用人主体和市场在人才评价中发挥主要作用。无论是企业、科研院所还是高校，人才评价都需要以岗位绩效管理为基础，这样才能推动科技人才在本职岗位上的价值创造。对基础研究人才、应用研究人才、工程技术人才等不同类型科技人才的评价要有所侧重，不唯论文，不一刀切。对基础研究人才，着重评价其提出和解决重大科学问题的原创能力、成果的科学价值、学术水平、同行认可度和影响力等。对应用研究人才的评价包括自主知识产权授权情况、技术的市场认可度、产品的创新性、成果产业化水平等方面。对工程技术人才重点评价其必备的专业理论知识和解决实际工程问题的能力。对工程技术和科技应用成果的总结可以采用案例、项目报告等符合实际的多种方式进行，避免单一的学术论文形式。对青年科技人才的评价不能只看论文数量，要侧重对科研潜力的考核，不过分强调短期成果，要培养十年磨一剑的科研精神。

本章还指出，当前需要整合各类人才计划，让人才称号回归荣誉性，淡化"以帽定价"，使广大科技人才能够潜心研究，减少托人情、找关系、抢帽子等不良行为。人才评价要破除人际关系影响，强调评价的公开透明、公平公正。完善评审专家择优遴选机制，建立专家信用制度，强化职业操守。要优化人才发现和评价机制，通过揭榜挂帅、以用代评、以赛代评以及日常工作的绩效评价等措施，让真正优秀的人才在承担各种技术攻关项目、技能大赛和岗位比武中脱颖而出，让真正优秀的人才在对本职工作的精益求精中脱颖而出。

第5章研究了我国科技人才激励机制。本章指出，我国科技人才集中在高校、科研院所等事业单位，一些单位还存在科研管理行政化和官本位现象。一些不合理的管理流程和规定给科技人才带来了较多的事务性工作，缩减了科技人才的有效工作时间，这既降低了科研效率，也不符合科研创新的规律。体现知识、技术等创新要素价值的科技人才收益分配机制尚不完善，科技人才存在从事原始创新和知识成果转化的动力不足等问题。一些单位在科研资源的分配和重大科研任务的承担中，尚未做到以能力和业绩为导向，行政职务、论资排辈等非能力因素对科技人才获取科研资源仍存在一定的影响。针对上述问题，我国需要简化科研项目管理，强化科技创新激励，全面激发人才创新活力。

本章建议，简化经费报销、课题申报、结项、报奖等事项流程，尽可能减轻科技人才的事务性负担，让科技人才真正专注于本职工作。要从根本上改变科研管理思想，让科技人才在被充分信任的条件下开展创造性的工作。同时，加强结果导向的监督，让科技人才在松绑的同时增强底线意识。打破薪酬待遇与人才帽子简单挂钩的做法，实施以科研业绩和贡献为依据的绩效分配制度，向创造知识、技术等创新价值的科技人才倾斜。尽快破除制度性障碍，加快股权期权、岗位分红、科技分红、成果转让收益分享等激励措施在科技型单位的落地。加大对知识产权的保护力度，完善市场化的科技创新回报机制，促进科研成果及时转化。加快科技成果转化中介机构的发展，加强科技成果转化经纪人队伍建设，使其在科技成果转化中发挥更重要的桥梁作用。在提高科技人才待遇的同时，激发科技人才的家国情怀，使科技人才主动担负起时代赋予的科技强国的使命和责任。国家要对在关键科技领域和卡脖子领域做出重要贡献的科学家、工程师、高技能人才和科研团队进行表彰宣传，增强科技人才的成就感和荣誉感。

本章还建议，完善青年科技人才的薪酬激励机制，让青年科技人才潜心钻研。科技型单位在制定收入分配制度的时候，要向青年科技人才倾斜，通过收入分配制度改革调动青年科技人才承担项目的积极性，激发青年科技人才的创新创造活力。设立更多的青年科技人才资助计划，扩大资助面，为青年科技人才提供更多的发展机会和更广阔的发展平台。给予青年科技人才更多的信任，支持青年科技人才挑大梁、担重任、当主角。破除青年科技人才面临的门槛问题，破除论资排辈现象，取消科研项目中不必要的帽子、职称、获奖等限制，鼓励揭榜挂帅，公平竞争。尊重科研规律，包容青年科技人才因探索而导致的失败，营造一个宽松自由的科研环境。

第 6 章研究了我国科技人才自主培养体系。本章指出，日趋激烈的国际冲突加剧了国际人才竞争，一些国家实施"人才封锁"战略，阻碍了正常的国际学术合作和人才交流，使我国高水平人才的自主培养更加紧迫。然而当前，我国的高校、科研院所、企业等机构产学研目标不一致，尚未形成产学研深度融合的科技人才培养体系。我国基础研究人才的原始创新能力培养有待提升，工程技术人才培养在一定程度上与生产实践相脱节，青年科技人才担纲机会少，基础教育仍未摆脱应试教育模式，不利于顶尖人才的发现和培养。针对上述问题，我国需要构建产学研深度融合的科技人才培养模式，提高人才培养质量，加快建设国家战略人才力量。

本章建议，依托重大科研项目与创新平台，在科技创新一线主战场培养人才。发挥科技领军企业在应用型科技人才产学研合作培养中的主导作用，支持领军企业围绕国家重大科技创新需求和重点产业牵头成立创新平台，建设科技人才培养高地。鼓励企业通过项目合作、师资共享、平台共建等多种方式提高与同行业高校和科研院所产学研合作的深度与广度，吸引行业内的顶尖技术和人才资源，推动关键核心技术领域的自主创新与成果转化，同时以此为依托培养一批掌握关键核心技术、拥有较强创新能力的科技领军人才与创新团队。大力推动用人主体建立青年科技人才培养导师制。导师不仅要为青年科技人才传授专业知识技能，而且要通过言传身教，帮助青年科技人才树立科学严谨、求真务实的工作作风。发挥高校和科研院所在创新型基础研究人才培养中的主力军作用，建设一批基础学科培养基地，加大对原始创新人才的培养力度，重视科技人才科学精神、创新能力、批判性思维的培养。坚持科技人才培养的国际视野，通过项目合作、技术交流、学术访问等多种方式为科技人才提供更多的国际交流的机会。

本章还指出，基础教育是科技人才培养的关键环节，要重视基础教育对中小学生科学兴趣的培养。积极开展青少年科技教育活动，通过科技展览、科普讲座、科技夏令营、科技创新比赛等多种方式，激发青少年对科学的兴趣。通过科学家进校园、讲述科学家故事、宣传科技创新成果及其重要性等方式，引导优秀的高中生报考理工科专业，立志于前沿性科技研究。继续推动基础教育改革，强化科学课程的课时要求，关注学生成长过程和科学素质提升。鼓励领军企业在特定领域开展全国大学生科技创新大赛，设立创新基金资助优秀大学生在专业领域开展科学研究。

第7章研究了政府人才管理体制和科技创新氛围。本章指出，体制和文化是科技创新的土壤。在当前一些地方的人才工作中，市场和用人主体没有发挥应有的作用，行政权力在人才和科技资源分配中起过多作用，这不但会降低资源配置效率，而且容易形成追求行政权力的官本位文化。在一些单位，行政职务和学术资源紧密挂钩，导致科技人才很难专心科研，而是通过追求行政职务获取学术资源。另外，我国当前对科技前沿领域的创新活动和杰出科学家宣传不够。上述问题都不利于我国科技创新氛围的形成。因此，我国需要加快推进政府放权松绑，着力发挥用人主体作用，营造更加强烈的创新氛围。

本章建议，更加积极地报道我国重点产业和科技前沿领域的科技创新活动，进一步宣传优秀科学家、高水平工程师、高技能人才的先进事迹和成长历程，鼓舞更多优秀青年从事科技创新。进一步明确政府在人才发展中的职能定位，政府可以在国家创新体系顶层设计、人才发展宏观体制改革、政策法规制定、监督保障、公共服务、环境优化、人才政策的效果评估等方面更好地发挥作用；在微观层面的人才引进、评价、激励等活动中，政府要放权松绑，让用人主体和市场发挥决定性作用。政府要树立科学的人才工作政绩观，不是管得越多就越有成绩，不能简单地把出台政策当政绩。要重视人才政策的落实、评估、反馈和改进，要督促用人单位把各项人才政策执行好，督促领导干部在各单位的选人用人上更加公道正派，这是用人单位切实履行好主体责任的重要保障。

本章还建议，作为用人主体和创新主体，企事业单位要在组织内部形成良好的创新文化和创新生态，这既有利于激发科技人才的创新活力，也有助于社会整体创新氛围的形成。本章还整理出有利于推动微观单位内部创新的优秀实践，这些实践包括：用冒险和献身精神来激励员工的颠覆性创新，建立有利于创新的容错文化和机制；在组织设计上采用扁平化的组织结构和充分授权的机制，重视通过小团队工作模式来激发科技创新；简化管理流程，让科技人才不为繁文缛节所束缚，把更多有效时间用在研发上；构建有利于科技创新的主人翁精神和建言文化，员工有充分的意见表达和建言献策的渠道；重视科技人才的职业发展通道建设，引导科技人才在擅长的领域追求技术上的卓越，而不是把行政职务作为对科技人才的激励；实行基于价值创造的薪酬激励和全面的福利保障计划，让科技人才能通过技术、知识等创新要素获得足额回报；重视荣誉管理，通过荣誉、认可和表彰计划增强员工的使命感和自豪感；等等。这些优秀管理实践和经验对我国企事业单位如何更好地发挥用人主体的作用、激发科技人才的创新活力具有重要的启发和借鉴意义。

　　总体而言，本书力图对我国人才发展体制机制中长期存在的难点和"多年困扰、反映强烈"的突出问题进行分析和研究，在此基础上提出我国人才强国战略的重点突破方向。希望本书有助于学术界和实业界凝聚共识、坚定信心，也希望本书能为我国更好地实施新征程上的人才强国战略提供一些研究基础和政策借鉴。

　　本书由苏中兴提出结构框架并定稿。第 1 章"绪论"由苏中兴执笔；第 2 章"创新型发达国家人才政策与实践及其对我国的启示"由苏中兴、白彦、张清源执笔；第 3 章"我国海外人才引进与全球化人才战略"由苏中兴、马思璐执笔；第 4 章"推进以实绩贡献为导向的科技人才分类评价改革"由苏中兴、卢梦执笔；第 5 章"完善基于创新要素价值的科技人才激励机制"由苏中兴、姜琦执笔；第 6 章"构建产学研融合的科技人才自主培养体系"由苏中兴、曹宇执笔；第 7 章"政府放权松绑与营造更加强烈的科技创新氛围"由苏中兴、杨雨欣、白彦执笔。周梦非、周舜怡和任志帅也为课题研究做出了贡献。感谢曾湘泉教授、赵忠教授、孙健敏教授、唐鑛教授、李超平教授、熊通成研究员、郝玉明研究员、汪雯教授、陈小平教授、陈力闻副教授在课题设计和研究过程中给予的建议和帮助！感谢接受课题组访谈和调研的领导和科技人才朋友！感谢中国人民大学出版社给予的大力支持！

目　录

第1章　绪　论 / 001

第一节　我国从高速增长到高质量发展的时代背景 / 003

第二节　我国新时代人才强国战略面临的主要挑战 / 012

第三节　本书的总体研究框架与主要研究内容 / 020

第2章　创新型发达国家人才政策与实践及其对我国的启示 / 029

第一节　美国的人才政策与实践 / 031

第二节　欧洲创新型发达国家的人才政策与实践 / 045

第三节　亚洲创新型发达国家的人才政策与实践 / 060

第四节　各国人才政策与实践的比较分析及其对我国的启示 / 079

第3章　我国海外人才引进与全球化人才战略 / 087

第一节　我国海外人才引进的现状与问题分析 / 089

第二节　我国海外人才国际流动影响因素模型研究 / 108

第三节　我国海外人才回国意向的影响因素调查 / 118

第四节　对构建我国全球化人才战略的建议 / 124

第 4 章　推进以实绩贡献为导向的科技人才分类评价改革 / 131

第一节　我国科技人才评价的发展历程与问题分析 / 133

第二节　科技人才评价的国际经验与国内实践 / 152

第三节　对推进我国科技人才评价改革的建议 / 175

第 5 章　完善基于创新要素价值的科技人才激励机制 / 183

第一节　我国科技人才激励的发展历程与问题分析 / 185

第二节　科技人才激励的国际经验与国内实践 / 197

第三节　对完善我国科技人才激励机制的建议 / 215

第 6 章　构建产学研融合的科技人才自主培养体系 / 225

第一节　我国科技人才培养的现状与问题分析 / 227

第二节　科技人才培养的国际经验与国内实践 / 232

第三节　对构建新时代科技人才自主培养体系的建议 / 250

第 7 章　政府放权松绑与营造更加强烈的科技创新氛围 / 261

第一节　打破官本位文化与营造强烈的科技创新氛围 / 263

第二节　人才治理体系优化与政府人才管理体制改革 / 276

第三节　打造用人主体的创新生态——来自创新型企业的启示 / 286

参考文献 / 303

第 1 章

绪　论

在全面建成小康社会后，中国开启了全面建设社会主义现代化国家的新征程，向第二个百年奋斗目标进军。2020 年党的十九届五中全会通过的《中共中央关于制定国民经济和社会发展第十四个五年规划和二〇三五年远景目标的建议》指出，我国已转向高质量发展阶段，要"坚持创新在我国现代化建设全局中的核心地位，把科技自立自强作为国家发展的战略支撑……深入实施科教兴国战略、人才强国战略、创新驱动发展战略，完善国家创新体系，加快建设科技强国"。2021 年党的十九届六中全会通过的《中共中央关于党的百年奋斗重大成就和历史经验的决议》指出，要"深入实施新时代人才强国战略，加快建设世界重要人才中心和创新高地"。2022 年党的二十大报告指出，"教育、科技、人才是全面建设社会主义现代化国家的基础性、战略性支撑。必须坚持科技是第一生产力、人才是第一资源、创新是第一动力，深入实施科教兴国战略、人才强国战略、创新驱动发展战略"。可以说，通过人才强国战略驱动科技创新，通过科技创新实现高质量发展，这是我国建设社会主义现代化国家的基本逻辑，也是唯一的路径。科教兴国战略、创新驱动发展战略和高质量发展战略，从根本上说都需要以人才为支撑，都离不开人才强国战略的实施。为让读者更好地理解人才强国战略对我国未来发展的基础性、关键性支撑作用以及深入实施人才强国战略的重要性和艰巨性，本章将阐述我国从高速增长到高质量发展的时代背景、我国新时代人才强国战略面临的主要挑战以及本书的总体研究框架与主要研究内容。

第一节　我国从高速增长到高质量发展的时代背景

一、改革开放以来我国经济的高速增长

改革开放以来，我国经济的高速增长举世瞩目。1978 年中国国内生产总值（GDP）仅 3 679 亿元，是美国 GDP 的 6.3%，占全球生产总值的 1.8%。改革开放以后，中国保持了高速的经济增长，2005—2008 年先后超越了法国、英国和德国，2010 年超过日本，成为全球第二大经济体。2019 年，中

国 GDP 达到 98.7 万亿元（约 14.3 万亿美元），是 1978 年的 268 倍，是美国 GDP 的 67%。2020 年，面对突如其来的新冠疫情，全球经济下滑，而中国 GDP 增长 2.2%，达到 101.4 万亿元（约 14.7 万亿美元），是美国 GDP 的 70%，占全球生产总值的 17%。中国 1978—2023 年 GDP 及增长率见表 1-1 和图 1-1。

表 1-1　中国 1978—2023 年 GDP 及增长率

年份	GDP（亿元）	增长率（%）	年份	GDP（亿元）	增长率（%）
1978	3 679	11.7	2001	110 863	8.3
1979	4 101	7.6	2002	121 717	9.1
1980	4 588	7.8	2003	137 422	10.0
1981	4 936	5.1	2004	161 840	10.1
1982	5 373	9.0	2005	187 319	11.4
1983	6 021	10.8	2006	219 439	12.7
1984	7 279	15.2	2007	270 092	14.2
1985	9 099	13.4	2008	319 245	9.7
1986	10 376	8.9	2009	348 518	9.4
1987	12 175	11.7	2010	412 119	10.6
1988	15 180	11.2	2011	487 940	9.6
1989	17 180	4.2	2012	538 580	7.9
1990	18 873	3.9	2013	592 963	7.8
1991	22 006	9.3	2014	643 563	7.4
1992	27 195	14.2	2015	688 858	7.0
1993	35 673	13.9	2016	746 395	6.8
1994	48 638	13.0	2017	832 036	6.9
1995	61 340	11.0	2018	919 281	6.7
1996	71 814	9.9	2019	986 515	6.0
1997	79 715	9.2	2020	1 013 567	2.2
1998	85 196	7.8	2021	1 149 237	8.4
1999	90 564	7.7	2022	1 204 724	3.0
2000	100 280	8.5	2023	1 260 582	5.2

资料来源：国家统计局网站.

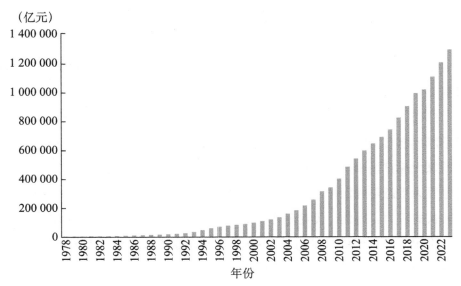

（亿元）

图 1 - 1 中国 1978—2023 年 GDP

总体而言，改革开放后，中国经济保持了多年的高速增长，为我国实现第一个百年奋斗目标、全面建成小康社会奠定了坚实的物质基础。

改革开放 40 多年来中国经济高速增长的原因，主要有以下几个方面。

（1）制度红利。在中国共产党的坚强领导下，中国政府和中国人民解放思想、实事求是，打破了僵化的计划经济体制的坚冰，建立了社会主义市场经济体制，改革了人事和分配制度，释放了广大人才的活力，解放和发展了生产力。

（2）人口红利。中国丰富的劳动力资源和低廉的劳动力成本，让中国制造在全球具备了明显的资源禀赋和价格优势，吸引了大量的外资企业来中国投资建厂。

（3）开放红利。积极融入全球化进程，也是中国经济保持长时间高速增长的重要原因。与百年前的西方资本主义国家依靠坚船利炮占领市场不同，经济全球化和中国的开放政策使得中国制造的产品和平而迅速地出口到世界各国。

（4）技术红利。改革开放给中国带来了发达国家和地区的资金与技术，中国企业也通过竞争与学习迅速提升了技术水平，这同样是中国经济腾飞的重要原因。40 多年来，有大量跨国公司在中国投资设厂，不仅带来了急需的资金，还带来了先进的制造技术和生产工艺。中国企业的整体制造水平明显提高，推动中国成为世界制造中心。

然而，在过去 40 多年造就中国经济腾飞的要素正在发生变化。一些国家不断加强贸易保护主义，全球贸易自由化和技术交流受到了严峻挑战。一些国家大肆宣扬中国"威胁"论，并试图重新打造全球供应链体系。中国自身也因为生态环境保护、人工成本上升等原因，面临经济发展模式转型和动能转换的压力。因此，无论是作为战略上的主动调整还是面对环境的被动选择，中国都不可能继续采用过去 40 多年的高速增长战略。中国正处在从高速增长到高质量发展的战略转换的十字路口。

二、国际形势和国内环境的变化与中国高质量发展战略等的提出

2017 年，党的十九大报告指出，我国经济已由高速增长阶段转向高质量发展阶段。2020 年，党的十九届五中全会通过的《中共中央关于制定国民经济和社会发展第十四个五年规划和二〇三五年远景目标的建议》提出，要以推动高质量发展为主题，以深化供给侧结构性改革为主线，以改革创新为根本动力。中国从高速增长战略到高质量发展战略，这种发展战略上的转变既有国际形势变化的原因，也有自身调整的需要。

（一）国际形势的变化

1. 贸易保护主义抬头，中国外向型经济面临挑战

从国际形势看，在一些发达国家逆全球化和贸易保护主义迅速抬头。一些西方国家实际上已经采取行动试图降低中国在全球供应链中的地位，鼓励跨国公司将制造业转移到东南亚等地区是它们正在采取的措施。越南海关总署公布的数据显示，2022 年第一季度，越南货物出口额约合 5 842 亿元人民币，同比增长 13.4%，一举超越了同期深圳出口额 4 076.6 亿元人民币。尽管中国仍然具备一些吸引外资的比较优势，外资企业的迁移也有个过程，但

能预料到，中国的外向型经济会在未来较长时间内面临更加激烈的竞争和更加严峻的挑战。

从表 1 - 2 可以看出，近年来，受到国际国内多种因素的影响，一些外资企业开始迁出中国，迁入东南亚等地。

表 1 - 2　近年来迁出中国的外资企业名录

企业名称	迁入地	企业名称	迁入地
佳能	越南	苹果	越南、印度
尼康	泰国	英特尔	越南
索尼	泰国	微软	越南
夏普	越南	谷歌	越南
松下	印度尼西亚、墨西哥	耐克	越南、马来西亚、泰国
优衣库	越南、印度尼西亚、孟加拉国	阿迪达斯	越南、柬埔寨、缅甸
三星	越南、印度尼西亚		

资料来源：根据媒体公开报道整理。

2. 中国可能面临更加严峻的技术封锁

改革开放以来，大量跨国公司在中国投资生产，这客观上促进了技术扩散和中国制造业整体水平的提升。当前国际形势的变化不仅会对中国的出口带来影响，更重要的是一些正常的国际技术交流、合作与贸易也可能受到限制。尽管中国企业进步很快，但是在一些重要的核心技术上，我们还没有实现自主可控，比如高端数控机床、高端芯片、光刻机、操作系统、医疗器械和生物制药、高精度仪器仪表、高端轴承、电子元器件、数控刀具、自动化生产设备等，甚至包括各类实验室的科学研究仪器和软件。国际形势的变化不仅可能影响中国企业的出口，而且会让关键核心技术的自主可控成为中国未来发展战略和科技战略的重要考虑因素。

（二）国内环境的变化

随着人口老龄化、人工成本上升以及长期以来的粗放式增长对中国生态环境的破坏，中国自身也存在调整经济发展模式的迫切需要。

1. 中国人口结构的变化和人工成本的上升

中国人口增速和青壮年劳动力数量都已经开始下降，进入老龄化社会。数据显示，我国 15～64 岁人口占比在 2010 年达到峰值后开始下降，15～64 岁人口的绝对人数在 2014 年达到峰值后也开始回落（国家统计局，2021）。第七次全国人口普查数据表明，2020 年 15～64 岁的人口数量约为9.7 亿人，较 2010 年下降 3 000 余万人；65 岁以上人口比重则不断上升，达到13.5%。同时，由于人工成本上升，中国制造业所拥有的成本优势明显下降。表 1-3 是我国与南亚及东南亚一些国家在 2021 年劳动力平均薪酬水平上的比较。

表 1-3　我国与南亚及东南亚一些国家的劳动力平均薪酬对比

国家	月平均薪酬（税后）（美元）
中国	1 118.16
马来西亚	820.87
印度	736.94
泰国	516.19
越南	428.17
印度尼西亚	332.53
菲律宾	298.10
孟加拉国	271.24

注：本表为网站显示的实时汇总的数据。
资料来源：NUMBEO.com.

2. 中国生态环境保护和可持续发展的需要

尽管中国经济在过去几十年获得了高速增长，但是粗放式的增长模式也给中国生态环境带来了危害，包括空气污染、水质污染、土壤污染等都已经严重威胁到中国未来的可持续发展。近年来，我国不断加强生态环境保护，空气、水、海洋等方面的生态环境开始不断改善，土壤污染加重趋势也得到了初步遏制。[①] 随着美丽中国建设的扎实推进，人民群众的环保意识不断增

───────────────

① 生态环境部. 2022 中国生态环境状况公报. [2024-04-17].https://www.mee.gov.cn/hjzl/sthjzk/zghjzkgb/202305/P020230529570623593284.pdf.

强，对青山绿水的要求越来越高。我国未来的发展决不能以牺牲生态环境为代价，这意味着我们只能走一条依靠科技创新的高质量发展道路。

（三）高质量发展战略

结合国际国内形势，中国经济增长的新旧动能转换迫切需要提速，发展战略迫切需要调整。在党的十八大、十九大、十九届三中全会、十九届五中全会、二十大等重要会议的文件和公报中，高质量发展、创新驱动发展、科技创新、供给侧结构性改革、人才强国战略、科教兴国战略等关键词被频繁提到，显示中国高层意识到了中国从依靠初级要素投入的高速增长向依靠科技创新驱动的高质量发展转型的重要性和紧迫性。这种战略转型，既是国际形势变化的需要，也是中国经历几十年经济高速增长之后的必然选择，更是建设社会主义现代化国家和实现中华民族伟大复兴的必由之路。

《中共中央关于制定国民经济和社会发展第十四个五年规划和二〇三五年远景目标的建议》提出，以推动高质量发展为主题，以深化供给侧结构性改革为主线，以改革创新为根本动力，以满足人民日益增长的美好生活需要为根本目的，统筹发展和安全，加快建设现代化经济体系，加快构建以国内大循环为主体、国内国际双循环相互促进的新发展格局。坚持创新在我国现代化建设全局中的核心地位，把科技自立自强作为国家发展的战略支撑，面向世界科技前沿、面向经济主战场、面向国家重大需求、面向人民生命健康，深入实施科教兴国战略、人才强国战略、创新驱动发展战略，完善国家创新体系，加快建设科技强国。

党中央提出的高质量发展、科教兴国战略、人才强国战略、创新驱动发展战略，本质含义是一致的，就是要通过实施人才强国战略来实现科技创新和科技自立自强，从而实现经济社会的高质量发展。因此，中国发展战略调整和发展模式转换的关键在于科技创新，而科技创新的关键在于人才。只有落实好人才强国战略，充分激发人才的创新活力，才能实现中国高质量发展和全面建设社会主义现代化国家。

（四）人才强国战略的提出和演进

1988 年，邓小平同志提出了"科学技术是第一生产力"的论断。之后，"尊重知识，尊重人才"成为我国相当长一段时间内人才工作的重要指导方针。1995 年，《中共中央 国务院关于加速科学技术进步的决定》正式提出实施科教兴国战略。同年，党的十四届五中全会通过文件，把实施科教兴国战略列为今后 15 年乃至更长时期加速我国社会主义现代化建设的重要方针之一。2000 年，中央经济工作会议提出"制定和实施人才战略"。2001年，《中华人民共和国国民经济和社会发展第十个五年计划纲要》提出"实施人才战略，壮大人才队伍"，人才战略被确立为国家战略。2003 年，党的十六届三中全会通过的《中共中央关于完善社会主义市场经济体制若干问题的决定》提出营造实施人才强国战略的体制环境。同年 12 月，《中共中央 国务院关于进一步加强人才工作的决定》强调实施人才强国战略是党和国家一项重大而紧迫的任务。2007 年，人才强国战略被写进了党章和党的十七大报告。2010 年，《国家中长期人才发展规划纲要（2010—2020年）》围绕着如何实施人才强国战略，从实行人才投资优先、加强人才资源能力建设、推动人才结构战略性调整、造就宏大的高素质人才队伍、改革人才发展体制机制、大力吸引海外高层次人才和急需紧缺专门人才、加快人才工作法制建设、加强和改进党对人才工作的领导等方面做了全面的部署。

2012 年，党的十八大报告提出实施创新驱动发展战略，提出科技创新是提高社会生产力和综合国力的战略支撑。2013 年，党的十八届三中全会通过的《中共中央关于全面深化改革若干重大问题的决定》提出要建立集聚人才的体制机制，加快形成具有国际竞争力的人才制度优势。2016 年，《中华人民共和国国民经济和社会发展第十三个五年规划纲要》再次提出实施人才优先发展战略，加快推进人才发展体制和政策创新，构建有国际竞争力的人才制度优势。2016 年，中共中央印发了《关于深化人才发展体制机制改革的意见》，提出坚持党管人才、服务发展大局、突出市场导向、体现分类施策、扩大人才开放五项人才工作的基本原则，在推进人才管理体制改革、改进人才培养支持机制、创新人才评价机制、健全人才顺畅流动机制、强化人才创新创业激励机制、构建具有国际竞争力的引才用才机制、建立人才优先发展保障机制、加强对人才工作的领导等诸多方面提出系统而清晰的改革方向。之后，中央陆续出台重大改革措施和改革文件，例如《关于加强新形势下引进外国人才工作的意见》《关于深化职称制度改革的意见》《关于分类推进人才评价机制改革的指导意见》《关于鼓励引导人才向艰苦边远地区和基层一线流动的意见》等，涉及职称改革、人才评价、人才流动、人才知识价值激励、成果转化、科研经费改革、事业单位人才创业等。

2017 年，党的十九大报告指出，"人才是实现民族振兴、赢得国际竞争主动的战略资源……聚天下英才而用之，加快建设人才强国"。2020 年，党的十九届五中全会通过的《中共中央关于制定国民经济和社会发展第十四个五年规划和二〇三五年远景目标的建议》指出，"坚持创新在我国现代化建设全局中的核心地位……深入实施科教兴国战略、人才强国战略、创新驱动发展战略，完善国家创新体系，加快建设科技强国"，进一步突出了人才强国战略对我国坚持创新驱动发展和全面塑造发展新优势的重大意义。习近平总书记在 2021 年召开的中央人才工作会议中提出，我国人才工作站在一个新的历史起点上，要求全面贯彻新时代人才工作新理念新战略新举措（八个坚持），深入实施新时代人才强国战略，全方位培养、引进、用好人才，加快建设世界重要人才中心和创新高地。党的十九届六中全会通过的《中共中央关于党的百年奋斗重大成就和历史经验的决议》，在总结党的百年奋斗重大成就和历史经验的基础上，再次强调坚持实施创新驱动发展战略，把科技自立自强作为国家发展的战略支撑，推进关键核心技术攻关和自主创新，加快建设创新型国家和世界科技强国。2022 年，党的二十大报告指出："教育、科技、人才是全面建设社会主义现代化国家的基础性、战略性支撑。必须坚持科技是第一生产力、人才是第一资源、创新是第一动力，深入实施科教兴国战略、人才强国战略、创新驱动发展战略。"

第二节　我国新时代人才强国战略面临的主要挑战

高质量发展的基础是高质量的人才队伍和人才创新活力的激发。当前，我国人才发展体制机制中仍然存在一些深层次的问题和矛盾，这也是我国实施新时代人才强国战略面临的主要挑战。

一、科技人才密度低，顶尖人才缺乏且过于集中在事业单位

世界范围的综合国力竞争，归根到底是人才特别是创新型科技人才的竞争。这些年我国科技人才总量持续增长，但从研发（R&D）人员密度指标看，和一些发达国家相比仍有差距。如表 1-4 所示，我国万名就业人员中R&D 活动人员仅是瑞典、法国、德国、日本等发达国家的 1/3 左右，其中R&D 研究人员密度更低，这与我国建设科技强国的目标尚不匹配。

表 1-4　R&D 人员指标的国际比较

国家	年份	R&D 活动人员（千人年）	万名就业人员中 R&D 活动人员（人年）	R&D 研究人员（千人年）	万名就业人员中 R&D 研究人员（人年）
中国	2017	4 033.6	52	1 740.4	22
日本	2016	872.3	130	665.6	100
韩国	2016	447.4	171	361.3	138
美国	2015	—	—	1 380	88
加拿大	2014	237.3	131	162.1	90
德国	2016	656.7	150	400.8	92
英国	2016	419.9	132	291.4	92
法国	2015	428.6	156	277.6	101
瑞典	2016	90.7	185	70.4	144
俄罗斯	2016	802.3	111	428.9	59
土耳其	2016	137.0	51	100.2	37

资料来源：高懿，2020.

尽管我国科技人才规模总量大，但是整体层次仍然有待提高，尤其缺乏重大科技攻关领域的顶尖人才。在一些关键科技前沿领域，缺少以核心科学家为中心的基础研究人才群落，这制约了我国基础研究队伍的整体实力；我国高水平工程师也依然缺乏，与经济和科技发展的需求不匹配；高技能人才存在一定的结构性矛盾，需要更好地匹配我国高端制造业发展的需要。

另外一个特别需要引起关注的问题，就是我国当前科技人才主要分布在高校和科研院所等事业单位，作为市场主体和科技创新主体的企业非常缺乏高水平的科技人才。例如，北京市 2019 年 R&D 人员中，在科研机构、高等学校等事业单位的共有 253 536 人，超过总量的一半。[①] 我国的事业单位不仅包括科研院所和高校，也包括部委和地方政府下设的诸多行政型事业单位，总体而言事业单位的管理体制机制灵活性有待提高，这可能会制约科技人才创新活力的激发。加上我国的高校和研究机构对产业技术需求缺乏深入理解，产学研合作机制尚不完善，这在一定程度上导致高校和研究机构的科技成果转化率长期偏低。据统计，我国每年取得的省部级以上科技成果有 3 万多项，但成果转化率仅为 25% 左右，真正能实现产业化的不足 5%，科技进步对经济增长的贡献率不足 40%（发达国家大于 60%）（何郁冰，2012）。相比事业单位，企业更需要研发和科技成果转化方面的人才，但是高层次科技人才不愿意到企业就业已经成为当前的一个突出问题。总体而言，科技人才过于集中在事业单位并不利于我国科教兴国和人才强国目标的实现。

二、社会仍然存在官本位文化，尊重科技创新创造的氛围有待加强

营造强烈的科技创新氛围是我国实现科技强国和人才强国的重要保障。尽管这些年来我国不断强化科技创新氛围，但是和世界上一些主要的创新型发达国家相比还是有一定的差距。比如，世界主要创新型发达国家其大学生的就业首选是高科技企业，但是我国大学生甚至包括不少理工科专业

---

① 北京统计年鉴 2020. [2024-04-17]. https://nj.tjj.beijing.gov.cn/nj/main/2020-tjnj/zk/e/indexce.htm.

的硕士、博士都把报考公务员作为就业首选。究其原因，是历史、体制等导致我国社会的官本位文化仍比较突出，这一方面影响了优秀青年的择业观和我国科技人才后备力量建设，另一方面给科技人才的工作动机带来了负面影响，不利于社会整体科技创新氛围的形成。例如，高考中很多高分学生选择的是金融、经济、法律等专业，一些理工科专业成为冷门；中央和各地的选调生、公务员考试报名人数屡创新高；多省的选调生计划明确提出优先招收清华大学和北京大学的学生。这些社会现象都说明我国当前的科技创新氛围仍然需要加强，而地方选调生报考明确提出清华大学和北京大学学生优先的做法需要得到纠正，否则不利于引导广大优秀青年人才从事科技工作。官本位文化也使得部分科技人才很难专注于本职工作，而是花大量时间精力追求行政职务，科技创新动力下降。

我国社会的官本位文化有其历史原因。中国曾长期处在封建社会，形成了"士农工商"的社会等级结构，封建时代读书的目的就是考取功名，当官成为读书人最高甚至是唯一的人生追求。官本位文化导致优秀人才都被引导去当官而不是进行科技创新，可谓"学而优则仕"而不是"学而优则研"。另外，科技创新需要发达的工商业和市场经济作为支撑，在"士农工商"的等级社会中，工和商的地位最低，这就不可能形成强大的尊重科技创新的氛围，也不可能给科技创新带来足够的市场化回报和激励。而在全球主要创新型发达国家，优秀青年踊跃从事科技创新和创业，从而诞生了一批影响世界的高科技企业。因此，我国需要进一步破除官本位文化，更加尊重科学家、企业家和技术创新，让科技创新能够通过市场经济获得巨大回报。只有这样，各种创新要素才能在市场中聚集，科技创新才能快速转化成新质生产力。也只有这样，中国才能营造出越来越强大的科技创新氛围，才会有越来越多的年轻人立志于从事我国的科技创新事业，科教兴国和人才强国的目标才能得以真正实现。

三、市场和企业在科技创新和人才发展中的作用发挥不够

我国当前的科技创新体制有着集中力量办大事的特点，解决了很多重大

的科技攻关问题，比如"蛟龙""墨子""天宫""神舟""嫦娥"等重大科技项目。但是，我国需要加大由企业主导的市场化科技创新力度。苏联科技管理体制的教训极其深刻。苏联在政府主导的一些重大科技创新上也是令人印象深刻的，当时甚至在某些方面超越了美国，但是缺乏市场化的科技创新体制最终导致科技创新效率低下，巨额科研投入产出的科技成果并没有带动相应的社会生产力的发展，导致无法实现一个国家经济、社会、科技的可持续发展。中国要建设科技强国和社会主义现代化国家，必须加大市场在资源配置中的决定性作用，通过市场聚集科技、人才等各种创新要素，源源不断地把科技创新通过市场快速转化为新质生产力。市场经济需要发挥企业科技创新的主体作用。世界各主要创新型发达国家都有一批强大的科技型企业引领着技术创新与进步，如谷歌、苹果、SpaceX、英特尔、ASML 等。尽管我国也涌现了华为等一批优秀的科技型企业，但是整体而言，企业在科技创新中的作用亟待加强。

当前，我国企业在人才发展中的主体作用同样发挥得不够。《国家中长期人才发展规划纲要（2010—2020 年)》和《关于深化人才发展体制机制改革的意见》等文件已经出台很长时间，这些文件都提出要充分发挥市场在人才资源配置中的决定性作用，保障和落实用人主体的用人自主权，推动人才管理部门简政放权。但从现实看，这些文件提出的指导原则和精神并没有完全落地。比如，当前人才管理的市场化程度不足，一些地方政府甚至在微观层面的人才引进、评价、激励等活动中唱起了主角，没有发挥用人主体应有的作用。一些地方习惯于把引进多少数量的戴帽人才作为业绩，而不看人才有没有发挥预期作用，带动事业发展。一些地方习惯于把出台多少人才政策当政绩，对人才政策的落实、评估和改进却重视不够。事实上，有些过时的人才政策并没有起到推动人才发展的正面作用，甚至已经成为阻碍人才市场化流动和抑制人才创新活力的不利因素。因此，政府亟须加快人才管理职能转变，通过放权松绑，将微观层面的人才管理职能交给企业和市场，将政府人才工作重点转向人才宏观管理、公共服务、环境优化、人才政策效果评估与改进等方面。

四、全球化人才战略不够清晰，海外人才引进与现实需求对接不够

党的十八大以来，中央多次提到要"聚天下英才而用之"，"加快构建具有全球竞争力的人才制度体系"。党的十九届五中全会通过的《中共中央关于制定国民经济和社会发展第十四个五年规划和二〇三五年远景目标的建议》提出，"实行更加开放的人才政策，构筑集聚国内外优秀人才的科研创新高地"。党的二十大报告强调，"加快建设世界重要人才中心和创新高地，促进人才区域合理布局和协调发展，着力形成人才国际竞争的比较优势"。但是，我国目前仍然缺乏清晰、系统的全球化人才战略和顶层设计，而且海外人才引进与现实需求不够匹配。数据表明，我国海外引进的高层次人才以生物、化学、物理等基础学科为主，其中，生物学领域引进的人才又远远高于其他学科领域。在信息通信、新能源、新材料、航空航天、集成电路、生物医药、智能制造等重大科技攻关领域，我国从海外引进的产业领军人才和高层次技术专家比较少。同时，我国前些年在海外高层次人才引进中，过于依赖顶级期刊的论文发表来判断人才是否"高端"，忽视了我国科技创新的现实需求。因此，尽管国家在海外高层次人才引进方面投入了大量经费，但引进的高层次人才对我国产业结构升级和卡脖子技术的突破带来的直接帮助仍然有限。在课题组的调研中，多数单位表示，提高人才引进与科技现实需求之间的匹配度是当前科技人才引进方面最为关键的改进举措。

我国"人才逆差"现象明显，理工科博士回国比例较低。当前，德国、法国、荷兰、日本等国家的年轻人基本上是在本国接受高等教育，而中国却是美国、英国等国家留学生的最大生源国。尽管近年来回国的海外人才数量在不断增加，但当前海归人才以社科类硕士为主，理工科博士回国比例仍然较低。经济合作与发展组织（OECD）的数据表明，博士是国际留学生中最大的一个群体。智联招聘发布的《2020中国海归就业创业调查报告》表明，我国留学海外的博士在留学生中占比为19.2%，然而学成后归

国的博士在海归人才中的比例仅为 1.7%。在回国的留学生中，从专业背景看，理工科学生少，经济管理和人文社科类学生多；从学位层次看，博士少，硕士多；从留学国家看，美国留学生回国少，英国、澳大利亚等国留学生回国多。因此，如何吸引相关科技领域的优秀理工科博士回国将是我国人才引进战略需要思考和完善的重要内容。我国海外人才引进政策还存在政出多门、缺乏统一的顶层设计等问题。作为全球化人才战略的重要组成部分，我国的技术移民、绿卡、国际科研博士后等方面的政策都亟待出台和优化。

五、科技人才培养的产学研融合程度低，青年人才担纲机会少

当前，我国已进入全面建设社会主义现代化国家的新征程。作为一个大国，满足我国现代化建设的庞大的人才需求必须主要依靠自己培养。从《关于深化人才发展体制机制改革的意见》提出要"改进战略科学家和创新型科技人才培养支持方式"，到《中共中央关于制定国民经济和社会发展第十四个五年规划和二〇三五年远景目标的建议》提出"造就更多国际一流的科技领军人才和创新团队，培养具有国际竞争力的青年科技人才后备军""加强创新型、应用型、技能型人才培养，实施知识更新工程、技能提升行动，壮大高水平工程师和高技能人才队伍"，中央一直在强调高水平科技人才培养的重要性。党的二十大报告提出，要"全面提高人才自主培养质量""加快建设国家战略人才力量"。随着我国产业结构不断升级优化以及工业化、现代化进程的不断推进，对科技前沿领域和重大科技攻关领域的高层次人才需求进一步增加，这对我国的科技人才培养提出了更高的要求。但是当前，我国的科技人才培养体系还存在一些亟待改革的地方。

数据表明，2000—2019 年，日本共有 19 名科学家获得了含金量极高的诺贝尔自然科学奖，这些获奖者的大学教育多数出自日本国立大学系统。然而，我国高校培养的诺贝尔奖、图灵奖、菲尔兹奖等世界级科学奖项的得主几乎没有，这在一定程度上说明我国还需要提升对顶尖科技人才的自主培养能力。另外，受苏联科技体制模式的影响，我国的高校、科研院所等科技人

才培养单位和市场化的经济型组织（企业）之间缺乏深入互动，高校和科研院所缺乏深入理解产业技术需求和人才需求的能动性。我国科技人才培养的产学研合作不够深入，一些国家重点实验室和重大科技攻关项目的人才培养载体作用还没有得到充分体现。近年来，我国实施了诸多重大科技和工程项目，但是依托这些重大项目所培养出的顶尖科技人才和工程师数量不多。而大多数国内企业偏好低成本导向，在短期利润的驱使下既没有研发投入的动力，也没有培养科技人才的动力。课题组在对科技型单位的调研中还发现，很多单位存在科技人才晋升受限、轮岗力度不够、骨干科技人才年龄老化、年轻科技人才担纲机会缺乏等问题。各用人单位普遍表示需要加大对科技人才培养的投入，加大科技人才培养产学研合作的力度，促进科技人才与海外的交流，把青年人才放到关键岗位上，敢于让年轻人挑大梁，推动建立青年科技人才培养导师制。

六、科技人才评价唯论文现象比较突出，不利于引导科技人才的价值创造

构建科学合理的人才评价体系可以充分发挥人才评价的指挥棒作用。然而，当前对科技人才的评价还存在一些亟待完善的地方。首先，对基础研究人才的评价"重短期、轻长远"。基础研究的成果难以在短期内显现，而现有的科研评价指标体系多是需要短期内可量化、可观察的产出和效益，与基础研究的特点和规律不符，不利于科研人员沉下心来钻研。其次，尽管国家层面的文件一再强调分类评价，但现实中各单位对科技人才的评价还没有充分体现岗位特点，导致人才评价容易陷入唯论文的量化评价误区，没有引导科技人才在本职工作上做出成绩和创新。这些年中国科技论文总量居全世界第一，但是真正的科技创新实力依然有待提升，一些卡脖子技术长期没有得到突破。最后，目前对科技人才评价事项过多，评价流程过于复杂，涉及人才选拔、任用、考核、薪酬、奖励等各个环节，容易导致科技人才"沦陷"在写材料、申课题、报奖项等各种"非价值创造"的活动之中，减少了有效科研时间。更加需要警惕的是，唯论文的人才评价标准以及人才帽子背后的

奖励和资源倾斜机制，可能会导致发论文和追求人才帽子成为一些科技人才的最终目标。尽管《关于分类推进人才评价机制改革的指导意见》指出要坚持凭能力、实绩、贡献评价人才，克服唯学历、唯资历、唯论文等倾向，但是这些方向性的指导精神在实际人才评价中还没有完全落地。在课题组的实地调研中，一些用人单位表示当前的人才评价缺少细化的评价标准和分类的具体要求，人才评价过程烦琐，人际关系影响了人才评价的公平公正。建议用人单位实行业绩导向，以成果论英雄；改进流程，杜绝找关系找评委，杜绝评委之间交换资源等行为。

七、科技人才事务性工作过多，科技创新创造的激励制度不完善

在华为等民营企业，由于薪酬、股权等激励机制的设计到位，科技人才的创新创造活力得到全面激发，成就了世界水平的中国高科技企业。但是目前，我国的科技人才相对集中在事业单位和国有企业。在这些单位，科技人才整体薪酬水平偏低，科技分红、股权激励等制度还没有得到广泛应用，科研经费支出中存在"重物轻人"的现象，而且一些科研经费和科研项目管理规定给科技人才带来了较大的事务性工作负担。体现知识、技术等创新要素价值的收益分配机制尚不完善，科技人才原始创新和成果转化的动力仍然不足。在科研资源的获取上，具备行政职务的人员更容易获得更多资源，青年科技人才的师承关系、贵人相助等非能力因素对获取科研资源存在一定的影响。个别单位甚至用行政权力干预知识产权、专利等知识成果的归属，这些现象极大挫伤了一线科技人才的工作积极性。

因此，尽管国有企事业单位拥有更多的科技人才存量，但是这些科技人才的创新创造活力远没有被激发出来。针对上述问题，我国需要建立简洁高效的科研管理模式，减少科技人才的事务性时间消耗；建立市场化的科技创新回报机制，充分体现科技人才的创新创造价值；增强科技人才的荣誉感和自豪感，激发科技人才"科技报国"的情怀。只有真正激发科技人才的创新创造活力，才能实现我国的科技自立自强，打造我国的科技竞争优势。

八、缺乏优秀人才脱颖而出的选人用人机制

这些年我们国家花费高额成本引进了很多海外高层次人才，国内也培养了大量优秀人才，但因为人才选拔和使用机制的问题，海外引进的一些高层次人才没有发挥应有的作用，而国内培养的部分科技精英又出国寻求发展。如果没有好的用人机制，引进和培养再多的人才也不能真正建成人才强国。如果建立了有效的选人用人机制，优秀人才就能够脱颖而出，这自然能够吸引更多的海外顶尖人才来中国，也自然能留住我们国内培养的优秀人才，更能激发人才的创新创造活力。在中国的现实环境中，优秀的人才往往也需要伯乐推荐或贵人相助，才能获得更好的发展机会。一些在国内得不到重用的科技人才，流失后能够在自己的专业领域做出优异成绩，这些现象非常值得我们深思。建设人才强国和科技强国，需要我们致力于营造一种科研环境，让心无旁骛的科技人才获得更多机会，而不是让他们把宝贵的时间精力花在结交贵人上。

第三节　本书的总体研究框架与主要研究内容

一、总体研究框架与主要研究内容

激发人才创新活力与建设人才强国，既要有体制上的突破和全社会崇尚科技创新的氛围的营造，又要有人才引进、培养、评价、激励等机制上的创新；既要通过引进和培养造就规模宏大、结构合理、素质优良的人才队伍，又要通过体制机制改革激发人才的创新创造活力；既要全面了解世界各主要创新型发达国家的人才政策与实践，又要深刻认识中国人才发展的现状和中国国情的特殊性。基于上述考虑，本书的总体研究框架涵盖了现状与问题分析、国际经验介绍与借鉴、人才体制突破、人才机制创新等内容。

本书总共分为六个部分。第一部分（创新型发达国家人才政策与实践及其对我国的启示）从总体上对创新型发达国家的人才政策与实践进行梳理和分析，这既有助于通过比较发现我们自身存在的问题，也有利于借鉴创新型发达国家的成功经验，对总体研究框架和其他研究内容的开展也能起到重要的支撑作用。第二部分（我国海外人才引进与全球化人才战略）和第五部分（构建产学研融合的科技人才自主培养体系）是分别针对人才引进机制和人才培养机制提出的。引进和培养是我国建设规模宏大、结构合理、素质优良的高水平人才队伍的两个关键手段，也是对党的十九届五中全会通过的《中共中央关于制定国民经济和社会发展第十四个五年规划和二〇三五年远景目标的建议》提出的"造就更多国际一流的科技领军人才和创新团队，培养具有国际竞争力的青年科技人才后备军""加强创新型、应用型、技能型人才培养，实施知识更新工程、技能提升行动，壮大高水平工程师和高技能人才队伍""支持发展高水平研究型大学，加强基础研究人才培养""实行更加开放的人才政策，构筑集聚国内外优秀人才的科研创新高地"，以及党的二十大报告提出的"加快建设国家战略人才力量，努力培养造就更多大师、战略科学家、一流科技领军人才和创新团队、青年科技人才、卓越工程师、大国工匠、高技能人才"等的回应。第三部分（推进以实绩贡献为导向的科技人才分类评价改革）和第四部分（完善基于创新要素价值的科技人才激励机制）是针对人才评价和激励机制提出的，也是对党的十九届五中全会提出的"健全创新激励和保障机制，构建充分体现知识、技术等创新要素价值的收益分配机制，完善科研人员职务发明成果权益分享机制"等表述的回应。第六部分（政府放权松绑与营造更加强烈的科技创新氛围）是针对人才发展体制改革而进行的研究，对如何激发科技人才创新活力与建设人才强国具有根本性的支撑作用。这六部分内容涉及人才制度国际比较、人才队伍构建、人才活力激发、人才管理体制突破等，共同指向激发人才创新活力与建设人才强国这一总课题和总目标。总体研究框架与主要研究内容的对应关系如图 1-2 所示。

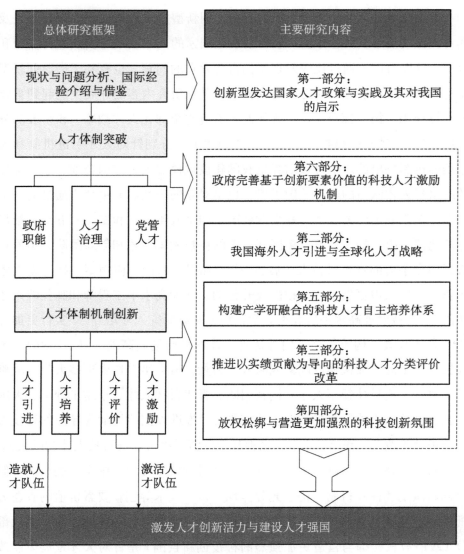

图1-2 总体研究框架与主要研究内容关系图

基于总体研究框架，本书的主要研究内容包括以下几个方面。

（一）创新型发达国家人才政策与实践及其对我国的启示

相较于我国，创新型发达国家更早地实施了人才战略，帮助其在世界范围内获得了竞争优势，促进了国家科技和经济实力的提升。当前，科技创新的竞争愈来愈激烈，世界各国都十分重视构建本国的人才战略，并出台了一系列法律法规和政策措施来吸引、培养和激励人才。"他山之石，可以攻玉"。我国要构建人才竞争的国际比较优势，首先就需要了解世界主要创新型发达国家的人才政策与实践，做到"知己知彼"。本书根据 2020 年和 2021 年公布的全球创新指数（GII）排名，将创新型发达国家分为三类——作为世界第一科技强国的美国，欧洲创新型发达国家如英国、法国、德国、荷兰、瑞士、瑞典等，以及亚洲创新型发达国家日本、新加坡、韩国、以色列。本书将研究这些国家在全球化人才战略、技术移民、专利保护和科技创新激励、科技成果转化机制、科技人才培养和国民教育体系等方面的政策与实践，借鉴其经验，吸取其教训。在研究过程中，我们要充分认识到我国与这些国家在经济、社会和文化等方面的差异，认真审视创新型发达国家人才政策与实践对我国建设人才强国的借鉴意义和价值，取我所需，为我所用。

（二）我国海外人才引进与全球化人才战略

党的十八大以来，中央文件多次提到了要"聚天下英才而用之"，但是，我国目前并没有非常清晰、系统的全球化人才战略。在海外高层次人才引进中，我们多以顶级期刊论文发表来判断人才是否"高端"，忽视了人才引进与科技创新的现实需求之间的有效匹配。甚至有的地方只重引进不重使用，把海外人才引进的数量作为政绩，人才引进后并没有发挥应有的作用。另外，随着欧美一些发达国家越来越警惕中国对海外高层次人才的引进，我国需要建立更加灵活高效的全球高端智力资源聚集机制。因此，本书将分析我国当前人才引进存在的问题，对海外人才的回国意向及其影响因素进行调查，在此基础上提出构建中国全球化人才战略的对策建议。

（三）完善基于创新要素价值的科技人才激励机制

在我国的高校、国企、科研院所等单位，都有大量的高层次科技人才，如果不能有效激发这些人才的创新活力，建设人才强国和科技强国的目标就无法实现。因此，有效激发人才的创新创造活力成为新时代实施人才强国战略一个至关重要的研究课题。党的十九届五中全会通过的《中共中央关于制定国民经济和社会发展第十四个五年规划和二〇三五年远景目标的建议》提出，要"健全创新激励和保障机制，构建充分体现知识、技术等创新要素价值的收益分配机制，完善科研人员职务发明成果权益分享机制""大幅提高科技成果转移转化成效"。习近平在 2021 年中央人才工作会议中提出，要为各类人才搭建干事创业的平台，构建充分体现知识、技术等创新要素价值的收益分配机制，让事业激励人才，让人才成就事业；同时提到要鼓励人才主动担负起时代赋予的使命责任。因此，本书将研究如何建立体现知识、技术等创新要素价值的收益分配和激励机制；如何建立包括收入分配、荣誉认可、职业发展、使命责任在内的全面激励模式，充分激发人才的创新创造活力。

（四）构建产学研融合的科技人才自主培养体系

在我国全面建设社会主义现代化国家的新征程中，高水平科技自立自强是关键，而高水平科技人才的自主培养则是基础。从《关于深化人才发展体制机制改革的意见》提出要"改进战略科学家和创新型科技人才培养支持方式"，到党的十九届五中全会提出要"造就更多国际一流的科技领军人才和创新团队，培养具有国际竞争力的青年科技人才后备军"，可以说，中央一直在强调高水平人才培养的重要性。习近平在 2021 年中央人才工作会议中提出要把建设战略人才力量作为重中之重来抓，强调中国是一个大国，对人才数量、质量、结构的需求是全方位的，满足这样庞大的人才需求必须主要依靠自己培养，提高人才供给自主可控能力，指出要走好人才自主培养之路。当前，我国科技人才培养的产学研融合程度较低，基础研究人才的原始创新能力有待提升，工程技术人才培养与生产实践结合不够紧密，青年科技人才缺乏担纲机会，"应试教育"模式不利于顶尖人才的发现和培养。要全面提高我国科技人才自主培养质量，加快建设国家战略人才力量，必须有效克服现实中的这些突出问题。本书将深入研究我国在科技人才培养方面存在的问题，在此基础上提出构建产学研融合的科技人才自主培养体系的对策建议。

（五）推进以实绩贡献为导向的科技人才分类评价改革

在一些主要创新型发达国家，人才评价的市场化程度高，都是由用人主体自行决定，因此人才评价的问题并不突出。但是我国当前政府主导的人才评价依然在较多行业存在，人才评价的市场化程度不高，用人主体自主权受限。如果政府过多主导人才评价和科技评奖等活动，不仅会带来如何制定评价标准等难题，并且可能导致行政权力和人际关系在科技资源配置中起更大的作用，并进一步加剧官本位文化，不利于营造全社会更加浓厚的科技创新氛围。当前我国对基础研究人才、工程师等不同类型科技人才的分类评价落实不到位，一刀切和唯论文现象突出。各单位在人才引进和激励中过于强调帽子和头衔，导致部分科研人员急功近利，热衷于抢帽子，不愿意潜心于短期内不能发表论文的重要研究，背离了科研的真正目标。一些青年科技人才因为没有头衔、缺乏伯乐而得不到施展才华的机会。针对当前存在的这些问题，我国需要进一步优化人才的发现、使用和评价机制，用好用活各类人才。本书将深入分析我国在科技人才评价方面存在的问题，分析其背后的深层次原因，提出有价值的对策建议，以期更多单位能通过科学的评价让优秀人才脱颖而出，引导人才专注于本职岗位上的价值创造，培养人才十年磨一剑的科研精神。

（六）政府放权松绑与营造更加强烈的科技创新氛围

政府人才管理职能转变是一个"多年困扰、反映强烈"的老问题。2016年出台的《关于深化人才发展体制机制改革的意见》提出，"充分发挥市场在人才资源配置中的决定性作用和更好发挥政府作用，加快转变政府人才管理职能，保障和落实用人主体自主权"。习近平在2021年中央人才工作会议中提出，"当务之急是要根据需要和实际向用人主体充分授权，真授、授到位。行政部门应该下放的权力都要下放，用人单位可以自己决定的事情都应该由用人单位决定，发挥用人主体在人才培养、引进、使用中的积极作用"。然而当前，一些地方的人才工作中政府主导的色彩还比较浓厚，市场和用人主体没有发挥应有的作用。同时，社会中存在的官本位文化也不利于营造更加浓厚的创新氛围。在高校和科研院所，许多研究人员在科技创造力最强的时候追求行政职务。官本位文化还限制了科技人才的批判思维和创新精神。根据 2020 年中国科协创新战略研究院相关调查结果，近半数（49%）科技工作者认为近年来中国科技界普遍缺乏百家争鸣的学术争论氛围。只有真正实现政府放权松绑，进一步破除当前社会的官本位文化，才能为我国科技创新提供更好的土壤。因此，本书将深入研究政府人才管理职能和边界，引导政府树立科学的人才工作业绩观，实现人才管理上的简政放权。本书还将研究如何打破官本位文化，营造更加强烈的科技创新氛围，优化用人主体内部的人才发展机制和人才创新生态。

二、本书在理论创新和服务决策等方面的价值

本书采用了多元化的研究范式，既有基于"问题－对策"的分析思路，也采用了文献分析、深度访谈、案例研究、问卷调查和定量研究等多种方法。本书的研究成果既为中国本土的人才战略和人才管理理论体系的形成提供了有益的学术积累，也为我国人才发展体制机制改革提供了政策建议。本书的价值主要体现在以下方面。

（一）系统整理和总结了世界主要创新型发达国家的人才政策与实践

尽管国内有少部分文献涉及人才发展的国际借鉴，但是对主要创新型发达国家的人才政策与实践的系统性分析和总结还是非常缺乏的。本书对美国以及欧洲和亚洲主要创新型发达国家的人才政策与实践进行了比较系统的梳理，内容涵盖留学生和技术移民政策、专利保护制度、全球化人才战略、博士后制度、产学研合作与科研成果转化、国民教育体系、人才引进与培养机制、科研氛围建设等方面。本书总结和提炼的这些内容既能给人才强国战略带来有益的启示和借鉴，也能为后续更多研究的开展奠定文献资料方面的基础。

（二）对中国海外人才进行了深度访谈和问卷调查，建立了人才国际流动分析框架

学者们都强调引进海外高端人才的重要性，但是大多是基于"问题 – 对策"的主观分析，很少有针对海外人才和留学生归国意向的调查。本书在对海外人才和留学生进行访谈的基础上，进行了有针对性的问卷设计和调查，回收了 413 份有效问卷，调查样本的旅居或留学国家涵盖美国、日本、英国、澳大利亚、加拿大、韩国、新加坡等。通过统计分析，本书得出了国内有利于吸引海外人才回国的十大拉力因素和导致人才流失的十大推力因素，以及国外吸引海外人才定居的十大拉力因素和导致人才离开的十大推力因素。通过这些调查，获取了中国海外人才流动的一手数据，分析了我国吸引海外人才的有利因素和不利因素，对我国如何实现"聚天下英才而用之"和构建具有国际竞争比较优势的人才制度体系具有重要的启发和借鉴意义。

（三）深入调研和总结了国内科技型企事业单位在人才激励、培养、评价等方面的优秀实践

为更好地了解科技人才激励、培养、评价等方面的优秀实践，课题组对一些在人才管理方面有着成功实践的科技型企事业单位进行了调研，深入访谈了科技管理负责人、人力资源负责人和一线科技人才代表。国有企事业单位既有着大量的科技人才，承担着国家重大科技创新任务，也深受国家人才管理体制的影响。因此，本书对国有企事业单位科技人才激励、培养、评价等方面优秀实践的研究既有助于我们了解我国科技人才管理现状，也能对我国如何更好地激发科技人才创新活力有所启发。

（四）建立了人才治理体系的分析框架

本书指出，市场、政府和用人主体是我国人才治理体系的重要组成部分，三者在人才发展、人才评价和人才资源配置等活动中的角色，决定了人才治理体系的基本内容和效能。我国需要把完善人才治理体系作为落实人才强国战略的重要内容。首先，需要进一步明确政府在人才工作上的边界，树立科学的人才工作业绩观，做到有所为有所不为。只有充分发挥市场对人才资源配置的决定性作用，才能营造更加浓厚的创新氛围，彻底激发人才的创新活力，更好地服务于科教兴国、人才强国、科技强国等发展战略。其次，政府要将人才工作重点转向创新体系顶层设计、人才宏观管理、政策法规制定、公共服务、环境优化、人才政策效果评估与改进、国家级战略科学家引进与培养、国际大科学计划、"卡脖子"技术突破等方面。在微观层面的人才引进、评价、激励等活动中，政府部门要主动放权，让用人主体和市场发挥决定性作用。最后，本书强调用人主体是人才治理体系的重要组成部分，只有用人主体建立公正良好的用人机制和环境，把各项人才政策执行好、落实好，才能实施好新时代人才强国战略。

（五）为深化我国人才发展体制机制改革提供了有针对性的对策建议

本书始终坚持问题导向的原则，既深入分析当前我们科技人才发展中的关键问题，也为人才发展体制机制改革提出一些具体的对策建议。本书关于海外高层次人才引进、科技人才评价、科技人才自主培养、科技人才创新激励、政府人才管理职能转变等方面的研究结论和对策建议，将有助于为相关部门的政策制定和改革实践提供研究支持。希望有更多的人才管理和服务机构、企事业单位人事人才工作者以及同领域的研究人员等可以阅读到本书。希望本书能给相关读者带来一些有益的思考和启发，更希望本书能在我国深入实施新时代人才强国战略、强化现代化建设人才支撑方面发挥积极的决策参考作用。

第 2 章

创新型发达国家人才政策与实践及其对我国的启示

当前，国际科技创新的竞争愈发激烈，世界各国都十分重视人才在建设创新型国家中的重要作用。有的国家如美国、英国、德国等充分利用自身引才优势从全球劳动力市场中积极吸引优秀人才，有的国家如日本、韩国、新加坡等则更加重视本国人力资本的投资和教育（Schuler, et al., 2016）。本章主要研究全球有代表性的创新型发达国家的人才政策与实践及其对我国的启示。根据2020年和2021年公布的全球创新指数排名，本书把世界主要创新型发达国家分为三类：（1）世界第一科技创新强国——美国；（2）欧洲创新型发达国家——英国、法国、德国、荷兰、瑞士、瑞典、芬兰等；（3）亚洲创新型发达国家——日本、韩国、新加坡、以色列。上述国家在专利保护制度、全球化人才战略、留学生政策、技术移民政策、博士后制度、产学研合作与科研成果转化、国民教育制度、人才引进与培养机制等方面积累了丰富的政策与实践经验。我国要想在全球人才竞争和科技竞争中获得优势，就需要主动了解、比较和借鉴创新型发达国家在人才政策与实践方面的成功经验，并做到和我国国情相结合，从而为我国更好地实施新时代人才强国战略带来更多的启示。

第一节　美国的人才政策与实践

美国是世界头号经济与科技创新强国，自19世纪中后期开始已经连续引领了第二次、第三次工业革命以及20世纪90年代开始的互联网科技浪潮，始终是世界科技创新中心。相对于英国、法国、德国等欧洲国家而言，美国本土避免了两次世界大战的战火，积累了科技创新所需要的大量资本，同时也有世界范围内大量的科学家、工程师为躲避战火移民美国，为第三次科技（工业）革命的顺利开展做了资金和人才准备。美国科技创新的发展史表明，尽量避免本土战争，利用和平稳定的环境吸引资金和人才，更有利于科技创新。美国是实施全球化人才战略的典型国家，其通过留学生政策、博士后制度和技术移民政策等，实现了吸引和保留国际顶尖人才的战略目标。美国拥有全球最强有力的专利保护制度，强化了对科技创新的激励。美国还拥有良好的科研创新环境，在全社会形成了尊重科技创新和创造的氛围。美国人才战略的这些特征，为我国实施人才强国战略带来了有益的启示。

一、美国成为世界科技创新中心的历史追溯

自 1776 年通过《独立宣言》，宣布建立美利坚合众国以来，在 200 多年的时间里，美国便从一个经济基础薄弱的传统殖民地，发展为引领世界经济科技发展的第一强国，这与美国把握住了三次工业革命的机遇，积累了科技创新所需要的人才、资金、技术等生产要素息息相关。

美国是典型的移民国家，在作为英国殖民地的时期，有大量来自西欧的官员、传教士、科学家、学者等前往北美定居，也有大量非洲奴隶被迫"移民"到北美，这为日后美国正式的技术移民和劳工移民打下了基础。美国在建国后 100 年左右的时间里，采取了全面开放的移民政策倾向。建国初期薄弱的经济基础和经济开发的需要，决定了美国对外来劳动力的大量需求，因此，美国欢迎和鼓励外国人口和人才，并在这一时期吸收了许多欧洲工业革命产生的剩余劳动力。这些欧洲移民的到来为美国带来了开展工业化建设所需要的劳动力和技术，熟练的技术工人移民为美国带来了欧洲的先进生产工艺和理念，如意大利移民在煤气、电力、自来水等市政建设技术方面做出了巨大贡献（姬虹，2013）。

18 世纪末 19 世纪初，美国开始进行工业革命，并逐步成长为仅次于英国、法国、德国的第四号工业化强国。南北战争结束后，美国构建了国内统一的市场环境，为美国资本主义经济发展扫清了障碍。之后，美国进入经济加速发展时期，工业生产效率大幅提升，在 19 世纪末工业产值跃居世界第一。与此同时，美国国内产业和社会对技术人才的大量需求促使美国加大了国内高等教育体系建设的力度，也促进了学生的国际流动。美国一方面通过建立起国内先进的高等教育体系，培养具备较强能力和掌握技术的本土人才，另一方面通过大量接收国际技术移民和留学生，满足工业化进程中对高水平专业技术人才的需求。

20 世纪是美国最终确立其世界科技创新中心地位的关键阶段。在 20 世纪，美国本土避免了两次世界大战的直接破坏，相对于英国、法国、德国等

欧洲老牌资本主义国家而言，保存了经济发展和科技发展的元气。美国通过在两次战争中出售军事武器等途径，积累了科技创新所需要的大量资本，同时也有世界范围内大量的科学家、工程师为躲避战火移民美国，为第三次科技革命的顺利开展做了人才准备。美国在战后经济、军事实力大幅提升的同时，还主导建立了布雷顿森林体系、联合国等组织，形成了以美国为中心的经济、政治格局，确立了美国世界头号强国的地位。在政治、经济、人才、资本等各项条件成熟之时，美国主导了第三次科技革命，创造和开拓了原子能技术、航天技术、电子计算机等高新科技领域，掌握了大量核心技术和知识产权，在高精尖领域建立起自身主导地位和绝对优势，引领了世界各国科学研究和技术投资的发展趋势，其世界科技创新中心的地位得以确立和巩固。

二、美国拥有世界上最强有力的专利保护制度

专利保护制度旨在通过法律和经济手段，为专利发明人的智力成果与知识产权提供确认和保护。美国历经 200 多年的努力，逐渐构建了全球最完善和最全面的专利保护制度，对本国科技创新活动的开展和智力创造成果的保护起到了重要的促进作用，并成为各国效仿的榜样。美国专利保护制度的发展历程分为五个阶段（孙旭华，2007）（见表 2-1）。

从 20 世纪 80 年代初开始，在反专利运动、专利法制不统一、新兴工业国家的崛起威胁等时代背景下，美国为实施专利保护战略，又进行了一系列的制度创新。第一，建立了以联邦巡回上诉法院为核心、统一处理专利纠纷的上诉和审理工作的专利司法制度，增强了司法解释的统一性和专利制度的稳定性。第二，白宫科技政策办公室联合美国国家科学基金会、国立卫生研究院、国防部、国家标准和技术研究院、美国国家航空航天局等近 20 家机构成立了美国科研环境联合委员会（JCORE），旨在塑造美国科研价值观和科研道德准则，以保护美国科研安全和知识产权（段黎萍，于珈，张志刚，等，2021）。第三，专利保护领域进一步扩大，生物技术、计算机软件、商业方法等纳入专利客体范畴，适应了经济全球化的国际环境和第三次科技革命的时代发展要求，激活了生物医药、计算机等高科技领域人才的创新活

表 2-1 美国专利保护制度的发展历程

阶段	时间	主要内容	标志性法案	特点
萌芽	1640—1776 年	1. 以英国专利制度为蓝本 2. 建立在奖励机制之上 3. 特定授权	马萨诸塞湾殖民地《自由法规》	复制与起源
形成	1777 年至 19 世纪 30 年代	1. 专利条款的制定 2. 采用注册制	1790 年、1793 年 和 1836 年《专利法》	延续与转型
全面发展	19 世纪中后期	1. 成立专利局 2. 采用审查制	1870 年《专利法》	繁荣与体系化
完善	20 世纪初至 20 世纪 70 年代	1. 保护大规模的公司工业产权研和开发部门的发明 2. 保护植物专利 3. 明确非显而易见性原则 4. 反专利法时期	1952 年《专利法》	反复与补充
扩张性发展	1980 年至今	1. 建立联邦巡回上诉法院 2. 成立美国科研环境联合委员会 3. 生物技术、计算机软件、商业方法成为专利客体 4. 特别 301 条款程序的国际化和《与贸易有关的知识产权协定》(TRIPs) 的确立 5. 先发明制改为先申请制	1982 年《联邦法院改革法》 2011 年《美国发明法案》	深化与国际化

力，促进了美国高新技术产业的发展。第四，专利保护制度国际化。为了应对全球化趋势和发展中国家不断崛起的压力，美国开始把专利保护战略作为其国际竞争战略的一部分，尝试建立保护本国专利的技术壁垒，并最终通过特别 301 条款程序的国际化和 TRIPs 协议的确立，实现了其专利制度的全球化扩展。第五，2011 年，美国将沿用了 200 多年的"先发明制"改为其他国家普遍采用的"先申请制"，这一行为促进了美国专利制度的进步，也有利于美国开展国际经贸交流与合作（付丽霞，2018）。

2021 年 12 月 6 日，美国司法部、国家标准和技术研究院、专利商标局共同发布了《关于受自愿 F／RAND 承诺约束的标准必要专利许可谈判和补救措施的政策声明草案》，该草案更为重视专利持有人与实施者之间的利益平衡，既要促进标准充分实施所带来的技术扩散效果，也要给予专利持有人在一定条件下寻求禁令救济的能力，以实现激励创新的目的（易继明，2023）。

总括而言，美国专利制度源于殖民地时期对英国专利制度的移植，后随时代发展不断改进，并最终实现了专利制度的国际化发展。美国的专利制度试图实现专利保护与知识共享之间的平衡，以及发明人利益与公共利益的最大化。在其专利制度的作用下，美国不断推进知识创新成果向产业竞争优势转化，推动美国高新技术产业的迅速发展，使知识创新成为其经济发展的重要推动力。专利制度的国际化也为美国在全球范围内获得持续竞争优势、保护本国创新成果与经济利益提供了重要的制度基础。

三、留学生、博士后和技术移民是美国全球化人才战略的三支柱

美国是最早实施全球化人才战略的国家，制定了包括留学生、博士后、技术移民等在内的一系列人才引进政策。通过这些政策，美国吸引了全球范围内的优秀人才，促进了本国科技创新和经济发展。美国这方面的政策和实践为我国提供了参考。

（一）留学生政策：鼓励 STEM 领域的学习

第二次世界大战结束后不久，美国便于 1946 年制订了富布莱特计划，设

立研究基金和奖学金，接受外国学生赴美学习，同时也通过外国学生项目和
国际科学技术项目为留学美国的学生与科研人员提供资助。留美学生一直是
美国高等教育中不断增长的一部分。[①]进入 21 世纪，美国更加重视 STEM 领
域的人才培养。2007 年，美国专门建立了面向理工科博士的奖学金制度，并
重点挽留优秀留美学生。据美国全国科学理事会 2006 年的统计，美国大约
35% 的科学与工程博士来自外国，其中有 22% 来自中国，远高于排在第二名
的印度（14%）。2008 年 7 月，美国《科学》杂志发表的题为《美国研究生教
育：头号博士培养学校现在来自中国》的文章指出，清华大学、北京大学已
成为最肥沃的美国博士培养基地。2012 年，相关法律还为在美国取得科学、
技术、工程和数学（美国人才紧缺领域）博士及硕士学位的外国毕业生制订新
的绿卡计划，帮助他们在美国工作和创业。数据显示，2021 年赴美留学生中
有 54% 在学 STEM 专业，而赴美留学的中国学生中这一比例为 50.4%。

留美学生在 2018/2019 学年达到 109.5 万人的历史新高。受新冠疫情的
冲击，2020/2021 学年全球留学生比例有一定程度的回落，但从整个发展历
程来看，赴美留学的人数是上升的（见图 2-1）。

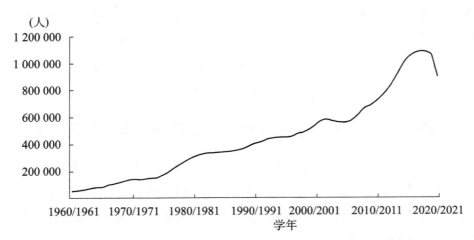

图 2-1　在美留学生人数变化（1960/1961 学年至 2020/2021 学年）
资料来源：IIE.Open Doors/2021 Fast Facts.

---

①   Israel E, Batalova J. International Students in the United States.[2024-04-17]. https://www.
migrationpolicy.org/article/international-students-united-states-2020.

2016—2021 学年美国留学生学科分布统计结果显示，工程以及数学与计算机科学专业领域的留学生人数最多，平均在 20 万人左右。另外，随着现代社会对人才需求的多样化，商业管理、法学等学科领域也成为留学生赴美求学的目标领域。特别是攻读商业管理的留学生数量巨大，2016—2021 学年人数虽连续下降，但仍保持在 15 万人左右，成为仅次于工程以及数学与计算机科学的第三大留学目标领域（见表 2-2）。

表 2-2　2016—2021 学年美国留学生学科领域分布　　　　单位：人

学科领域	学年				
	2016/2017	2017/2018	2018/2019	2019/2020	2020/2021
农业	12 602	12 473	13 754	13 134	12 360
商业管理	200 754	196 054	182 170	174 470	145 658
通信和新闻	21 913	22 824	24 017	23 925	20 613
教育	17 993	17 615	16 786	15 700	15 402
工程	230 711	232 710	230 780	220 542	190 590
应用艺术	61 506	63 795	63 097	64 501	51 101
医疗健康	34 395	35 169	35 446	34 934	32 468
人文	17 561	17 040	17 013	16 992	14 702
强化英语	30 309	25 845	22 026	21 301	8 355
法学	15 306	16 894	16 483	16 269	11 684
数学与计算机科学	167 180	186 003	203 461	205 207	182 106
生命科学	76 838	78 700	81 580	81 971	75 029
社会科学	83 046	83 708	84 320	84 440	76 419
其他领域	87 577	88 720	86 057	81 837	64 042
未知	21 131	17 242	18 309	20 273	13 566
总计	1 078 822	1 094 792	1 095 299	1 075 496	914 095

资料来源：Fields of Study. [2022-05-30]. https://opendoorsdata.org/data/international-students/fields-of-study/.

美国政府多对留学生表现出友好倾向，希望能吸引全球人才，从而增加美国的竞争力。但在特朗普执政期间，美国在留学生方面的政策出现收紧的趋势，对于移民也采取了更加保守的态度。这一系列举措也引起美国高科技企业和科学界的普遍忧虑，他们认为收紧全球人才流入美国的通道，将会削弱美国的科技创新实力。2021 年拜登上台后重新表现出对留学生的欢迎和重视。2022 年 1 月 21 日，拜登发表了以"吸引 STEM 人才"为目的的声明，声明中指出 STEM 领域对美国的繁荣、安全和健康的重要性。[①] 随后美国国务院和国土安全部也宣布了新的行动，主要包括：（1）将 22 个新专业纳入 STEM。新增的 22 个专业不仅有商科，如数据可视化、数据分析、商业分析，还有文科，如人类学。就读这些专业的学生均可参与 STEM 领域的选择性实习培训（optional practical training，OPT），已经在使用这些专业的 OPT 的留学生也可以申请延长 OPT。（2）延长 STEM 领域 J-1 签证期限。（3）简化 STEM 专业人才的绿卡申请。

（二）博士后政策为美国提供了质优价廉的高素质科研人员

博士后是介于博士与专职科研人员之间的过渡状态，重点训练和培养独立从事科研活动的能力。美国是博士后制度的创立者，其博士后数量和质量都遥遥领先于世界各国。

1876 年约翰霍普金斯大学校长丹尼尔·吉尔曼（Daniel Gilman）为从事基础研究的年轻科学家设立研究基金。在第一批获得资助的学者中，有 4 位是取得了博士学位的，因而被称为"博士后"，这被视作世界博士后的起源。博士后制度设置的最初目的是培训青年学者和推进科研工作，如今它已经演变成为一项意义重大的科技人才制度，也为美国科技领域创新提供了重要的人才基础。《环球科学》2019 年同行评议对 52 所美国研究机构的近 14 000 名博士后的调查显示，大部分美国博士后的年薪为 47 500 美元左右（赵硕，2019）。

美国并没有关于博士后教育的全国性规范文件，也不存在有完全行政权力的政府归口管理部门，但美国博士后制度在悠久的历史中已具有相对成熟

---

① Fact Sheet: Biden-Harris Administration Actions to Attract STEM Talent and Strengthen our Economy and Competitiveness. [2022 - 05 - 30]. https://www.whitehouse.gov/briefing-room/statements-releases/2022/01/21/fact-sheet-biden-harris-administration-actions-to-attract-stem-talent-and-strengthen-our-economy-and-competitiveness .

和规范的做法，具体来说，美国博士后制度主要包括以下五个方面的内容（范平花，2006）：

（1）招聘程序。美国博士后的申请条件比较宽松，总体流程较为简单，主要包括公告博士后招聘启事、候选人填写和提交意向函与证件、招聘机构进行资格审查、发放博士后供职信。

（2）招聘主体。美国博士后的招聘主体主要包括大学、政府和企业三类。

大学是美国博士后招聘的主要机构，全美具备博士学位授予资格的大学几乎均招收了博士后。

政府部门招收的博士后分为有数量限制和无数量限制两类。有数量限制的政府部门博士后属于有 2～8 年期限的临时雇用人员，临时雇用期届满后可直接留在政府部门工作，而无数量限制的政府部门博士后，在完成博士后工作后只能作为政府部门人员的备选。美国国家航空航天局、国立卫生研究院、环保局、地质勘探局等政府部门均招收博士后。

企业博士后自 20 世纪 80 年代开始出现，特别是一些大型生物工程企业和医药公司大量招收博士后，承担相关研究课题。企业博士后的待遇相比学校甚至更好，科研环境、科研条件、科研设施也较为完备。企业博士后加强了高校和企业在学术联系、项目攻关、资源共享等方面的合作，促进了校企间的产学研合作，提高了科研项目成果的转化效率、应用价值与市场价值。另外，调查显示，美国企业博士后的外籍人员比例非常高，因为企业博士后比高校博士后更容易长期留美发展。美国的校企合作方式将博士后岗位视为一种正式的就业方式，形成"培养和使用并重"的博士后职业发展方式，增加了博士后的核心竞争力（高建东，2020）。

（3）资助模式。美国的博士后制度在资助模式方面表现出多样化、多主体的鲜明特点，主要有博士后研究基金、联邦政府培训拨款、研究项目经费三种方式。其中，接受研究基金的博士后通过全国选拔产生，接受联邦政府培训拨款的博士后则由大学自主选择决定，而研究项目经费是博士后经费的主要来源，以项目合同制的方式予以发放。有学者认为，美国博士后收入和工作量间的不匹配要求美国极大地提高博士后的收入水平（Woolston，2019）。

（4）教育活动。博士后的主要教育活动有课题研究、课程学习、做实验、承担教学任务和指导学生等。有些博士后项目还制订个人提升计划，帮助博士后明确未来职业规划和发展方向，帮助其在博士后期间取得良好的学术科研成就。

（5）管理制度。主要包括微观管理和宏观管理两个方面。在微观管理上，学校内部设立了博士后办公室，同时还有博士后自发建立的非官方组织，保障博士后群体的权益，并制定了一系列规章制度。在宏观管理上，以全国博士后协会（National Postdoctoral Association，NPA）、美国大学协会（Association of American Universities，AAU）等社会机构和组织为代表，主要通过拨款和发放奖学金、发布博士后现状调查报告以及召开研讨会和年会的方式对博士后提供服务与管理。

总体来看，美国对于博士后的招收和管理呈现出较为宽松的特点，各方面限制条件较少，有利于博士后数量的增长和博士后制度的快速发展，这对优秀科研人员的培养、整体科研水平与学术能力的提高也能起到促进作用。美国政府把博士后列为人才资本和资助的重点，这是美国博士后发展和成功的关键因素。

（三）技术移民政策为美国吸引和保留了全球范围的高端技术人才

美国是全球最大的移民国家。从 1945 年开始，截至 2019 年，4 757 万人获得美国合法移民身份（见图 2-2）。技术移民政策对美国保持其强大的科技竞争力起到了重要作用。举例来看，第二次世界大战后美国的科技成果中，有 80% 是由引进的外国人才取得的。1901 年至今，每四个获得诺贝尔奖的美国科学家中就有一个是外国移民。联合国发布的《世界移民报告2022》显示，美国仍然是当今移民的主要国家。

作为最早实施移民政策的国家，美国已在技术移民方面积累了丰富的政策经验。美国的技术移民可基于 1952 年、1965 年和 1990 年颁布的移民法划分为三个阶段。[①] 这些移民法奠定了美国引进国外高层次人才的策略与方

---

① 薄贵利，程志勇 . 人才强国战略是实现国家强盛的第一战略 .[2021-08-25]. http：//theory.people.com.cn/n1/2017/1102/c40531-29623743.html.

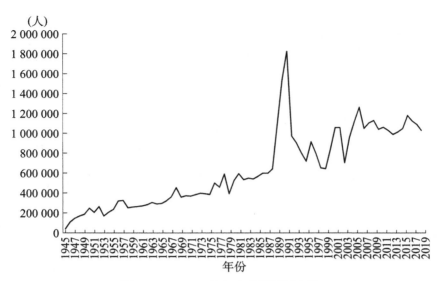

图 2 - 2　1945—2019 年美国移民人数

式。其基本理念为：只要是某一专业或行业的"精英"，不考虑国籍、资历和年龄，一律允许优先进入美国。如 1990 年《移民法》的突出特点是设置技术移民所享有的限额优先权，凸显美国政府对高科技人才的高度重视。

美国现行的针对外国人才的签证主要有三类：永久居留类职业签证，临时居留类职业签证，临时居留类留学生、学者签证（见表 2 - 3）。而各个领域世界顶尖的"杰出人才"以及符合美国"国家利益"的人才，可以不受任何限制，直接拿到绿卡。美国移民政策注重结合学历和技能进行筛选，根据人才的层次分别给予不同待遇（吴江，2015）。

表 2 - 3　美国针对外国人才的主要签证类型

签证类型		申请对象
永久居留类职业签证	EB - 1（第一优先）	1. 在科学、文艺、教育、商务、体育等方面具有非凡才能，在国内国际赢得持久声誉，并通过各种文件证明其取得的成就得到业内公认的外国人 2. 杰出教授和研究人员 3. 跨国公司的外籍执行官或经理
	EB - 2（第二优先）	1. 具有高等学位（硕士及以上）或同等学力 2. 在科学、艺术、商业方面有特殊能力，对美国经济、文化、教育、福利有实际效用

续表

签证类型		申请对象
永久居留类职业签证	EB-3（专业人才）	专业人员、技术工人和其他工人
	EB-4（特殊移民）	宗教人员、美国政府的特殊海外工作人员、国际组织的退休工作人员、国际组织工作人员的家属和美国军队成员
	EB-5（投资移民）	在一个新建的美国企业至少投资 50 万美元，直接或间接创造 10 个新的就业机会
临时居留类职业签证	H-1B	外国专业人员，允许美国雇主雇用的短期外国人才
	L	外国公司调派到美国分公司或合资公司工作的人员
	O	在科学、艺术、教育、商业等方面有杰出才能的外国人
	P	运动员、演艺人员等
临时居留类留学生、学者签证	F	赴美进行学术学习的留学生
	M	进行非学术或职业学习的留学生
	J	赴美交流访问、在职培训、专业培训和从事研究工作的外国专家学者

资料来源：罗杨，2014.

　　进入 21 世纪以来，美国进一步调整技术移民政策。2001 年美国国会出台了《加强 21 世纪美国竞争力法》，旨在进一步吸纳在科技、法律、艺术等广泛领域拥有专业技能，在美国工作但不申请居留的外国优秀人才。2006 年美国通过了一部移民法，放宽了在美国大学接受硕士学位以上教育的 STEM 领域的外国学生绿卡配额的限制。2013 年，美国推出计分制绿卡，同时推出蓝卡引进从事农业工作的外国劳工。2022 年 2 月，美国国会众议院通过了《2022 年美国竞争法》，不久后，该法也得到了参议院的通过。该法对既有移民政策进行了大幅调整，包括降低留美 STEM 专业博士绿卡申请限制、创设外国科技公司创业者赴美签证类别等。该法不仅豁免了 STEM 专业的外籍博士毕业生申请美国绿卡时 7% 的国别移民配额限制，还允许在美国以外的大学获得相关博士学位的毕业生申请美国永久居留权（绿卡），从而大幅减少了外籍 STEM 专业博士毕业生申请绿卡限制，并缩短了申请等候时间。该法为外国科技公司创业者赴美设立了全新的签证类别，允许创业者在满足一定的经营条件后获得美国绿卡。该法移民条款的出台，将方便美国企业雇主为更多科技人才提供永久居留权支持，从而吸引更多外籍科技人才在美工作，不断增强美国科技产业发展动力（刘旭，2022）。

四、崇尚创新创造的科研环境

（一）大力增加对科学与研发工作的投入

美国创造了良好的科研环境，这成为吸引全球优秀科技人才的重要原因。首先，政府为科研活动提供了大量的资金，支持基础学科的研究项目，包括以商业合同的方式直接向企业提供研发经费，以及采用税收激励政策，通过退税的方式鼓励公司和个人增加研发经费和从事研发活动。美国政府2021 年的财政预算案显示，联邦研发方面的投资高达 1 422 亿美元。再者，美国高校对科研经费的投入在世界范围内享有盛名，美国国家科学基金会发布的高等教育研究与发展调查结果显示，2020 年美国有 21 所院校的科研费用超过 10 亿美元，其中约翰霍普金斯大学的科研经费再度位居学术机构榜首，达到 31.1 亿美元。另外，美国的高科技公司也为科技创新人才提供了先进的实验设备和充足的科研经费，为科研活动的开展形成了良好的工作条件和环境。2020 年，美国"无尽前沿议案"提议扩大国家科学基金会（NSF），将其更名为国家科学技术基金会（NTSF），并在 NTSF 内设立技术理事会，在 5 年内向新成立的技术理事会拨款 1 000 亿美元，以支持在人工智能、机器学习、高性能计算、机器人、自动化、先进制造等 10 个关键技术领域的基础研究投入、人才培养和技术成果转化，以重新获得美国在全球竞争中关键技术领域的领先地位。欧盟委员会公布的《2020 年欧盟工业研发投入记分牌》显示，2019 年全球研发投入最多的 10 家公司里，美国有 6家，而中国仅有华为上榜（见表 2 - 4）。

表 2-4　2019 年全球十大研发投入公司

公司名称	所属国	研发投入（百万欧元）
谷歌及母公司 Alphabet	美国	23 160
微软	美国	17 152
华为	中国	16 173
三星电子	韩国	15 525
苹果	美国	14 435
大众	德国	14 306
脸书	美国	12 106
英特尔	美国	11 894
罗氏	瑞士	10 753
强生	美国	10 108

（二）营造尊重科技创新人才的文化氛围

美国历届政府都把人才培育作为国家发展的基础，形成了尊重人才和科技创新的整体氛围，科技人才在美国有着较高的社会身份和职业声望（Ammigan，Veerasamy，Cruz，2023）。早在 20 世纪 80 年代，美国就提出了以提升美国人的科学素质为主要目标的教育创新计划——"2061 计划"。1994 年发布的《科学与国家利益》报告中，确立了"造就 21 世纪最优秀的科学家和工程师"和"提高全体美国人民的科学技术素养"的战略目标。2010 年公布的《国家安全战略报告》中又明确指出，美国长期的领导地位依赖于能否培养出未来的科学家和创新者。可知，美国把创新与发展教育、造就高层次人才作为实现"国家繁荣"与"领导地位"的核心竞争力要素之一，且将此上升至国家安全战略高度。2022 年拜登政府发布了一项旨在加强美国对全球高科技人才的吸引力的联邦跨机构行动计划，强调高科技人才对美国的繁荣、安全和健康的重要性，尤其对于海外高科技人才的心理健康关注度非常高（Katsumoto，Bowman，2021）。

第二节　欧洲创新型发达国家的人才政策与实践

欧洲是工业革命的发源地，英国、法国和德国是欧洲较早进行工业革命的国家，这三个国家至今仍保持着科技创造活力。瑞士、瑞典、荷兰、芬兰也已经是位居世界前列的创新型国家，特别是瑞士连续十多年占据榜单首位。和美国不同，欧洲国家并非典型的移民国家，但在经济全球化和人口老龄化的时代背景下，也开始积极制定技术移民政策，在吸引国际高层次技术人才方面起到了积极的作用。欧洲国家有各自的教育理念与政策，但基本都设立了综合性大学、应用科技大学、职业教育学院等各具明确定位的多层次教育体系。德国和瑞士的职业教育是世界职业教育的典范，两者将职业院校的理论教学和企业的实践培养有机结合，为本国培养了大量的高级技工人才，极大地促进了高端制造业的发展。欧洲国家普遍重视产学研合作与科技成果转化，使高校的科研成果能够转化为现实的科技生产力。

一、移民政策向高素质优秀人才倾斜

联合国发布的《世界移民报告 2022》显示，截至 2020 年，遍布世界各地的移民总量约为 2.81 亿，占全球总人口的 3.6%，相当于不到 30 个人中就有一个国际移民。其中技术移民在总移民中的占比达到 60% 以上，成为国际移民的主要组成部分。当今的移民流入国集中于欧美地区，美国是最主要的移民流入国，其次为德国，英国位列第五，法国位列第七。英国、法国和德国作为传统的民族国家，不具备典型移民国家的特征和文化。但自第三次科技革命以来，这三个欧洲传统发达国家也开始积极制定技术移民政策。

（一）英国高技术移民政策

英国于 2002 年出台了《英国高技术移民政策》，实施新的计点积分制（point-based system，PBS）。英国的移民政策以市场需求为导向，将入境签证划分为高技能人员、技能人员、低技能人员、学生和临时工作五级，该制

度将各种人才引进条件量化，达到一定分数的人才有资格申请英国的签证、居留和入籍。2011年，英国启动了杰出人才签证，获得杰出人才签证者，不必获得担保即可前往英国。这一政策有助于吸引科学、人文、工程及艺术领域优秀人才到英国发展。2018年发布的《英国未来技术移民白皮书》，旨在构建基于技能而非国籍的移民体系，确保英国对国际人才的吸引力，使技术人才从事有利于促进生产力发展的多样化工作。《英国未来技术移民白皮书》所传递的政策信号主要有以下四点变化。①

首先，取消每年20 700人的工作签证配额，取消劳动力市场测试，维持工作签证最低年薪标准3万英镑不变，加快移民申请速度，重点吸收和引进高科技精英和高素质人才。但与此同时，英国仍保留了一份短缺职业清单，对于高技术移民申请者，如果其从事清单中的短缺职业，那么他们将不受定居英国所需的最低工资限制。

其次，对于上限12个月的低技术短期临时工作签证，持有者在签证到期后必须离境，且需要在12个月"冷冻期"后才能再次入境。该项举措保证了低技术含量工作的劳动力数量，同时也防止了低技术移民无限期滞留英国，加强了对高低技术移民的区分以及政府对国内移民数量和结构的管控。

再次，调整技术人才引进路线，针对创新者设置相应路径。英国政府于2019年春推出新的初创签证，并以创新者签证替换20万英镑企业家移民签证，规定由专业的第三方机构审查申请者的商业模式、商业理念的创新性，借此筛选出真正的创新创业者，保证技术移民的真实性。

最后，进一步放宽学生签证，小幅延长留学生毕业后滞留英国的时间。在所有英国高校，本科和硕士毕业生在课程结束后的居留期限由原先的4个月延长至6个月，博士生则可以拥有最高12个月的居留期限。毕业生在这个期限内找工作，在获得雇主担保的情况下，可以申请将学生签证转换成工

---

① The UK's Future Skills-Based Immigration System.[2022－05－30].https://assets.publishing.service. gov.uk/government/uploads/system/uploads/attachment_data/file/766465/The-UKs-future-skills-based-immigration-system-print-ready.pdf.

作签证。①

自脱欧以来，英国已经推出了一系列的吸引人才的政策，旨在从全世界吸纳优秀人才。2020 年，英国全球精英签证（Global Talent Visa）开放申请，为科学家和研究人员提供更便捷的签证申请服务。同时，不再对进入英国的技术人员总数设置上限。2021 年，英国通过授予高技能移民签证、国际学生计划以及成熟的积分制度来选择移民劳动力（Zotti，2021）。2022 年3 月，英国移民局官宣变更移民政策，还发布了多种新签证，包括全球商务流动签证（如高级或专业人才签证、毕业培训生签证等）、企业扩增签证、高潜力人才签证。时任英国财政大臣苏纳克早前曾表示此次签证制度改革将促使英国成为对高技能人才和企业家最有吸引力的国家。

（二）法国的优秀人才居留证政策

法国的技术移民政策集中体现在优秀人才居留证政策之中，该政策是法国于 2006 年通过的一项旨在"主动选择移民"的法案的核心内容。第一，该政策明确了优秀人才居留证的发放标准，对各领域、各行业的从业人员做出了详细的规定。例如，居留证原则上颁发给来法实施具体职业计划的人员，单纯的学习计划（即留学）不予考虑，带薪人员赴法工作则应出示劳动合同。同时，政策向需要高素质人才和前景良好的工作岗位倾斜，理工类、商科等硕士及以上学位人才更有优势。第二，该政策规定了优秀人才在法国的居留期限。该居留证有效期为 3 年，并可续签 3 年，居留证持有者的配偶与子女也可申请相同有效期的居留证。当优秀人才居留证持有者持证 5 年时，可进一步申请为期 10 年的居留证。第三，该政策规定了居留证的审核期限。领事馆在评估申请人职业规划的基础上，以 1 个月为期限，审核相关申请材料。

优秀人才居留证不同于普通临时居留证，普通临时居留证需要每年申请延长。同时，优秀人才居留证涵盖了法国入境许可，类似入境签证的功能使

---

① 傅士鹏.英国发布脱欧后《移民白皮书》：放宽签证，全球抢人.（2018－12－23）[2021－07－19].https://zhuanlan.zhihu.com/p/53062290.

得持有人无须再办理特别手续，即可在法国和来源国之间出入境。这些都便利了高技术人才前往法国生活工作。该政策还明确了外籍人员与本土人员在福利方面拥有相同待遇，且必须薪酬一致，进一步提高了对外籍技术人才的吸引力。虽然居留证不考虑单纯的学习计划，但如果外国学生在完成学业后，在法国以所学专业寻找第一份工作，并能证明其技术或才能，那么他们便可提交优秀人才居留证申请，这保障了法国对优秀留学生群体的保留。设立优秀人才居留证制度，类似于"经济双重国籍"的做法，有利于优秀技术人才同时参与到母国和法国两个国家的经济发展、技术进步和文化交流中。

（三）德国吸引高素质人才的绿卡政策

德国人才战略一直与国际形势和人口变化联系密切。进入 21 世纪以来，德国社会面临人口老龄化、出生率降低、高技术人才短缺等社会问题。在这种情况下，德国作为非传统移民国家也开始实施技术移民等人才引进政策，以弥补国内劳动力和高端人才的不足，所以专业技术型移民越来越为德国政府所重视。

2000 年，德国实施了信息技术领域的绿卡政策——《电脑人才签证条例》，使非欧盟国家的信息技术类人才有机会到德国工作，这是德国开始重视技术移民的重要表现。2005 年，德国新移民法进一步放宽了对引进本国短缺的国外专业人才的限制，规定：（1）给予信息技术领域高级专业人才直接的居留许可；（2）"拥有高级专业水平"的人才包括三类，即拥有特殊专业知识的科学家，身处重要岗位的学者或科研人员，以及具有特殊职业经验的专家和处于领导工作岗位的专家，其收入至少相当于法定医疗保险衡量标准界限的两倍；（3）对于高级专业人才移民材料的审核，在材料完备的情况下，最短可在一天内完成（宋全成，2012）。

欧盟蓝卡是根据欧盟统一法律颁发的类似"技术移民"的居留许可，旨在吸引全球范围的技术移民来欧盟工作。德国的欧盟蓝卡于 2012 年 8 月 1 日开始实施，旨在引进非欧盟国家专业人才。德国政府对技术移民给予了充分的优惠条件，比如移民可以优先获得家庭团聚签证；工作满两年后，可选择到另外一个欧盟国家工作；即使决定返回原籍地，以后也可以自由进入欧盟国家工作；能够享受与欧盟成员国公民同等的社会保障和劳动条件等。德国政府规定高层次人才居留许可到期后可直接申请永久居留，其他人则必须先获取短期居留许可，在德国工作、生活一段时间才有可能申请永久居留。非技术人员或低技能人员只能在德国短期停留，不能获得永久居留许可。此外，德国还出台了一系列法律进一步提升对技术移民的吸引力，如颁布《居留法》启动优才定居计划，颁布《技术移民法》和《容忍就业法》降低高技术移民赴德就业的准入门槛（黄菁华，王琛，武陈昊，2019）。德国政府也对技术移民给予充分的优惠条件，允许移民配偶优先获得免费通行证，入境更加方便（Elrick，Winter，2018）。

二、德国、瑞士等的职业教育体系

（一）德国双元制教育

德国的双元制教育模式经历数百年的发展，得到了世界范围内的广泛认可，被认为是德国经济腾飞和成为制造业强国的关键原因之一。双元制的基本含义是由职业学校与企业共同完成学生的培养工作，且企业承担了更多的教育责任。所有接受此类教育的学生同时拥有企业学徒和职业学校的学生这两个身份。学生在针对自己心仪的职业提交申请后，由企业进行筛选并签订职业教育合同后进入双元制学习阶段。根据职业不同，学制是 3 年或者 3 年半，其中学生约 1/3 的时间在学校学习文化和理论知识，其余时间在企业或由企业指定的联合培训中心进行实践学习。完成学习内容后，学生将参加考试，通过考试方可获得行业职业资格证书，正式就业。学习期间，企业会根据合同付给学生生活津贴，并向职业学校与联合培训中心支付相应的学习费用。

双元制教育可追溯至传统的学徒制，但德国现代双元制职业教育则形成于德国大规模发展机器大工业时期，历经长时间的波折、反复和立法努力，在第二次世界大战结束后正式形成。1969 年，德国颁布《职业教育法》，将行会学徒系统和职业教育系统整合成完整的体系，实现了学校教育和企业教育的并轨，双元制职业教育立法最终形成（荣艳红，傅修远，石惠鑫，2021）。自1969年起，德国就双元制教育颁布了与之相配套的一系列法律，涉及教师的任职资格、考核标准、进修培训、教学目标、教学内容、教育评价标准等。

德国双元制教育包括课程学习和实践学习。职业学校的课程内容教学以教学框架计划为基础，它是职业教育条例的核心内容，明确了职业概述中的各项描述条目。教学框架计划只提供职业教育的内容和时间指南，不提供具体的教学方法指导，具体环节需要教师亲自完成（谢莉花，周静，2016）。而德国对职业学校教师也有较高的要求，不仅要求教师具备硕士文凭，还要对教师进行继续教育，以促使职业学校教师的专业知识始终与科技发展保持同步，保证职业学校教育的质量（沈智，刘强，盛晓春，等，2021）。企业的实践教学内容以职业教育条例为基础，它确定了企业教育培训的目标、内容和考试要求，不考虑地区差异和企业差异，是技术工人资格的国家标准。德国对开展职业教育培训的企业进行了严格把控，只有25%的德国企业具备开展职业教育实践的资格，并被称为"教育企业""培训企业"。职业教育条例和企业资格筛选共同保障了企业环节上职业教育的质量。另外，企业能够以教学框架计划中所提出的教学大纲为基础，开展企业个性化教育培训，使学校理论教育和企业实践教育得以衔接和匹配（荣艳红，刘义国，2023）。

学生在完成规定的教学计划后，需参加结业考试。由商会或行会根据具体职业要求，选择相应的第三方定制考题，并监督完成考试工作。学生通过考试后方可取得职业资格证书，正式进入就业环节。从学生培养的整个过程来看，职业教育的规范、标准由政府牵头制定，教学由学校和企业相互配合进行，考核则是由行会和商会组织完成，标准制定、教学过程和结果评估三个环节相互独立，互相支撑，保证了学生的培养质量。

德国的双元制教育被世界公认为职业教育的优秀典范和成功案例，其成功离不开以下三个重要因素。首先，德国社会对技术工人职业的高度认同和正确的职业观是双元制教育成功的根本。德国从小学开始，就不断为孩子们创造机会接触不同工作领域内的实践活动，让小学生在体验工作的同时树立正确的职业观。进入职业教育领域后，大部分学生能找到自己喜欢的工作，对自己的职业也有着强烈的认同感，并不会因为进入职业教育领域而感觉低人一等，这保证了职业教育的生源质量。同时，德国劳动力市场具有明显的职业导向特征，劳动力收入的高低与学历没有直接关系，而主要以职业资格为依据，这使得普通人在选择职业教育时，没有太多的顾虑。其次，双元制教育与德国国内经济发展状况相适应。德国双元制教育体系日趋完善，这源于德国高端制造业对高素质劳动力的需求。最后，德国的职业教育和高等教育有着很好的衔接。职业学校毕业的学生参加工作后可以到应用科技大学深造，获得学士、硕士学位，进而到综合性大学深造获得博士学位。近年来，也有一些职业学校毕业的学生，在行业内有多年的工作经验，完成所在行业领域的相关考试后，直接就读综合性大学。因此，德国学生在初中毕业后即实现职业教育与普通教育的分流，学生选择职业教育更多的是根据个人兴趣，但后期可根据实际情况改变选择，接受普通教育，整个通道非常顺畅。

总体来看，德国双元制教育在减轻政府的财政负担、降低失业率的同时，促进了经济的高质量发展，并有效解决了收入分配结构不合理、社会阶层差距和难民等社会问题。双元制教育为企业输送了高素质劳动力，企业利用学徒期对后备人才进行深入评估和考察，可节约招聘和再培训的成本。通过开展实践教育活动，企业还能够树立良好的雇主品牌，提高知名度。双元制教育能帮助学生解决就业和收入问题，是德国年轻人进入劳动力市场有效且便捷的主要途径（王伟进，唐丽霞，2021）。

（二）瑞士的职业教育

瑞士职业教育能够持续发展并取得巨大成就，得益于社会各界达成了各类型教育地位平等的共识。瑞士职业教育以改善全社会整体教育水平和培养符合时代要求的人才为目的，呈现出企业主导、产业支撑、行业联合的相互合作的良性运作局面。

第一，在制度保障方面，瑞士通过《职业教育法》和相关培训计划的制定，明确了现代学徒制的人才培养模式。法律规定了学徒岗位的申请资格，将学徒职业描述、学徒接受培训的计划内容和不同领域工人的职业说明标准化，明确了学徒招收的资格审查程序和数量要求（韩永霞，2017）。瑞士建立了国家统一的体系，通过国家证书对250多个职业的高级职业教育与培训给予官方认可，学生需要通过标准化的期末考试才能获得联邦职业教育与培训文凭（Korber，2019）。政府的支持为瑞士现代学徒制指明了方向，是统筹职业教育发展全局、实现规范科学发展的重要推动力（陆元三，唐小桃，2020）。

第二，在培养主体方面，瑞士形成了以企业、职业学校和培训中心三方为核心的职业教育模式，实现了产教融合。企业参与人才培养的全过程，不仅发挥企业办学主体的作用，提供实训基地和师资力量，还与职业学校共同规划教学课程和教学计划，既体现企业和产业的发展需求，又保证学生接受系统完整的理论知识教育。培训中心独立于职业学校和企业而存在，作为第三方机构处理学校和企业在学徒培养过程中的各种问题，积极参与到职业教育的过程中来。三方共同作用，推动形成独具特色、权责明确、分工合理的现代学徒运作机制（门超，2019）。

第三，在教师队伍方面，瑞士的职业教育法律明确规定了三类能够开展学徒培训的教师，即职业学校教师、企业培训者和培训中心的培训人员。职业学校教师只有具有职业技术教育文凭或同等学力，接受过教学技能方面的培训，并有半年以上工作经验才可开展教学工作。其中专职教师的培训时长要达到1 800小时，兼职教师为300小时。企业从事学徒培训和开展教学的培训者，应当获得联邦政府或州政府授予的资格证书，并具备40小时以上的学徒指导与教授课程的实践经历。而在培训中心开展实践教学的教师不仅要有2年以上工作经验，而且应满足接受专门教学培训时长达600小时的条件（闫立娜，2019）。

第四，在筛选条件方面，学生在正式进入职业教育系统成为学徒之前，需要年满15周岁，接受9年义务教育，并与企业签订学徒培养合同，到相关部门备案。企业在学徒的遴选与培养过程中发挥主要作用，对培养过程进行全程监控和评估。除学徒准入门槛之外，对提供学徒实践培训教育的企业也需要进行资历审查和资格评估，它们须向州政府管理部门提交企业资质证明的相关材料，经相关部门审批通过后，方能接收学徒开展职业教育（门超，2019）。

第五，在培养方式方面，职业学校设置的职业领域和基础学科相关的专业课程属于规范化的学校课程，主要为学生传授文化知识、专业知识，给学生接受工作本位的实践培训打好专业基础。到企业接受培训的时间里，学徒不仅要完成企业安排的实践方面的课程，还会学习为期数周的跨企业培训课程。学生在完成学校课程和企业培训之后需要参加全国统一举行的考试，通过后便可获得职业教育证书。

另外，值得一提的是，瑞士在职业教育与大学教育之间具有开放和包容的转换机制。学生可根据自身情况和兴趣变化，灵活选择个人的上升空间。换句话说，即便是职业学校的学生，也能通过相应选拔进入大学学习。而大学生也可以因为职业兴趣的改变而选择接受高等职业技术培训（PET 项目）。这种多渠道交替的上升选择机制，有利于促进社会阶层的流动，推动各类学生的终身学习。

三、产学研合作促进了欧洲各国的科技创新和成果转化

产学研合作得到了欧洲各国的普遍重视。在鼓励科学研究的同时，欧洲各国更加重视知识成果的转移和商业化，促进高新产业的发展。欧洲曾经是工业革命的中心，其中英国、法国、德国最为成功。而瑞士、瑞典、芬兰等国家，尽管人口少、面积小，如今也都是名副其实的科技大国，在诸多科技领域实现了全球领先，这和这些国家对产学研合作的高度重视有着直接的联系。

（一）英国的产学研合作

英国政府采取了一系列政策措施，形成了制度完备、合作渠道稳定的高质量的产学研合作体系，以促进科技成果向生产力转化。首先，从宏观政策层面，英国制定了旨在促进企业内部研发投入的税收优惠政策，并重点向中小企业倾斜。英国还成立了由政府、科技界和工业界著名人士组成的国家最

高科技决策咨询机构"科学技术委员会",加强企业与政府和科研单位的联系。由英国政府牵头成立的专家组,负责分析和预测市场需求与市场潜力,评估创新项目,制定促进产学研合作的长期政策。

其次,加强产学研中介服务体系建设,中介服务机构涵盖了政府层面、公共层面和私人层面。政府层面主要是建立了企业联系办公室,协调各地区的产学研联系与合作;公共层面包括大学科技成果转化中心、科技园、技术转移办公室、全国性的专业协会和慈善科技中介组织等,实现了企业和大学之间的双向信息交流,成为促进科技成果转化的桥梁;私人层面以私人中介公司为代表,是英国产学研中介机构的主体。[①] 同时,科技信息平台网络的创建促进了企业、高校和科研院所之间的技术信息传递,英国在全国范围内建立全国创新推进中心网络,布局九大创新中心和众多创新机构。全国创新推进中心网络在研究机构、企业、政府、区域之间建立起紧密合作关系(齐佳伟,2022)。英国政府还采取各种措施来支持中小企业的技术创新活动,包括鼓励和促进政府实验室与大学的科研技术成果向中小企业转移,重视对中小企业的技术培训,资助中小企业技术进步等。

再次,为产学研合作提供专项基金支持。英国工程与自然科学研究理事会(EPSRC)安排专项基金,以促进知识和技术向产业转移,满足企业对科技创新的需求。同时,设立知识转移基金,用于技术转移办公室的建立,宣传和销售学校研究成果,为科学和工程类毕业生提供创业培训,支持校办企业等。华威大学是创业型大学和产学研合作的典型模式,拥有灵活的办学与研究方向,对企业生产需要的反应更快速和灵敏,将技术开发与转移结合在一起,提高了科技成果转化效率。

最后,制定和推进人才培养模式与产学研合作计划。在人才培养方面,主要包括以下四方面内容:(1)知识转移伙伴计划,依托科研项目,以培养高校研究生为核心任务,提高企业创新能力和竞争力;(2)推行产学研结合的教学模式,亦即工读交替模式;(3)剑桥模式,即在大学周围集聚高技术

---

① 董瑜,袁建霞,朱相丽,等.世界主要国家产学研结合调研报告.[2024-04-17]. https://core.ac.uk/reader/148743870.

企业，构建高科技产业园区，形成科技企业的孵化器；（4）城市学院，在学校教育制度中融合城市发展要求，注重实践导向和问题导向，做到教育服务于工业生产和城市发展。

（二）法国的产学研合作

法国的产学研合作注重实效，强调学校教育与产业机构的密切结合。为促进本国产学研合作的发展，法国政府制定了一系列政策，构建全方位的产学研合作保障体系，主要包括以下四个方面。

首先，颁布相关法律法规，为产学研合作提供法律基础。法国 1982 年出台的《科研与技术发展导向和规划法》和 1999 年出台的《技术创新和科研法》奠定了产学研合作的法律框架，鼓励科研人员创建高技术企业，有效地促进了研究机构和企业的交流合作，加快了科研成果的转化。同时，也鼓励研究机构的科研人员向企业流动，鼓励其进行创业和担任企业科学咨询专家，允许其为企业注资，极大地增强了科研人员配置合理性，调动和激发了科研人员的积极性和创造性。而科研退税政策和科研税收信贷政策也为企业进行科研投资提供了动力，极大地促进了中小企业的研发活动，提升了企业内部的研发创新能力。

其次，完善技术信息中介和平台网络建设。法国成立了科技创新与转让有限公司，专门负责技术转让和许可证贸易，主要从事包括选择项目、寻找转让对象和签订开发合作或许可证合同等工作。同时，法国政府在全国范围内组建了地区创新和技术转移中心，以区域优势带动产业发展，实现优势互补，协同创新。在信息平台网络创建方面，法国为加强科研伙伴关系创建了研究与技术创新网络，并成立信息咨询服务中心，制订信息技术成果推广计划，以加强服务咨询建设。[①]

再次，建立研究与高等教育集群和竞争力集群。研究与高等教育集群鼓励研究型大学、科研机构和其他高等教育机构在集群的机制下展开合作，

---

① 董瑜，袁建霞，朱相丽，等.世界主要国家产学研结合调研报告.[2024-04-17]. https://core.ac.uk/reader/148743870.

共享教学资源，共同承担科研项目。竞争力集群则根据各研究型大学、科研机构和企业的地理位置与专业领域，相互联结和协作，一同从事研发创新活动，促进技术创新和产品研发。这些集群日益成为法国创新型企业、技术、项目和人才的孵化器，并起到了促进技术扩散的正面效应。同时，为了促进产学研合作的深入开展，法国还制订了包括科研协作行动计划、竞争点计划、创新计划等在内的科技计划。其中，科研协作行动计划由一个单位牵头，研究机构、高等学校和企业三方联合，而竞争点计划则针对特定区域展开。

最后，加强科技人才培养，以校企联合培养博士生项目（CIFRE）为代表。该项目意在从国家层面推动以产学研联合的形式培养博士生，博士生在校内导师和企业导师的共同指导下完成论文，在增强企业科研能力与技术储备的同时，培养博士生解决企业实际技术问题的实践能力。这不仅有利于提高产研结合的程度，还能促进企业和实验室提升研究能力与学术能力，为企业准备优秀科技人才（王世岳，2021）。

同时，法国通过牵头实施大科学项目集聚顶尖人才，与瑞士联合建成世界上最大、最高能的粒子加速器大型强子对撞机，近80个国家和地区3 000多名科学家参与了该项目。2005年法国国家科学研究中心（CNRS）与欧洲核子研究组织达成协议，通过两个组织互聘研究人才方式，吸引和利用国际组织智力资源。另外，法国国家科学研究中心在欧盟第七框架计划中同第三世界国家建立了战略伙伴关系，邀请有关国家最顶尖科学家前往欧洲合作研究，并为参与项目交流的科学家提供资助和工作机会，促进法国和这些国家间的高层次人才流动。2022年法国政府通过约50个项目，在全法征集到1 752个创新投标项目，对其公共投资达84亿欧元。法国明确了对科研格局发展具有重要战略意义的研究基础设施，大力支持高科技初创企业，力争实现每年产生500家由研究人员创建的研究型初创企业。

（三）德国的产学研合作

德国注重高校、科研院所和企业之间的技术合作，有超过半数的企业与高校形成了合作关系，远超过英国的 1/3 和法国的 1/4。德国产学研合作的主要模式有大研究中心、技术转移中心、科技园和孵化器、跨学科教育和科研机构等，重点强调目标的一贯性、过程的持续性和效率的最大化。德国产学研合作的内容主要包括以下四点。

第一，加强技术中介机构建设。技术中介机构主要参与组织实施国家重点技术项目，对实施过程进行全程跟踪，参与制定技术发展规划，并承担国家专项资金的下拨、企业的技术咨询与人员培训等职责。在实践中，德国有著名的弗劳恩霍夫（Fraunhofer）模式。弗劳恩霍夫协会依据合同服务政府和企业，具有政府资助和多院校合作的优势，在政府、企业、高校与研究机构间发挥着重要的桥梁作用。

第二，根据职业技术教育、大学学科特点和企业需求制订相应的产学研合作计划。德国代表性的科技计划包括主体研发计划和创新网络计划。主体研发计划通常是向由企业和公共研究机构组成的研究联合体提供直接的研究资助，而创新网络计划则以促进技术转移为主要目标。

第三，创建研究型校园，重视技术人才的培养，加强校企合作，推行顾问合作制。德国的研究型校园项目支持众多高校、科研机构和企业构建共同体，协同合作完成一个大型研究项目。企业还会帮助高校培养硕士和博士，在企业内部为学生提供工作岗位并配备指导教师，让他们在实际工作环境下撰写学位论文，完成毕业设计。而高校也会要求教师尽可能担任企业的顾问，加强校企间的合作。

第四，开展市场导向的产业化和商品化的研发项目合作。德国产学研合作中两大核心路径是共同合作研发和订单式研发，体现了明显的市场需求导向。企业根据自身研发和产品需求，向相关高校与科研院所发出合作要约，双方共同完成产品研发和试产，并最终将成品推向市场，实现生产和研发的有机结合。

总之，为促进科研成果转化，德国不断完善政府引导、市场推动相结合的产学研体系，涵盖了高校、公立科研机构、私人营利性技术转让中介机构、专利信息服务机构和技术转移服务部门，以及一大批创新创业中心、孵化器和科技园区等。德国还实施促进和保护人才创新成果市场化、产业化的专项计划，为高校、科研机构、中小企业和独立发明人等的专利申请保护提供咨询服务和经费支持。

（四）瑞士、瑞典、芬兰等的产学研合作

无论从人口还是国土面积看，瑞士、瑞典、芬兰都是名副其实的小国，但是这些小国都是世界排名靠前的创新型国家。比如，瑞士连续 10 余年全球创新指数排名第一，拥有雀巢、罗氏、诺华、ABB、瑞银、苏黎世保险等世界 500 强企业。这些国家在生物制药、航空工业、电力设备、现代农业、精细化工、精密仪器、电子通信、高端设备制造与自动化技术等高科技领域具备世界领先水平。

这些国家都十分注重促进产学研协同创新，大学与企业形成了产学研深度融合的技术创新体系。瑞士联邦宪法规定，联邦鼓励科学研究。《研究与创新促进法》（RIPA）保障宪法规定能得到具体实施。瑞士主要通过两个机构促进研究和创新：国家科学基金会（SNSF），负责促进"以知识为基础的科学研究"；技术创新委员会（CTI），负责促进"以科学为基础的创新"。前者主要支持基础科研；后者主要支持公共研发和产业之间的知识和技术转化。2013 年，瑞士 CTI 推出知识与技术转移（knowledge and technology transfer，KTT）战略，其目的是为企业特别是中小企业与公共研究机构的创新合作提供一个高效的平台。KTT 战略主要涉及三个关键领域：一是开通国家主题网络（national thematic network，NTN），把已确定的与瑞士国民经济发展相关的重要创新主题（如碳复合材料、生物技术等）发送给企业，并通过网络为企业与科研机构建立创新合作关系搭桥引线。二是建立创新导师制度，创新导师就是帮助中小企业进行创新合作的联系人。2013 年，CTI 以委托方式为八个主题领域的企业聘用一批创新导师，为企业创新合作提供全程辅导服务。创新导师熟悉企业的创新需求，帮助企业寻找合作伙伴，并确定政府资助的可能性。三是搭建基于网络的创新合作交流平台，企业和科技界人士可建立创新联系并进行互动，中小企业可以谈未来可能面临的主要

问题，联系人可以参与信息的维护，为企业集中参与未来重点发展项目和讨论技术需求提供了交流空间（王璟瑜，2016）。一些地方还建立了产学研深度融合网络的创新合作平台，比如比尔园区将产学研各方创新合作伙伴联系起来，构建了由蓬勃发展的高技术初创企业、衍生企业和跨国企业构成的开放式协同网络，通过与学术界、产业界高度融合，打造瑞士产业新方向的重要策源地（李昱，王峥，高菲，2021）。

瑞士的教育体系也为产学研合作提供了基础。在瑞士教育体系中，综合性（研究型）大学、应用科技大学和职业学校等各教育类型层次分明、目标明确、均衡发展，共同构成了十分成功的终身教育体系。综合性大学承担基础研究，科研成果的商业化创新则由企业和应用科技大学来推动。值得一提的是，瑞士的职业教育理念和体系灵活而务实，瑞士年轻人可以先就业再进入高等学府学习，也可以一边工作一边在大学接受正式的学位教育（徐峰，范栖银，2021）。

瑞典科技创新主体主要包括大学、企业和公共科研机构。其中，大学和企业是研发任务的主要承担者。政府研发资金主要流向大学，用于开展基础研究和应用研究。目前瑞典国内的 30 所大学是科研的主要力量。瑞典政府成立了专业的政府部门——瑞典创新局（VINNOVA）作为科研成果转化的桥梁，将大学、科研机构基础研究和应用研究成果与企业需求紧密连接，以实现产业化。瑞典政府在创新活动中扮演了四个重要角色：创新政策制定者、基础研究资助者、创新环境营造者和创新利益保护者（程家怡，2016）。瑞典政府为克服"瑞典悖论"，开始强调广泛的社会创新以推动科技成果产业化，瑞典政府全资拥有的公共风险资本公司，也专注于解决成果产业化早期的融资问题（耿燕，张业倩，伍维维，2019）。为促进产学研合作，瑞典的高等教育法规定，大学在做好学术研究的同时要向外界传播学术研究信息，使公众可获取相关科研成果。同时，瑞典的知识产权制度授予瑞典的大学教师对于研究成果的完全所有权。瑞典也不排斥大学与科研人员之间的自愿协议，科研人员也可以与任何其他组织达成协议，因此具有很高的灵活性（Edquist，2019）。瑞典高校大部分专业都和当地的优势产业紧密联系，比如爱立信公司通过委托高校或与高校合作完成的科研项目占全部科研项目的七成以上。

芬兰是一个只有500多万人口的北欧小国，近些年在全球创新指数排行榜上名列前茅。芬兰整个国家可以称为一个巨型的创业孵化器。在芬兰，几乎任何一个有潜力的想法、创新项目都能够获得非常多的支持。芬兰大量的创新项目得到了被称为"国家创新体系"的完整系统的大力支撑。芬兰国家技术创新局、芬兰科技创新基金会、芬兰国家技术研究中心被芬兰企业认为是站在芬兰创新企业背后的三大巨头（陈晓东，2018）。芬兰国家技术创新局是一个非营利性机构，每年以大量资金支持大学、科研机构和企业的研发项目。成立于20世纪80年代的芬兰国家技术创新局曾经资助无数企业的研发创新，其中就包括诺基亚。芬兰科技创新基金会是芬兰第一个以科技为对象的风险投资基金，隶属于芬兰议会，依法独立运作，主要支持中小型技术公司。投资方式主要是以种子和启动基金资助创新性活动，或为研发成果的商品化提供支持，项目成功后获取的回报用于扩大投资。芬兰的新技术孵化机制和科研成果商品化机制大致分为两种，一种是以课题为导向的研究机制，大学根据企业所遇到的问题进行研究，找到的解决方案可以直接用于企业运营和生产。另一种是政府机构资助机制，芬兰国家技术创新局联合芬兰企业与大学等机构形成创新联盟，芬兰企业与大学合作的项目更易得到政府机构的资助，芬兰政府强力资助实验室的产品转化为市场上的产品。芬兰在信息通信技术、清洁技术、智慧能源和空气净化等领域都涌现了一批具有强竞争力的企业。芬兰的创新生态良好，重在激励和培育有志改变世界的年轻创业者。芬兰还为大学生创业设立基金，由此诞生的SLUSH大会帮助了很多初创公司与顶级投资人进行对接。

第三节　亚洲创新型发达国家的人才政策与实践

日本、韩国、新加坡和以色列是第二次世界大战后在亚洲崛起的新兴工业化国家。这四个亚洲国家普遍具有国土面积狭小、自然资源匮乏的特点，四国能迅速崛起，主要得益于政府对国民教育和人才培养的重视，从而为本国科技创新与经济发展提供了源源不断的人才。比如，日本教育体系显示了对高层次科技人才的培养能力，韩国的学分银行制构筑了终身教育体系和学习型社会，新加坡在精英治国的理念指引下形成了独树一帜的分流教育，以色列是世界上为数不多的将学前教育纳入义务教育的国家。在国际人才竞争日益激烈的形势下，这四个国家在完善国内教育体系、大力培养本土人才的同时，也重视国际优秀人才的引进。另外，这些国家重视科技园区和孵化器的建设，比如以色列的科技孵化器在世界范围内享有盛名，对本国科技企业的发展起到了至关重要的作用。

一、普遍重视国民教育奠定了雄厚的人才基础

（一）日本国民教育体系

日本在第二次世界大战后经济恢复与发展的惊人速度，引起了世界的广泛关注。许多学者研究日本为什么会在这么短的时间内得到恢复和发展，其中一个原因便是对国民教育的重视。自 2000 年至 2021 年，日本共有 17 名日本科学家和 3 名日籍科学家共 20 人获得了诺贝尔奖，其中物理学奖 9 人，化学奖 6 人，生理学或医学奖 5 人，都是含金量最高的科学类奖项（李文，康乐，2021）。这些获奖科学家的大学教育、科研训练多数出自日本国立大学系统，显示了日本教育体系对高层次科技人才的培养能力。正如美国教育部在对日本教育发展进行深度调查的基础上发表的研究报告所指出的，"众所周知日本的教育在世界上建立了地位，日本现代教育的某些成就如同其经济发展一样是独一无二的"。

日本现行的国民教育体系如图 2-3 所示，其中小学 6 年、初中 3 年、高中 3 年。

（1）学前教育（0～6 岁）。日本的学前教育机构包括幼儿园和保育所两类。幼儿园是教育制度的组成部分，由文部科学省领导，主要招收 3～6 岁的儿童，保育所则属于福利机构，由厚生劳动省领导，招收从出生至 6 岁

的儿童。该阶段主要培养儿童健康向上的精神状态，激发儿童对事物的兴趣，形成良好的生活习惯。

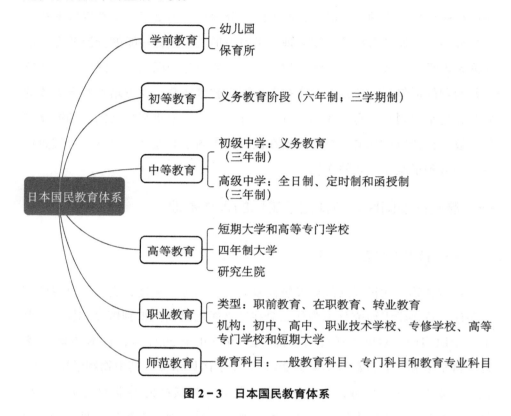

图 2-3　日本国民教育体系

（2）初等教育（6～12岁）。日本的初等教育采取六年制小学的形式，属于义务教育阶段，儿童完成学前教育即可进入小学学习。采取三学期制，新学年从每年的4月开始，分设暑假、寒假和春假。该阶段教授学生必要的基础知识，锻炼和培养他们的思维能力，并通过道德教育提高他们的道德素养。主要教学科目有国语、社会、算术、理科、音乐、图画、家政、体育等。

（3）中等教育（12～18岁）。中等教育又分为初中和高中两个阶段，均为三年制，初中仍属于义务教育阶段。初中阶段在小学教育的基础上继续教授社会所需职业的基础知识和技能，培养学生的判断能力和选择能力，打下良好的价值观基础。教育内容包括各学科课程、道德和特别活动，并分设必修课和选修课。高中阶段是学生知识、能力的快速增长时期，也是价值观的形成阶段，会进一步扩大初中教育的成果，按授课方式分为全日制、定时制和函授制三种，实行学分制，毕业要求为 80 学分。

（4）高等教育。日本高校的招生制度主要有一般选拔入学、推荐入学和自荐入学三种形式，高校类型按资金来源可划分国立、公立和私立三类（曹建召，2019）。日本的高等教育具备分级特点，第一级是短期大学和高等专门学校，第二级是四年制大学，第三级是研究生院。其中，四年制大学大多属于研究型大学，采取递进式培养方案（见图 2 - 4）。前两年为第一阶段，主要安排综合课程和专业基础课程的学习；后两年为第二阶段，主要安排专业核心课程的学习，并在第四年参与科研活动，完成毕业论文。日本高校的教学方式主要有学科目制和讲座制两种，注重科研和教学的结合，构建了"产、学、官"相结合的三位一体科研体制，推动大学向创造型科研方向转变（曹建召，2019；郑军，杨岸芷，2018）。

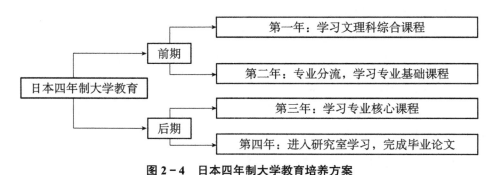

图 2 - 4　日本四年制大学教育培养方案

（5）职业教育。日本的职业教育体系完善，职业技术学科在初中、高中、职业技术学校、专修学校、高等专门学校和短期大学中均有设置，形成了多层次、多类型的职业教育网络。日本的职业教育可分为职前教育、在职教育和转业教育三类，其中在职教育是较为重要的一类。企业重视对其职工的在职教育，企业内职业教育涉及员工从入职到退休为止的长期职业训练，内容涵盖技术培训、技能训练、经营教育、提高办事能力的教育和企业职工的品质教育等。

（6）师范教育。日本教师养成教育设有一般教育科目、专门科目和教育专业科目，成为中小学教师需要通过三次审查和考试，第一次是在大学毕业时提交毕业论文，第二次是符合规定者领取都道府县教育委员会颁发的教师许可证，第三次是参加都道府县教育委员会举办的教师任用考试。[①]

2021 年 3 月，日本发布第六期《科学技术创新基本计划》，提出"拓展知识前沿，增强科研实力""培育人才，为各年龄层提供合适的教育机会""面向初高中教育阶段推进 STEM 教育"。同第五期《科学技术创新基本计划》类似，日本政府强调采取措施提高儿童和学生在科学技术、理科和数学方面的兴趣和素养。日本将基于学习指导大纲加强问题解决型的学习和理工科教育，同时发挥具有专业知识的人才和产业界人才在先进理工科教育中的作用。

（二）新加坡国民教育体系

新加坡国土面积狭小，自然资源匮乏，很多涉及国民经济和生活的重要资源严重依赖进口。学者们普遍认为，一个 500 多万人口的小国能够在经济、金融和科技方面超过很多大国，答案就在于新加坡的教育和人力资本开发战略（McNulty，Kaveri，2018）。针对本国国情，新加坡大力开发本国人力资源，逐渐形成了以"精英教育"和"分流教育"为主要特点的国民教育体系（沈茂德，2020）。学生经过分流，能够明确自身定位和未来发展道路。新加坡的国民教育体系如图 2-5 所示。

（1）学前教育。新加坡的学前教育适用于 3～6 周岁的儿童，主要教育机构是由社区、宗教团体、社会组织、商业组织开办或设立的幼儿园和托儿所，且需要获得教育部的许可。其中，幼儿园需要在教育部登记，托儿所则由社会及家庭发展部审批通过。学前教育课程主要培养儿童的语言能力、算术能力、简单科学概念、沟通社交能力等，使其具备明辨是非的能力、良好的团队意识、健康的生活习惯和浓厚的学习兴趣等。

---

① 日本教育体系.[2021－07－31].https://www.liuxue114.com/japan/teach/.

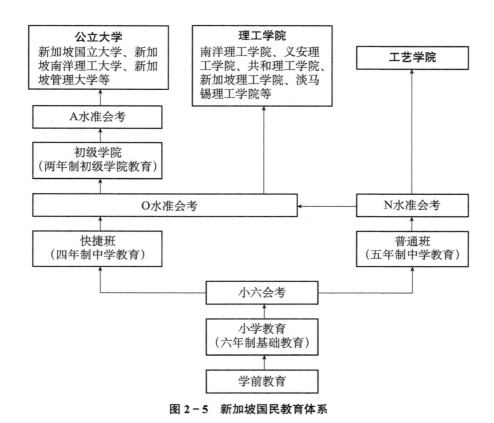

图 2-5　新加坡国民教育体系

（2）小学教育。小学阶段是新加坡分流教育的开始。新加坡以华人为主体，还有马来人、印度人等，马来语为国语，英语等是国家官方语言，因而新加坡大力推动双语教育的发展，自小学起便要求学生兼通英语和母语（沈茂德，2020）。小学教育为六年制，前四年开展基础学习，主要教学内容为英语、母语和数学。在小四结束时进行第一次分流考试，学生以 20%、70%、10% 的比例分别进入三个等级的班级，随后每年考试后学生可根据成绩重新流动和调整班级。小学的最后两年属于定向阶段，设置包括英语、数学、母语、音乐、体育、社会科学、卫生教育、公民与道德教育在内的相关课程。小学毕业时，学生进行第二次分流考试，考试科目为数学、科学、第一语文和第二语文，学生根据成绩排名分流至快捷班或普通班（陈德勇，2003；郑永安，崔孝彬，2019）。

（3）中等及高等教育。经过小六会考后，少数成绩极为突出的学生通过中学直通车计划跳过 O 水准会考（即剑桥普通水准会考），直接接受两年制初级学院教育，大部分成绩优异的学生进入四年制快捷班继续学习，其他学生则升入五年制普通班。快捷班学生完成学业后参加 O 水准会考。普通班学生在第四年参加 N 水准会考（即剑桥初级水准会考），合格者在完成五年学习后参加 O 水准会考，或直接进入工艺学院接受为期两年的教育。因此，O 水准会考具有中学毕业统考性质，据此对学生进行第三次分流（陈德勇，2003；郑永安，崔孝彬，2019）。

两年制的初级学院本质上属于大学预科班，注重综合课程的学习。理工学院为三年制，重点开设理工课程，兼顾升学与就业两个方向，工艺学院则主要为今后就业做准备。学生从初级学院毕业后要参加 A 水准会考（即剑桥高级水准会考），通过考试升入大学的学生已初步具备精英人才的潜质。

新加坡的高中毕业文凭得到英、美、澳、加等国的承认，私立大学则可以和英联邦国家的大学实行课程与学分转移。新加坡本科为 3～4 年，硕士为 1～3 年，新加坡国立大学、南洋理工大学和新加坡管理大学等公立大学采用一系列创新计划，通过引进核心课程并积极与国际知名大学合作，设立跨学科研究中心，进一步加强对精英人才的培养。

新加坡积极调整新一轮科技创新战略发展目标，更加注重提升国家基础研究能力，发展韧性和可持续性，推动科技普惠性应用和实现价值最大化，大幅加大基础研究的人才集聚、平台建设、协作网络支持，计划未来 5 年投入 73 亿新加坡元用来提升学术和研究机构的基础科研能力，重塑发展动力（余玉龙，朱娅妮，2022）。

（三）韩国国民教育体系

韩国的国民教育体系具有单线型特征，主干学制为 6-3-3-4 制，包括初等教育、中等教育、高等教育等阶段，其中义务教育为 9 年（见图 2-6）。[①]

---

① 　韩国教育体系.[2021-08-09].https://www.liuxue114.com/corea/teach/.

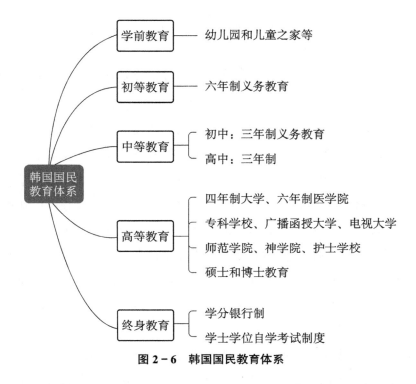

图 2-6　韩国国民教育体系

（1）学前教育。韩国学前教育的机构主要包括幼儿园和儿童之家等。其中，幼儿园主要为 3～5 岁儿童提供升入小学前的学前教育，儿童之家主要为职业女性提供服务，是儿童的保育机构。幼儿园属于具有学校教育性质的机构，教育课程以教育部令的形式颁布和制定，并规定了正式的教育内容和宗旨。

（2）初等教育。韩国的小学采取六年制，学生年龄在 6～11 岁之间，属于义务教育阶段。韩国的初等教育具有公共教育的属性，无论公立学校还是私立学校，都包括国语、道德、社会、自然、数学、音乐、美术、体育等教育内容，并在三年级开设英语课（张烁星，杜玺娜，2010）。

（3）中等教育。同日本的中等教育一样，韩国的中等教育也由 3 年初中和 3 年高中构成，其中初中 3 年仍属于义务教育阶段。教育形式包含课程和特别活动两部分，课程分为必修课和选修课两种，必修课包括道德、国语、数学、英语、社会、体育、科学、音乐、美术、技术、商业等，选修课包括汉语、计算机、环境等。特别活动由年级活动、学校活动、课外小组活动构成（张烁星，杜玺娜，2010）。

（4）高等教育。韩国高等教育机构按设立形式和经费来源，可划分为国立、公立、私立三种，涵盖了专科、本科和研究生教育，实行包括专门学士学位、学士学位、硕士学位、博士学位在内的四级学位制（曹建召，2019）。韩国还开设了职业教育机构，如公民学校、技术学校和高等技术学校等，开办了专为障碍人士提供特殊教育的特殊学校。

（5）终身教育。韩国在正式教育体系之外，还设立了学分银行制和学士学位自学考试制度，以非正式教育的形式补充正式教育系统所提供的教育数量和时限的不足，构筑终身教育体系和学习型社会。终身教育的主要参与者是退休的老年人和需要补充专业知识的在职人员，他们通过利用各种方式和途径的学习机会，学习知识，积累学分，参加并通过自学考试，以获得学士学位（凌磊，2018）。

韩国是世界上第一个以国家立法形式建立学分银行制的国家。学分银行制为不同教育类型间的学分认定、学分积累、学分转换和学位认可提供了一种学习和教育管理制度，由韩国教育部和全国终身教育振兴院负责评估认证、学分认证和学位授予方面的管理工作，并提供四年制学士学位、三年制副学士学位和两年制副学士学位三种学位。韩国学分银行制有标准化的课程计划，对教育目标、课程设置、学科专业、毕业要求和质量控制做出了明确规定，形成了统一的执行标准，并进一步通过信息公开和罚分等政策，加强对教育机构的监督和控制，保证非正式教育的质量（凌磊，2018；关燕桃，2017）。

韩国第四期《科学技术人才培养支持基本计划（2021—2025）》提出，提高中小学教育的数理和数字水平。具体措施包括：加强对中小学生的数学和科学教育；开设生活科学教室，促进学生在生活中对科学进行探索与实践；构建中小学数字教育体系，面向各年龄段学生提供定制型人工智能课程；建立500余所人工智能未来学校，试点开展未来数字教育（张翼燕，张丽娟，王晓菲，等，2021）。韩国注重理工科大学生在数学、基础科学、计算机科学等方面的实践创新能力培养，增加学生接受实战型产学合作教育的机会，增设融合学科，提高学生解决实际问题能力（余玉龙，朱娅妮，2022）。

（四）以色列国民教育体系

以色列是目前世界上高新技术企业密度最高、创业文化氛围最浓厚的国家之一，它能在建国后 70 多年的时间内，从一个自然资源匮乏、白手起家的小国迅速发展成为位居世界前列的新兴工业化国家，关键在于其高度重视国民教育和人力资源的开发，教育投资在以色列的国民生产总值中所占的比例通常保持在较高水平。以色列国民教育体系如图 2-7 所示（赵建华，佘纲正，2018）。

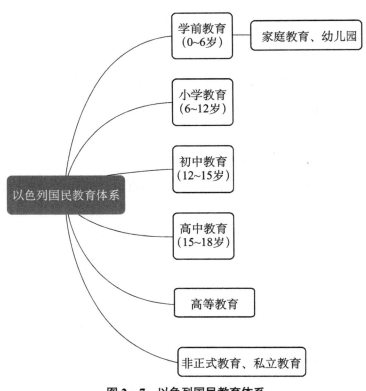

图 2-7　以色列国民教育体系

以色列构建的国民教育体系的重点在于基础教育，主要由学前教育、小学教育和中学教育三个阶段组成（余建华，2001）。以色列的义务教育年限为 12 年。以色列的普遍观念是，在孩子出生之后，对他的教育便开始了。在进入幼儿园接受公共教育之前，家长对 0 ～ 3 岁儿童开展有质量的家庭教育非常关键，它是学前教育的重要组成部分，而幼儿园阶段（3 ～ 6 岁）则是以色列儿童接受义务教育的开始。以色列学前教育的主要目标是让孩子掌握生活的基本技能，如具备人际交往能力、团队合作能力等（葛兰，郭潇莹，潘雅，2015）。在学前教育阶段，幼儿园和家长都鼓励孩子就所观察到的事物积极提问，教师和家长负责解答，在持续问答的过程中，鼓励孩子发现问题和提出问题，奠定创新能力的基础（葛兰，郭潇莹，潘雅，2015）。

以色列的国民小学阶段的教育从 6 岁开始，至 12 岁结束，时长为 6 年。小学教育在强调学生全面发展的同时，注重正规教育下的学科学习，并在每个班级内设置辅导教师，在教授学科知识的基础上，持续培养学生的生存技能、生活技能和团队协作能力。在 12 ～ 15 岁，以色列学生继续接受初中教育，该阶段的正规教育仍以学科为导向。高中阶段教育的年龄段为 15 ～ 18 岁，学生开始根据自己的兴趣爱好和发展方向自主选择专业，以专业为导向进行分流（葛兰，郭潇莹，潘雅，2015）。

以色列的小学和初中教育（即一年级到九年级）开展的是集体教学，学生分班不涉及学生经济状况、学习水平等因素，目的在于在基础教育的初期缩小教育差距，促进教育公平。而在进入高中阶段后（即十至十二年级），学校开始根据学生所选的选修科目和未来专业方向，在特定科目上进行有选择性的分班教学，但在班级成员构成上仍坚持文化融合与文化多样性的原则。除此之外，学校也会在初中和高中阶段选拔前 5% 的优秀学生单独组班，接受由经过特殊培训的教师开设的专门课程（Levi，Ragonis，2015）。

以色列的国民教育体系最具特色的部分，是它将创新创业教育融入整个国民教育制度当中（赵建华，余纲正，2018）。在高等教育阶段，学校更注重大学生创业意识和能力的培养，校内创新创业中心、科技产业园和技术转移中心的设立，为大学生实践创业点子、转化商业创意提供了平台和途径，构建了大学学术与产业融通的渠道。在军队教育期间，士兵们除了参加军事训练，还学习高科技知识，接受两到三年的学术课程培训，以形成军队所需的创新性思维，同时塑造个人创业性格。在业余教育方面，政府通过"技术孵化器"等助推计划，开展创业文化活动，开设创业培训课程，提供项目孵化和加速的指导，为企业家和民众开展全民创业提供政府支持。以色列以高校和军队为创新创业教育主体，同时将覆盖范围向两端延伸至基础教育和终身教育，培养了大量创新创业人才，营造了全民创新创业的社会氛围（赵建华，佘纲正，2018）。

二、国际人才战略为科技创新注入新的活力

（一）日本：引进来和走出去

面对 21 世纪以来日益激烈的国际科技和人才竞争压力，以及日本国内出生率持续走低、人口老龄化现象严重的"高龄少子化"人口国情，日本开始实施积极的国际人才引进战略，以期充分利用全球人才弥补本土劳动力的短缺，缓解人口问题带来的经济发展压力与掣肘，进一步提升科技实力和促进经济持续发展（乌云其其格，袁江洋，2009）。其主要的人才政策包括引进来和走出去两个方面。

日本为提升对国际人才的吸引力制定和完善了一系列人才引进政策，主要目标人群包括留学生和科技人才等。第一，优化留学生项目设置，制订积极的留学生引进计划。2008 年，日本实施了宏伟计划，目标是在 2020 年将留学生招生数量提升至 30 万人，吸引更多留学生赴日接受高等教育，并设置了丰富的奖学金项目，来提升对海外优秀学生的吸引力（顾丹丹，周超，2014）。例如，高度专业留学生育成项目是以公费的形式资助留学生的学习和研究，高度实践留学生育成项目则是专门为毕业后有意留在日本的国际学生开设，为其提供文化、经营等方面的培训（李佳，2013）。第二，设立海外人才引进目标，将留学与就业相结合。日本加强高校与企业间的合作，推动产学研联合，吸引优秀国际学生就读或就职于日本的研究生院或企业。与

此同时，日本还专门划定了留学生培养的"重点大学"，为留学生留日就业创造有利环境。日本企业对聘用外国留学生的态度也更加积极，留学生的就职种类更加丰富（顾丹丹，周超，2014）。第三，推动高等教育国际化进程，以大学为基础加强人才环境建设。日本推出了21世纪卓越中心计划，以学科为单位，扶持建设一批具备国际前沿研究潜力的教育研究基地，培养具有国际水准的创造性科技人才，从而加强高校在世界范围内的竞争实力（乌云其其格，袁江洋，2009）。

在科技人才方面，日本加大了人才引进和保留力度。第一，放宽居留限制。日本于2005年出台了《第三次出入境管理基本计划》，该计划一方面增加了从事研究活动、特定研究事业活动、特定信息处理活动和教育活动等的外国人的居留资格，使得人才引进的范围和领域得以扩大；另一方面，延长了签证期限，海外高级研究人员和外籍教授的一次签证由3年延长至5年，这也减少了人才在签证办理和更换等事务中的时间与精力消耗，并鼓励其在日本做出长期贡献。第二，设立人才专项签证。为满足国外人才出于科研、工作等原因所产生的出入境要求，日本设置了长期出差签证，使其在没有永居资格的状态下，增加合法滞留的时间。2009年通过的《居民基本台账法》也为在日逗留超过3个月的外国人提供申请居民证的机会，赋予其合法居住身份（郝玉明，张爽，2020）。第三，促进海外人才赴日开展交流合作。一方面，日本通过外国人特别研究员制度，资助35岁以下、获得博士学位5年以内的外国学者参与博士后研究项目；另一方面，通过外籍特别研究员和外籍聘用研究员制度，促进学术和科研方面的国际交流与合作研究。第四，提供就业机会，创造有利环境。日本为外国科技人才提供就业机会，为各学科、各领域的突出人才提供高薪和税收、医疗方面的便利条件，增加科研人员的研发经费投入，为其提供良好的科研环境和先进的研究设备，通过打造有利环境来提高国际顶尖人才的留日就业意愿（郑永彪，高洁玉，许睢宁，2013）。

除了制定一系列吸引人才的引进来政策和计划之外，日本的高校和企业也积极走出去，以海外相关机构为据点，通过有留日经历的人员来构建人际网络和开展合作，向国外宣传日本研究成果、研究人员和研究机构等相关信息，提高国际声誉和知名度。日本大学通过广泛开展形式多样的海外留学说明会，不断推介和宣传日本大学的培养环境和科研实力等，树立良好形象，提高对海外优秀学生的吸引力，加大对海外优秀留学生的招收力度。日本企业则通过海外并购、对外直接投资等途径，在国外普遍设立科研机构，大量雇用本地科研人员。借助跨国公司的引智能力，日本企业充分挖掘、吸收和利用优秀科技人才，建立遍布全球的人才基地，实现各国人才的便捷快速使用，服务于自身的建设和发展（郑永彪，高洁玉，许睢宁，2013）。

日本政府还加大了青年人才国际化培养力度。日本政府积极建设国际研究网络，鼓励本国研究人员赴海外开展世界级研究活动，同时在大学和公共研究机构中推行有利于这些研究人员应聘的雇佣机制，引进积极评价海外经历的评选方式，使得他们回国以后能够独立开展研究。日本在 2019 年新设立国际竞争力强化研究员项目，投入 5.4 亿日元，主要资助在一流大学、研究机构中积极参与具有挑战性的研究课题、有志成为领域内世界顶级权威的青年学者。国际竞争力强化研究员项目的支持人数为 90 人，支持年限为 5年，其中 3 年被支持者要在国外开展研究。

（二）新加坡：面向创新驱动型经济导向的人才政策体系

2020 年《全球人才竞争力指数报告》显示，新加坡在培养、吸引和留住人才方面的竞争力处于世界领先地位。新加坡在实施人才治国和精英治国的同时，大力引进国际人才，形成了创新驱动型经济导向的人才政策体系（李政毅，何晓斌，2019），主要包括以下三点：

首先，制定人才引进法规政策，放宽人才居留限制，多渠道引才。新加坡建立海外人才信息库，积累全球人才的信息资料，在此基础上制定了一系列人才引进政策，包括专业技术人员和技术工人永久居民计划、抵境永久居民计划等，允许拥有新加坡承认的本科以上学历人员获得长期居留权，并在工作 2 ～ 3 年后申请永久居住权。新加坡在推出全球商业投资者计划吸引投资移民的同时，也为新加坡籍海外居民设置了回国投资渠道，通过兴建研究园、提供税收减免优惠政策、简化注册流程、配套产业链等措施，吸引本国人才和资本回流，促进科技创新发展（李政毅，何晓斌，2019）。有意在新加坡创业的外国人，可以申请商业入境证，获得两年居留权，出入境没有次数限制，且居留期限能够延长，家属也拥有申请居留的权利（苗丹国，2011）。

其次，新加坡将"巩固发展人力资源，大力吸引海外专才"作为重要国策，将国际人才分为五类并制定了相应的人才引进项目。第一，依托新加坡科技研究局（Agency for Science，Technology and Research，A*STAR）实施世界顶尖科学家战略，打造新加坡生物、医学、物理、化学等领域高新人才建设的机构，以吸引国际顶尖人才。第二，推行专业技术人员和技能人才计划，为获得 P 级或 Q 级就业准入的专业技术人才提供永久居留权。第三，通过 A*STAR 项目为博士后研究人员和青年科学家提供研究基金支持，吸引海外青年科技人才。第四，提出重建新加坡和联系新加坡项目，为海外留学人员归国提供服务，培育海外华裔专家与新加坡的情感联系。第五，推行全球校园计划和新人才战略计划，为外国学生提供留学资助、人才签证绿色通道等留学便利条件，同时政府还向留学生提供最高可至学费总额 80% 的助学金补贴，增强对外国学生的吸引力（郭成，2021）。除此之外，新加坡跨国公司还广泛在东道国招募所需人才，就地使用，借才发展，而新加坡国内也经常采取全球招聘的方式，吸收和引进海外人才。

最后，新加坡为增强引进人才和留住人才的软实力，在生存环境和制度建设方面做出了巨大努力。新加坡为国际优秀人才提供高薪待遇，调低所需缴纳的个人所得税，为在新岗位上的外籍人员提供培训机会。新加坡大力促进社会保障体系的完善，优化和改进城市环境与居住条件，在社区配备幼儿园、诊所、会议室等配套设施，并促进外来人才与本地人才的融合，创建良好的定居环境，解除国际高技术人才与企业家的后顾之忧。新加坡政府通过就业准许证制度，按就业技能、工资收入和学历高低等因素区分就业准许，给予不同居留期限，并为全职卓越人才设置自由度更高的个人化就业准许。同时，新加坡颁布《外国人力雇佣法》，进一步明确在新加坡的雇员和雇主的权利和义务，加大政府部门就业监察力度，加强对外籍雇员的权益保护，从而营造稳定的劳动关系（郭成，2021）。

（三）韩国：分类人才引进政策

韩国国土面积狭小，重要资源稀缺，经济总量却能一度排进世界前十，而且世界 500 强企业中有大量韩国企业。韩国政府在 20 世纪 70 年代和 80 年代重点引进留学留居海外的韩国籍科技人才，促进人才回流，90 年代后引才重点放在了外籍国际高端人才上。进入 21 世纪后，韩国开始进一步完善自己的人才引进政策，构建更完善的政策体系，来提升其科技创新能力。

在吸引本国人才回国方面，韩国政府很早就为回国的科学家、工程师提供交通费、住宿费等生活补贴。1994 年韩国政府实行了"人才储备"项目，支持研究机构高薪雇用海外科学家和工程师，鼓励大学和研究机构为归国博士提供博士后岗位，后来又将在海外工作的本国博士后纳入范围，培养储备了一批青年科技人才。2009 年启动了"世界级研究机构计划"，面向国外招聘高端人才担任韩国科研机构负责人，规定这些受资助的研究机构中必须至少有 50% 的研究人员拥有国际背景。韩国制定了海外高级科学家聘用计划，以先进技术研发为目的，聘请世界顶尖海外科学家参与韩国国家级战略性课题，聘用条件为居留海外并在取得博士学位后有五年以上海外经历的外国人和本国科技人才，如有突出成就或技术成果可放宽条件限制。

在吸引海外留学生方面，2004 年，韩国教育科技部推出了"学习在韩国"项目，旨在通过吸引留学生将韩国打造成东北亚教育中心。2010 年，韩国将由中央政府提供的奖学金集中成"全球韩国奖学金计划"，通过海外韩国代表处和大学招生过程选拔优秀学生进行奖学金资助。2014 年韩国发布《海外优秀人才引进与使用方案》，将所要引进的人才分为研究教育型、企业活动型和未来潜力型三类。未来潜力型人才在引进后可继续深造，并根据个人情况申请其他两类人才项目，而研究教育型和企业活动型人才也可通过参与科研项目和企业经营活动逐步加入专业人员的行列，由此为引进的人才设置相应的发展通道，并鼓励其在韩国持续做出贡献（李秀珍，孙钰，

2017）。

2011 年，韩国《国籍法修订案》生效，正式准许持有双重国籍。在科学、经济、文化、体育等领域为韩国发展做出突出贡献的海外人才，通过审批即可获得入籍便利，不再需要满足"国外人才应在韩国居住五年以上"的条件限制。在签证签发上，也进一步放宽条件，简化办理流程和出入境手续，延长滞留期，为海外人才在韩国做出长期贡献创造条件。为解决国内企业核心技术人才不足的问题，韩国设置黄金卡制度引进海外技术人才，另外通过科技卡制度，帮助韩国理工类研究院所和大学吸引国外科研人员，并利用联系韩国（Contact Korea）这一机构加强对海外优秀人才的盘点和信息收集。

韩国政府为了让海外人才能够稳定地留在国内，相关部门共同制定了一系列改善方案（李宁，顾玲琍，杨耀武，2019）。首先，给引进的海外人才提供稳定优质的生活和工作条件。计划以科学商业中心和研究开发特区为中心构建能够吸引全球优秀人才的国际领先的科研环境。在科学商业中心内设立外国人支援服务中心，为外国人及其家属的生活提供一站式服务。此外，为解决海外引进人才子女的教育问题，打造并引进优秀的外国基础教育机构。计划建设居留外国人的复合文化空间来提供在韩生活的相关信息，配套教育并提供与创业有关的各种支持。第二，修订出入境制度。例如，扩大实施网上签证签发制度，将 F-2 居住签证的最长居留时间由 3 年增加到 5 年，开设出入境管理办公室的绿色通道，给居住在国内的外籍韩国公民发放绿卡等，为海外引进人才提供出入境便利。第三，相关部门计划构建尊重文化多元性的国际环境。在大学、研究机构、企业内提倡亲善外国人的组织文化，并逐步推广到全国。

（四）以色列：高技能人才回流政策

以色列始终坚持人才强国和科技立国的发展道路，在加强国内教育和本土人才培养的同时，还善于调动和使用全球资源，开展孵化器合作项目，并大力吸引散居在世界各地的犹太裔高级技术人才、研究人才等回国建设，鼓励其为犹太民族国家的经济发展做出贡献。以色列建国初期不仅资源匮乏，也缺少经济建设所需要的各类人才。在绝大部分的历史中，犹太民族都在世界各地漂泊，大量犹太裔科学家、工程师和高级专家学者等散居在世界的各个角落。出于民族情感联系和经济发展的需要，以色列在建国后，以吸引犹太人重返以色列参与国家建设作为一项基本国策并设置人才引进政策。以色列《独立宣言》中强调"以色列将向散居世界各国的犹太人敞开移民大门"，1950 年颁布的《回归法》和 1952 年颁布的《国籍法》也为犹太人重返以色列扫清障碍，规定移居以色列的犹太人不需履行任何手续，只要进入以色列便拥有公民身份。新移民在获得数目可观的移民安家费的同时，移民后的前 6 个月还可享受免费医疗，接受免费职业培训。

20 世纪 60 年代，以色列明确提出了吸引高技能人才回流的人才引进政策，并将其置于国家战略的地位。随后在 70 年代，以色列以此为出发点，实施了一系列政府主导下的高技能人才回流政策，为科学家、科研工作者等知识型高端人才回归以色列提供了良好的职业发展前景和舒适的生活条件，利用公共资源为人才回流提供帮助（黄海刚，2018）。除此之外，以色列还在 20 世纪 90 年代吸收了大量来自俄罗斯等国的技术移民，其中有 70% 以上的移民具备本科及以上学历，包括工程师（24%）、科研人员（21%）、技术人员（14%）、医务人员（11%）等高级人才（陈涓，许小华，2019）。犹太人回流和移民的到来使以色列获得了大量的顶尖人才，利用来自全球的知识和技术，促进高新技术迅速发展。

自 20 世纪末开始，以色列的高技能人才回流政策开始变得具有选择性和倾向性，主要原因在于前期政策执行过程中，吸纳了大量低技能劳动者，而对高新产业发展所急需的高级人才吸引力不够。因此，以色列之后制订的人才吸引计划开始依申请者的专业资格进行分类，更倾向于那些能为科技前沿领域做出潜在贡献的精英群体。例如，1998 年开始的人才回流项目只致力于吸纳高科技领域的高端人才，2008 年实施的建国 60 周年回归计划则主要吸引创新创业领域稀缺的企业家、生命科学家和新毕业的博士回归以色列。2013 年启动的以色列国家引才计划，是以色列政府针对激烈的国际人才竞争环境和国内劳动力市场变化所制定的新的人才回流项目，它为居住国外的、取得本科及以上学位、能够进入以色列业界或学界工作且有回归意愿的以色列侨民提供回以色列的全程服务。这些项目的推出和实施，使得以色列能够适应国际国内人才环境形势的动态变化，从而保持和提升本国在世界人才竞争当中的竞争力，增强人才回流和高端人才引进的吸引力。

三、企业孵化器推动了以色列高新技术产业的发展

近年来，以色列在高新技术产业上的发展速度甚至超过了欧洲，高科技研发已经成为其发展基石，技术输出占到整个国家出口额的 70%。以色列的技术创新之路得益于许多因素的有机组合，但企业孵化器在此过程中所发挥的重要作用是有目共睹的（张伟良，苏瑞波，2013）。以色列在电子技术、计算机软件、医疗设备、生物技术、信息和通信技术、航天航空等领域处于世界领先水平。全国有数千家高新技术企业，是世界上高科技公司最为密集的地区之一，被誉为"中东的硅谷"。孵化器对以色列科技企业的发展起到了不可估量的作用，基于魏璐和王凤霞（2008）的文章，我们从以下四个方面来说明以色列企业孵化器的运作模式。

以色列的企业孵化器是独立的、不以营利为目标的法人实体，受首席科学家办公室（Office of the Chief Scientist，OCS）管辖。政府通过 OCS 对每个企业孵化器提供资助，对企业孵化器内单个项目提供资助，孵化器就每个项目与 OCS 签订协议。政府与企业孵化器通过合同，明确双方责任。同时，孵化项目从入驻企业孵化器第一天起就注册为公司，公司创立者要与企业孵化器签订创业者协议，约定项目知识产权 100% 属于公司，而且发明者应服务于公司；公司经费的使用必须经企业孵化器经理签字同意；在开始的两年中未经企业孵化器经理的同意，不得转让股权或期权。

以色列的孵化项目入驻企业孵化器前，要经历三个阶段的严格筛选，从创新理念到项目报告，获得相关人员的一致通过后，进入最后一个阶段——递交 OCS 筛选委员会接受审查，通过后方可入驻。通过筛选并入驻企业孵化器的只有 5% 左右。

项目入驻企业孵化器后，将经历一段（最长 2 年）孵化期。在孵化期内，创业者需要消除技术风险、熟悉产品市场、申请专利、保护商业机密、创立高素质管理团队、提升管理及学习能力，并在孵化期结束之前，成功募集资金或寻找到战略合作伙伴。项目以公司的形式运作，经费支出范围包括员工薪酬、设备购买费用、生产转包费用、咨询费用、专利申请费、市场营销费、一般管理费用、市场调研费、运营计划费用等。

企业孵化器的收入主要来自三个方面：一是 OCS 每年提供的运行经费，约占总收入的 20%；二是公司的服务收入，如租金、设备使用费等，约占总收入的 30%；三是转让股权的收入，企业孵化器在每个公司中占有 20% 的股份，约占总收入的 50%。

以色列高新技术产业发展的轨迹表明，企业孵化器孕育了众多科技型企业和高科技产品，大量涌现的此类企业和产品进一步吸引风险投资基金和国际大公司纷纷介入，进而推动以色列的高新技术产业得以迅速发展壮大。可以说，成功兴办企业孵化器是以色列高新技术产业迅速发展的关键因素之一。

第四节　各国人才政策与实践的比较分析及其对我国的启示

一、创新型发达国家人才政策与实践的共同点分析

通过对不同创新型发达国家人才政策与实践资料的收集、研读与分析，我们发现这些国家在人才政策与实践上存在一些共同之处。

（一）同时注重人才的外部引进和内部培养

知识经济时代的到来使得各国意识到人是重要的资产，各国都在努力吸引国外人才和留住本国人才。比如美国为了打开国门，2000 年国会通过决议修改移民法，准许外国专业人才签证限额由 11.5 万人提高到 19.6 万人，

特许每年 6 000 名著名和高级科技人才直接到美国定居。而德国把开发和利用人力资源放在首位，通过实行人力资本投资优先的发展战略，发展各类教育事业，培养了大批高素质的劳动者。日本积极推行人才国际化战略，并且重视本国教育，从小学、高中到整个博士阶段，涵盖人才教育的各个阶段。创新型发达国家通过构建学习型组织和学习型社会，实现终身教育、全民教育。这种外部吸引人才和内部培养人才双管齐下的模式，为建立智力库，保留和利用高端人才奠定了基础。

（二）强调产学研合作，重视教育和人才对科技和产业的推动作用

无论是在人才培养还是在科技创新方面，世界主要创新型发达国家都非常强调产学研合作，重视教育和人才对本国科技和产业的推动作用。如英国在 1993 年便成立了科学技术委员会，旨在加强政府、科技界和工业界人士之间的联系。再比如法国的校企联合培养博士生项目，博士生需要同时在校内导师以及企业中导师的指导下完成论文，这样有助于利用学术成果解决实际问题。同时，一些科技园区和孵化器也为实现产学研合作提供了帮助。比如，德国拥有大量的科技园和孵化器，形成了孵化中介机构来帮助人才的创新成果转化。此外，这些国家的教育体系设计也为实现产学研合作提供了基础。比如，在德国、瑞士等国家的教育体系中包含了应用科技大学、职业学校等，这些学校与当地的优势产业紧密联系，企业有很多产品研发项目都是通过这样的产学研方式来开展的。创新型发达国家通过将政府、高校和企业联合起来的方式进行创新成果转化，为创新成果落地并且提高科研人员收入提供了帮助。

（三）重视激发和保护科技人才的原始创新活力

实现创新的前提是对科技人才的创新成果进行有效保护，这样才能激发科技人才的原始创新活力。这主要体现在对专利的保护上，比如美国经历了 200多年专利保护制度的发展，目前拥有世界上最强有力的专利保护制度。从最初的萌芽到后来的扩张性发展，美国的专利保护领域不断扩大，这些专利制度重

点在于保护专利持有人与实施者之间的利益平衡。又比如以色列的孵化器在推动项目发展过程中，为这些项目的专利申请和保护流程提供经费支持。在专利制度的保护下，创新型发达国家不断推动创新成果向产业竞争优势转化，推动了高新技术产业的迅速发展，为知识创新提供重要的制度保障。

（四）普遍关注青年科技人才的培养和资金支持

为了有效应对全球科技人才争夺战，更好地掌控科技人才储备主动权，创新型发达国家非常重视对青年科技人才的培养和支持。如英国通过增加研究生科研培训次数、资助次数、津贴水平等帮助他们顺利度过不同阶段。新加坡提出依托南洋理工大学等开发下一代企业和专业领袖。法国计划到2027 年将博士生的薪金提高约 30%。日本推动各大学制订中长期人事计划，对于能够保障青年研究人员教职的大学优先予以财政支持，以长期稳定地支持青年科技人才的研究工作；同时强化对青年科技人才的竞争性支持，重点支持一些杰出的青年研究人员，推动研究成果不断产生。这些国家对于青年科技人才的支持力度，不管是在资金额度上还是政策的扶持力度上，都能够保证青年科技人才顺利度过创新资源不足的早期阶段。

二、创新型发达国家人才政策与实践的侧重点分析

尽管有很多共同点，但研究发现不同国家的人才政策与实践各有侧重点。

（一）国际留学生、科研博士后和技术移民是美国吸引全球科技人才的主要手段

美国主要通过国际留学生、科研博士后和技术移民收割全球优秀人才。虽然近年来赴美留学的人数在一定程度上有所回落，但是从整体来看赴美留学的人数一直呈上升趋势。美国原先主要吸纳了数学、计算机学科等专业人才，2021 年拜登上台后为了吸引更多的国际留学生，新增了 22 个 STEM专业，不仅包括商科，还包括人文类专业，这些专业的学生均可参与 STEM领域的选择性实习培训，而选择性实习培训的设置为进一步留住这些人才提

供了机会。同时，科研博士后制度也在很大程度上帮助美国招揽了各个国家已经具备博士学位的优秀人才。另外，作为全球最大的移民国家，美国通过鼓励技术移民的方式获取了大量外籍科技人才。美国也出台了大量制度确保自身高等教育在全球的领先地位，如2020年美国有21所院校的科研费用超过10亿美元。美国的专利保护机制和市场化回报机制，也在很大程度上保留了大量的优秀科技人才。

（二）德国、法国、英国、瑞士等国家强调产学研合作和协同创新

德国、法国、英国和瑞士等国家同样属于移民输入国，它们也在积极地吸引全球优秀人才。如法国的人才居留政策向来法学习和工作的高科技人才倾斜，英国的杰出人才签证为实现优秀人才的移民提供了便利，德国也利用欧盟蓝卡吸引了大量欧盟以外的高科技人才。然而，总体来看，这些国家在吸引全球科技人才方面依旧比不上美国。但是，欧洲这些国家在产学研合作和协同创新上体现出了鲜明的特色。比如英国的科学与创新网络、德国的弗劳恩霍夫协会等，把高校、企业等紧密联系起来，实现高等教育和产业的紧密结合。德国、瑞士的双元制教育和应用科技大学为高端制造业培养了大量人才。法国在2022年面向全国征集了1 752个创新投标项目以实现协同创新。瑞士、瑞典和芬兰等国家虽然是小国家，但是它们通过建立创新导师制度、知识与技术转移战略等实现了开放式协同创新。这些国家能够根据自身国家的特点，有针对性地提供产学研合作下的协同创新方案，从而最大限度地提供创新产出。

（三）日本、韩国、新加坡等国家非常重视本国的教育发展

日本、韩国、新加坡等亚洲国家同样非常重视吸引外国优秀人才，但是相对而言这些国家对外国人才的吸引力不如欧美发达国家。这些国家主要通过加大对本国国民教育的投入，来满足本国经济社会发展对高科技人才的需求。比如，第二次世界大战后日本就普及了初中教育和高中教育。在日本，科学技术和教育被置于重要地位。日本通过建立一整套从学前教育、初等教育至高等教

育的国民教育体系，培养出了诸多诺贝尔奖获得者。同时，上述国家非常重视人才培养的国际化。比如日本、韩国、新加坡都鼓励和资助年轻人出国进行国际学术交流，也欢迎外国人在本国大学任教等。这些国家通过大力支持本国青年学者出去交流和学习，实现了引进来和走出去相结合，为提高本国国民基本素质和提升创新活力提供了坚实的教育基础。

（四）以色列注重构建人才回流政策体系

除了格外重视国民教育，以色列还实施了政府主导的高科技人才回流政策体系，通过强调种族与文化归属、共同的国家利益等意识形态认同，以及良好的职业发展前景，激发散落在世界各地的犹太科学家、研究者等高端人才重新返回以色列，从而弥补高端人才短缺的问题。比如，以色列在建国初期虽然物资匮乏，但是通过吸引大量犹太移民重返以色列的方式快速获取了大量科技创新所需的人力资本。后期以色列为这些回流的高科技人才提供了项目孵化的资金支持，科技人才、资金支持和孵化器成为以色列高新技术产业迅速发展的重要推动力。

三、对我国的启示

（一）实施全球化人才战略和高层次人才回流战略

进入知识经济时代，国家间的人才竞争逐渐升级，国际人才流动的红利所带来的发展动力愈加明显。随着我国经济和科技实力的逐渐增强，我们具备了一定的条件去实施全球化人才战略。比如，我国可以借鉴通过技术移民、科研博士后和国际留学生等方式来吸引全球优秀人才的做法；加大对国际高水平科技人才的吸引力度，尤其是通过高校、企业的博士后流动站和工作站加大对国际科研博士后的吸引力度，并且加大科研资金支持力度；为海外高层次科技人才的回流创造条件、提供便利服务；借鉴美国、以色列这些国家对人才的吸引和保留机制，通过提高对科研博士后的支持力度、增强科技创新氛围、完善专利保护制度、加速科研成果转化等措施加快建设符合我国国情的世界重要人才中心和创新高地。

（二）完善和深化产学研合作体系

发达国家普遍重视产学研合作和科研成果转化，1978 年，美国的科研成果转化率为 5%，20 世纪 90 年代初便提升到了 80%。反观我国，当前的科研成果转化效率仍然较低。《中华人民共和国促进科技成果转化法》在 1996 年就实施了，但是我国科技成果的转化率不足 30%。在实现科研成果转化方面，美国所有由政府资助的科研项目成果均归属于高校和科研人员，这极大地调动了大家的创新积极性。又如以色列的企业孵化器，为项目落地提供了技术指导和资金支持。我国可以借鉴这些国家的科研成果转化经验，在注重科研成果落地的同时加强产学研合作。发达国家在搭建产学研合作平台方面也具有较为丰富的实践经验。比如法国的校企联合培养博士生项目和德国的弗劳恩霍夫协会加强了校企间的合作，英国通过建立产学研中介服务体系和提供产学研专项基金支持等方式助力知识和技术产业化。我国应该加快建立起各种产学研协同创新平台和技术信息发布机制，让科研成果和专利能够更快地应用到企业中，也让企业的技术研发需求能够更快地反馈给研究机构。并且，通过专利保护和成果转化的分配机制，激发广大科技人才的创新动力和活力。

（三）改革教育体系，让教育体系与科技创新和产业发展深度融合

教育为国家的创新发展提供了源源不断的人才资源。一些创新型发达国家的教育体系同本国的科技创新和产业发展深度融合，这非常值得我国借鉴。比如德国的职业教育模式将职业教育同高等教育衔接起来，学生参加工作后也有机会到应用科技大学等深造，获得学士、硕士和博士学位。我国目前的职业教育生源不佳，各高校都愿意把自己定位为研究型大学，缺乏与产业发展之间的融合。已经就业的劳动者通常只能通过参加非正式培训和继续教育的方式来提升自己，但学习质量和认证标准很难满足劳动力市场的期望。因此，一些国家层次分明的教育体系设置可以为我国提供一定的参考。

此外，教育体系的完善不能仅从高等教育入手。美国 2030 愿景中提出要大力培养具有批判性思维和数字素养的人才，日本政府采取各种措施提高儿童对科学技术、数学等的理解。我国也需要调整和强化基础教育中科学课程的设置，通过设置"生活科学教室"或者组织实践活动等方式，大力弘扬基础教育中的 STEM 部分（廖湘阳，胡颖，2023）。

（四）优化科研环境，加强专利保护，激发科技人才原始创新动力

良好的科研环境不仅能够吸引大量海外人才回国，而且能够更好地激发科研人员的创新灵感。创新型发达国家崇尚创新创造的科研环境和自由的学术氛围，吸引了全球顶尖人才的涌入。政府和企业在科研经费方面的大力投入也为科技人才提供了广阔的发展空间。我国的科研环境在过去几年中已经有了长足的进步，政府也出台了一系列鼓励创新的政策。此外，政府还加大了对科研项目的资金投入和支持力度，改善了科研人员的待遇和研究条件。然而仍存在一些需要改善的地方，比如科研人员还需要应对复杂的人际关系，科研人员不敢打破常规、挑战权威，知识产权保护还不够完善，对于创新成果转化的支持力度有待加强，等等。为了改善科研环境，我们可以借鉴发达国家的一些做法，提供更加开放的科研环境和学术氛围，建立以质量为导向的科研评价体系，注重原始创新和科研成果的实际应用，鼓励科研人员的冒险和试错，加强知识产权和专利保护等。通过这些举措，我国将能够进一步优化科研和创新环境，激发科技人才的原始创新动力。

（五）重视青年科技人才的培养和资助

青年人才富有改革创新精神，是整个社会中最积极、最活跃、最有生气的一支力量。当今时代，科技发展日新月异，知识迭代不断加快，科技人才队伍更趋年轻化，越来越多的青年人才在科技创新的第一线"冒尖"。创新型发达国家都在实施青年科技人才培养计划，并把培育、争夺青年英才作为应对国际竞争的战略举措。比如日本的国际竞争力强化研究员项目，主要资助在一流大学、研究机构中积极参与具有挑战性的研究课题、有志成为领域

内世界顶级权威的青年学者。比如以色列的创新成果孵化器为青年人才的科技成果转化提供了各种孵化帮助。目前,我国正处于发展转型的关键时期,能否实现高水平科技自立自强和高质量发展,在很大程度上取决于是否拥有一支规模宏大、朝气蓬勃、勇于创新的青年科技人才大军。因此,我国应当进一步加大对青年科技人才的支持力度,给青年科技人才更多的发展机会和更广阔的发展空间,充分激发他们的创新创业创造活力。要建立科学的青年科技人才评价机制,加大对青年科技人才的长期投入,为他们创造良好的成长环境。

第 3 章

我国海外人才引进与全球化人才战略

知识经济时代，国与国之间的竞争归根结底是高层次人才的竞争。美国从第二次世界大战后抢运科学家，到对全球最有科研潜力的学生给予高额奖学金，再到推行技术移民政策，构建了系统的全球化人才战略，对维持美国的科技竞争力起到了重要作用。美国国家科学基金会的数据表明，在美国科学、工程和计算机技术领域工作的博士学位拥有者，有一半是出生于美国以外的国家（Lobel，2013）。中国在全球高端人才流动中一直处于"逆差"地位。党的十八大以来，中央多次提到要"聚天下英才而用之"。党的十九届五中全会通过的《中共中央关于制定国民经济和社会发展第十四个五年规划和二〇三五年远景目标的建议》提出，"实行更加开放的人才政策，构筑集聚国内外优秀人才的科研创新高地"。习近平在 2021 年中央人才工作会议中提出，"深入实施新时代人才强国战略，全方位培养、引进、用好人才，加快建设世界重要人才中心和创新高地"。党的二十大再次强调要"着力形成人才国际竞争的比较优势"。尽管我国近年来加大了对海外高层次人才的引进力度，但还是缺乏系统的全球化人才战略，海外人才引进在一定程度上也忽视了与科技创新的现实需求之间的有效匹配。甚至有的地方只重引进不重使用，把海外人才引进的数量作为政绩，忽视了人才引进的质量、结构和引进后的实际效果。本章首先对我国海外人才引进的现状和问题进行分析，梳理人才引进的国际经验；其次对我国海外人才国际流动影响因素模型进行研究；再次对我国海外人才回国意向的影响因素进行调查；最后在借鉴国际经验和调查结论的基础上，提出对构建我国全球化人才战略的建议。

第一节　我国海外人才引进的现状与问题分析

一、我国海外人才引进的现状与政策发展

从《世界移民报告 2020》看，我国是全球第三大移民来源国（仅次于印度和墨西哥），2019 年净流出约 1 070 万人（见图 3－1），流出人群普遍学历较高。因此，在全球人才流动中，我国是一直处于"逆差"地位的。

如图 3－2 所示，从我国海外留学生学成回国人员数量与出国留学人员数量的比例来看，在 2013 年回国比例最高，达到 85.4%，之后这一比例呈下降趋势。

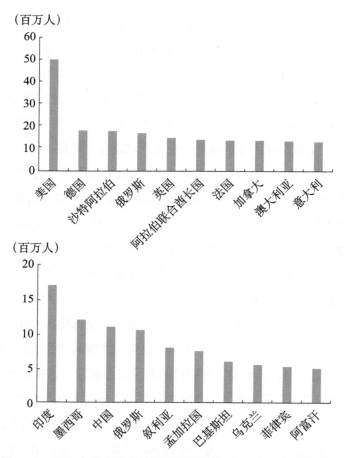

图 3-1 2019 年排名前十的国际移民目的国（上）和来源国（下）

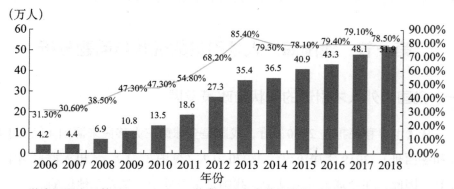

■■学成回国人员数量 ——学成回国人员数量占出国留学人员数量的比重

图 3-2 中国学成回国人员数量与出国留学人员数量比较

资料来源：国家统计局，2018.

20 世纪 80 年代以来，我国各级政府相继出台了一系列吸引人才归国的政策。据不完全统计，国家层面制定关于海外人才引进的综合性和专项政策共计 65 项，涉及海外人才的各类规范性文件多达 300 多件（中共中央组织部人才工作局，2017：259）。我国人才引进政策的发展可以大致划分为三个阶段。

第一阶段是从中华人民共和国成立到 1978 年，我国在人才引进方面进行了有益的探索和尝试，也有华罗庚、钱学森、邓稼先等科学家怀着爱国之心主动回国参与建设祖国，在很大程度上促进了我国科技的发展，产生了诸如"两弹一星"等重大科技成果。但因"文化大革命"等原因，人才引进政策中断，我国在这个阶段并未形成完善的人才引进体系，并且出现了严重的人才断层等问题。

第二阶段从 1978 年开始，随着改革开放的实行，海外人才引进逐步走上正轨。1989 年，国家颁布《关于争取优秀留学博士回国做博士后的通知》，开始探索吸引海外留学博士回国做研究。1994 年中国科学院启动"百人计划"，旨在引进海外高层次人才，促进学科发展和科技进步。1994 年，国务院批准设立国家杰出青年科学基金，其中设立专款支持高水平留学回国人员进行科学技术研究工作。随后，各种人才引进计划逐步兴起。1998 年，教育部实施"长江学者奖励计划"，延揽海内外人才。此外，"引进国外杰出人才计划"开始实施。教育部还推出了"春晖计划"，支持和鼓励高层次科技人才短期来华服务。人事部联合国家教委、外交部等出台了《关于回国（来华）定居专家工作有关问题的通知》和《关于来华定居工作专家工作安排及待遇等问题的规定》，对高层次科技人才定居中国的工作安排、待遇补助等做出了专门的规定。在此阶段，我国的高层次科技人才引进政策体系基本确立。

第三阶段是进入 21 世纪之后，随着知识经济的兴起和全球科技竞争的加剧，我国开始实施人才强国和科技强国战略。《2002—2005 年全国人才队伍建设规划纲要》明确指出，信息技术、生物技术、新材料技术、先进制造技术、航空航天技术等方面具有世界一流水平的专家，以及金融、法律、国际贸易和科技管理方面的高级专门人才是国家紧缺、急需引进的人才。《国家中长期科学和技术发展规划纲要（2006—2020 年）》提出，实验室主任、重点科研机构学术带头人以及其他高级科研岗位逐步实行海内外公开招聘。《留学人员回国工作"十一五"规划》提出，实施留学人才回归计划，建立海外高层次留学人才回国工作绿色通道。《教育部关于进一步加强引进海外优秀留学人才工作的若干意见》提出，搭建海外优秀留学人才双向选择平台。在这个阶段，人才专项计划也有新的发展。2001 年，"海外知名学者计划"开始实施。同年，中国科学院与国家外国专家局联合实施"创新团队国际合作伙伴计划"。2003 年，中国科学技术协会会同海外科技团体发起"海外智力为国服务行动计划"，通过学术交流、项目合作、技术引进等方式发挥海外人才的积极作用。2006 年，"高等学校学科创新引智计划"开始实施，引进高层次学科带头人，助推世界一流大学建设。最有影响力的是 2008 年启动了一些国家层面的人才计划，以引进人才层次高、质量优、支持力度大而受到全球关注，向全世界释放了中国"聚天下英才而用之"的积极信号。

我国还根据海归人才工作生活和跨国流动的特点，不断进行政策改革和突破。《关于在留学人才引进工作中界定海外高层次留学人才的指导意见》《关于鼓励海外高层次留学人才回国工作的意见》《中共中央　国务院关于进一步加强人才工作的决定》等政策的实施为高层次留学人员回国工作营造了良好的环境和提高了福利待遇。2015 年，公安部根据《外国人在中国永久居留审批管理办法》的有关规定，扩大申请在华永久居留外国人工作单位范围，新增国家实验室、国家重点实验室等类别。上海、北京、福建、广东等重点地区公安部门相继推出了一系列涉及科技人才出入境的政策措施，如北京中关村及上海自贸区均为具有博士学位的外籍华人开通直接申请永久居留的通道，构建了更加开放灵活、更具竞争力的人才引进制度。

对政策文本变迁的分析有利于系统、全面地了解政策驱动的人才引进模式。课题组通过在党中央、国务院及各部委的门户网站中检索相关政策，以及在北大法宝数据库中进行"海外人才引进"等关键词搜索，共计检索到122 份符合条件的政策文本。从海外人才引进政策的发文部门来看，首先是涉及部门广泛，共有 82 个国家层面的政府部门参与政策的制定和发布，其中发文频率较高的部门包括教育部（20 次）、科技部（19 次）及人力资源社会保障部（15 次）等（见图 3 - 3）。其次是存在多个相关主体联合行文的现

象，其中教育部与国家外国专家局（4 次）、财政部（1 次）、人力资源社会
保障部（1 次）和科技部（1 次）的联系较为密切。

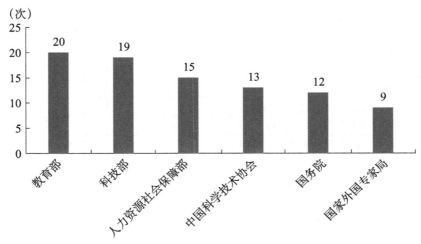

图 3-3　机关发文频次

从发文时间来看，国家层面的发文数量存在两个高峰（见图 3-4）。第
一个高峰出现在 2009—2013 年，发生在 2008 年国家海外高层次人才引进计
划出台之后，海外人才引进工作的相关政策得到了细化和发展。第二个高峰
出现在 2016—2017 年，这些政策强调对海外人才引进的程序、管理等进行
规范，例如 2017 年科技部出台的《国家科技专家库管理办法（试行）》便对
提升海外人才引进的针对性、有效性、程序规范性提出了要求。

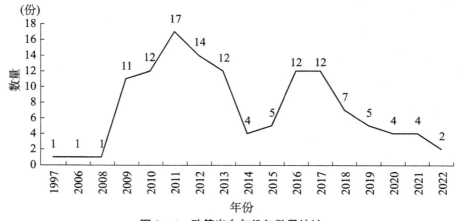

图 3-4　政策出台年份与数量统计

20 世纪 80 年代以来有代表性的国家人才引进政策如表 3 - 1 所示。

表 3 - 1　国家层面关于海外人才引进的代表性政策

年份	文件名称	发文字号	发文主体
1983	《国务院关于引进国外人才工作的暂行规定》	国发〔1983〕152 号	国务院
1991	《关于鼓励引进国外智力的暂行规定》	国引办发〔1991〕75 号	国务院
1995	《关于印发〈外国经济专家来华工作管理办法〉的通知》	外专发〔1995〕165 号	国家外国专家局
1998	《关于加强引进国外智力工作的通知》	外专发〔1998〕207 号	国家外国专家局、外交部、科学技术部
1999	《国家外专局、外交部、公安部关于进一步加强外国专家管理工作的通知》	外专发〔1999〕54 号	国家外国专家局、外交部、公安部
2000	《人事部关于印发〈关于鼓励海外高层次留学人才回国工作的意见〉的通知》	人发〔2000〕63 号	人事部
2001	《关于印发〈关于鼓励海外留学人员以多种形式为国服务的若干意见〉的通知》	人发〔2001〕49 号	人事部、教育部、科技部、公安部、财政部
2002	《关于人事部与地方人民政府共建留学人员创业园的意见》	人发〔2002〕84 号	人事部
2002	《教育部"春晖计划"海外留学人才学术休假回国工作项目实施办法（试行）》		教育部
2002	《关于办理高层次海外留学人才身份证明的通知》	教外司留〔2002〕1 号	教育部
2002	《国务院办公厅转发公安部外交部等部门关于为外国籍高层次人才和投资者提供入境及居留便利规定的通知》	国办发〔2002〕32 号	国务院办公厅
2004	《国家外国专家局关于印发〈外国专家来华工作许可办理规定〉等的通知》	外专发〔2004〕139 号	国家外国专家局
2004	《外国人在中国永久居留审批管理办法》	中华人民共和国公安部、中华人民共和国外交部令第 74 号	公安部、外交部

续表

年份	文件名称	发文字号	发文主体
2004	《中华人民共和国海关对非居民长期旅客进出境自用物品监管办法》	中华人民共和国海关总署令第 116 号	海关总署
2004	《教育部关于印发〈高等学校"高层次创造性人才计划"实施方案〉和有关实施办法的通知》	教人〔2004〕4 号	教育部
2005	《关于印发〈关于在留学人才引进工作中界定海外高层次留学人才的指导意见〉的通知》	国人部发〔2005〕25 号	人事部、教育部、科技部、财政部
2005	《教育部国家外国专家局关于高等学校学科创新引智计划"十一五"规划的通知》	教技〔2005〕6 号	教育部、国家外国专家局
2006	《外国专家局关于引进国外智力为构建社会主义和谐社会服务的实施意见》	外专发〔2006〕195 号	国家外国专家局
2006	《国家外国专家局关于印发〈关于完善在华工作外国专家医疗保障制度的意见〉的通知》	外专发〔2006〕61 号	国家外国专家局
2006	《中华人民共和国海关对高层次留学人才回国和海外科技专家来华工作进出境物品管理办法》	中华人民共和国海关总署令第 154 号	海关总署
2007	《教育部关于进一步加强引进海外优秀留学人才工作的若干意见》	教外留〔2007〕8 号	教育部
2007	《关于进一步加强外国专家管理工作的通知》	外专办发〔2007〕238 号	国家外国专家局
2007	《关于印发〈关于建立海外高层次留学人才回国工作绿色通道的意见〉的通知》	国人部发〔2007〕26 号	人事部、教育部等
2007	《国家外国专家局关于印发〈关于规范在华任职外国文教专家和外籍专业人员"转聘"和"兼职"等问题的意见〉的通知》	外专发〔2007〕108 号	国家外国专家局

续表

年份	文件名称	发文字号	发文主体
2008	《引进海外高层次人才暂行办法》	中组发〔2008〕28号	
2008	《关于印发〈引进国外技术、管理人才项目管理办法〉的通知》	外专发〔2008〕2号	国家外国专家局
2008	《关于印发〈关于为海外高层次引进人才提供相应工作条件的若干规定〉的通知》	组通字〔2008〕56号	中共中央组织部等
2008	《关于印发〈关于海外高层次引进人才享受特定生活待遇的若干规定〉的通知》	组通字〔2008〕58号	中共中央组织部等
2009	《引进国外智力服务国民经济和社会发展的分类指导意见》	外专发〔2009〕9号	国家外国专家局
2009	《关于印发实施中国留学人员回国创业启动支持计划意见的通知》	人社部发〔2009〕112号	人力资源社会保障部
2009	《关于海外高层次留学人才回国工作绿色通道有关入出境及居留便利问题的通知》	人社部发〔2009〕113号	人力资源社会保障部等
2010	《关于规范留学回国人员落户工作有关政策的通知》	公通字〔2010〕19号	公安部等
2010	《国务院关于修改〈中华人民共和国外国人入境出境管理法实施细则〉的决定》	中华人民共和国国务院令第575号	国务院
2011	《关于加强留学人员回国服务体系建设的意见》	人社部发〔2011〕46号	人力资源社会保障部
2011	《中组部 人力资源社会保障部印发〈关于支持留学人员回国创业的意见〉的通知》	人社部发〔2011〕23号	中共中央组织部等
2012	《中共中央组织部 人力资源社会保障部 公安部等25部门关于印发〈外国人在中国永久居留享有相关待遇的办法〉的通知》	人社部发〔2012〕53号	中共中央组织部等

续表

年份	文件名称	发文字号	发文主体
2012	《中共中央组织部人力资源社会保障部等五部门关于为外籍高层次人才来华提供签证及居留便利有关问题的通知》	人社部发〔2012〕57号	中共中央组织部等
2013	《中国国家外国专家局国外人才信息研究中心关于组织参加"海外高层次人才项目对接活动"的通知》		国家外国专家局
2013	《教育部办公厅关于进一步加强和规范高校人才引进工作的若干意见》	教人厅〔2013〕7号	教育部
2015	《人力资源社会保障部办公厅关于做好留学回国人员自主创业工作有关问题的通知》	人社厅函〔2015〕19号	人力资源社会保障部
2016	《中共中央办公厅印发〈关于加强欧美同学会（留学人员联谊会）建设的意见〉》	厅字〔2016〕18号	中共中央办公厅
2016	《教育部 外专局关于印发〈高等学校学科创新引智计划实施与管理办法〉的通知》	教技〔2016〕4号	教育部、国家外国专家局
2017	《科技部办公厅关于印发〈国家科技专家库管理办法（试行）〉的通知》	国科办创〔2017〕25号	科技部
2018	《知识产权局、人力资源社会保障部、人民银行、银保监会关于强化知识产权创造保护运用支持留学回国人员创新创业的通知》	国知发运字〔2018〕38号	国家知识产权局等
2019	《科技部办公厅关于申报2019年度高端外国专家引进计划的通知》	国科办专〔2019〕6号	科技部
2021	《国家自然科学基金优秀青年科学基金项目（海外）项目指南》		国家自然科学基金委员会

从时间上看，2000 年以前主要是国家外国专家局负责海外人才引进相关事情，2000 年以后，国家外国专家局、人力资源社会保障部、中共中央组织部、教育部、科技部、中共中央办公厅等诸多部门都有和海外人才引进相关的文件出台。各部门的主要政策对象存在一定差异，比如中共中央办公厅和中共中央组织部的政策主要关注海外高层次人才；人力资源社会保障部的政策主要关注留学回国人员；教育部的政策主要关注留学生和高校海外人才引进；国家外国专家局的政策主要关注外国智力和外籍专家。

从发文的内容看，中共中央办公厅负责对海外人才引进工作进行宏观指导和统筹协调，例如 2008 年出台的《引进海外高层次人才暂行办法》确定了"千人计划"的基本原则、引才标准与程序，并成立海外高层次人才引进工作小组，确定主管部门职责；人力资源社会保障部主要关注留学回国人员的创业及工作，并为其回国和落户提供协助，例如 2011 年出台的《中组部 人力资源社会保障部印发〈关于支持留学人员回国创业的意见〉的通知》确定了留学人员回国创业的资金、社保、职称申报及家属就业等方面的支持政策；教育部和科技部在引才规划方面提供科学指导，包括明确引才目标任务、重点领域和优先次序，例如 2005 年两部门联合出台的《关于印发〈关于在留学人才引进工作中界定海外高层次留学人才的指导意见〉的通知》确定了海外高层次留学人才界定的条件；国家外国专家局是主管我国智力引进的行政机构，负责制定对引进的国外人才和专家的管理办法，并监督实施，例如 2008 年出台的《引进国外技术、管理人才项目管理办法》在经费申报、经费额度和财务监督方面进行规定；公安部负责为海外人才进行落户或永久居留审批，并在海外人才来华工作期间与其他部门进行信息共享、后台认证和业务协同，例如 2010 年出台的《关于规范留学回国人员落户工作有关政策的通知》对留学回国人员的落户流程进行规范；外交部则负责与国家外国专家局和公安部按照职责分工，为外籍高层次人才办理签证和来华工作许可；海关总署负责对海外高层次人才来华工作时出入境的物品管理进行具体规定，例如 2006 年出台了《中华人民共和国海关对高层次留学人才回国和海外科技专家来华工作进出境物品管理办法》。

二、我国海外人才引进的主要问题分析

（一）海归人才以硕士为主，理工科博士比例低

在我国的海外归国人才学历结构方面，硕士仍是主力军，2019 年和 2020 年均达到 70% 以上，博士归国比例仍然不高，如图 3 - 5 所示。数据显示，国际留学生中学士、硕士和博士分别占当年留学生的 9%、21% 和 29%，可见博士生是国际留学生中占比较大的群体。数据表明，我国博士在出国留学生中占比为 19.2%，但在海归人才中博士占比仅为 1.7%，其中理工科博士的比例更低。因此，数据表明我国海归人才中博士比例过低，我国在国际人才流动中流失了大量海外博士学位获得者。

图 3 - 5　2019—2020 年中国海归人才学历分布

（二）海外人才引进的专业结构与我国科技创新现实需求的匹配度有待提高

尽管在海外人才引进方面取得了一些成绩，但是从我国近年来实施的重大科研项目、重大工程、重点学科领域的领军人才看，海外引进人才的比例并不高。数据表明，中国引进的高层次人才学科领域以生物学、化学、物理学等基础类学科为主，其中，生物学领域的引进人才比例又远远高于其他学科领域，一些高层次人才计划中生物学领域的人数都超过了总数的 1/4。但是在我国亟待突破的一些重点领域，如新一代信息通信、新能源、新材料、航空航天、生物医药、智能制造等重点科技攻关领域，海外引进的产业

领军人才和高层次技术专家数量非常有限。从我国在"十三五"期间的重大科技成果看，165 项重大工程项目的领军人物基本上都是中国本土培养的人才。

整体而言，当前对我国海外引才的学科专业结构研究不够，对海外人才的具体领域了解不够，存在以学校名气和论文发表数量作为人才评价标准的现象。这导致在一些研究周期长、研究成果偏实用转化、不易发论文的前沿领域，青年科技人才因缺少论文，难以申请到国家的人才项目，处于有意愿却回不了国的尴尬境地。2017—2019 年，国家某高层次人才计划引进海外人才约 2 500 人，但是这些高层次人才主要集中于基础研究领域，在经济科技主战场的作用发挥不如预期。我们在人才引进项目中付出了较高成本，但是成果更多体现在海归人才在国际上公开发表的科研论文，很多难以转化为我国科技创新能力的实际提升和卡脖子技术的突破。为满足用人单位对这些新兴、前沿领域科技人才的需求，引才时应全面评估申请人，除了申请人发表的论文，还应该考虑申请人的专利、项目转化成果、研究方向是否符合未来科学的发展趋势、是否会弥补国家相关领域的短板等。

（三）海外人才引进政出多门，海外人才获取信息的系统渠道尚未建立

尽管我国海外人才引进制度逐步建立，但也存在政出多门、协调性不强的问题。一个海外人才如果要查询中国的移民政策，他搜索到的将会是多个政府部门发布的各种"意见"和"实施办法"，条目之多可能会使海外人才无所适从。在国家层面，中共中央组织部、科技部、人力资源社会保障部、国家外国专家局、中国科学院、国家自然科学基金委员会等部门都有海外高层次人才引进的职能，人才项目分类体系和标准也不统一。国内各地方也相继出台了海外高层次人才引进工作实施细则，导致了不同地方之间、地方与国家之间政策体系不协调的问题。加上海外人才获取信息的有效渠道尚未建立，缺乏全面、权威的海外人才信息交流平台，海外人才对中国政府的引才政策及具体动态不够了解。

另外，我国缺少技术移民的专门性法律和归口管理部门。纵观全球，人

才引进大国都具有完善的技术移民法律体系。虽然出台了《引进海外高层次人才暂行办法》《海外高层次创业人才引进工作细则》等政策性文件，但我国的海外人才引进政策体系中政府规章比重偏大，缺乏更高层面的法律统辖，容易造成多个部门间缺少沟通与协作（郑代良，钟书华，2012）。2018年，国家移民管理局正式挂牌，迈出了国家移民管理体系构建的关键一步。

（四）外籍人才引进力度偏小

2004 年，我国颁布《外国人在中国永久居留审批管理办法》，但申请中国绿卡者并不多。2013 年，相关部门在此基础上印发了《外国人在中国永久居留享有相关待遇的办法》，首次明确在中国永久居留可以享有相关国民待遇，然而实施效果不够明显。我国 2020 年又发布《中华人民共和国外国人永久居留管理条例（征求意见稿）》，降低了外籍人才申请条件，但这一意见稿又因为门槛"过低"引发了舆论热议和反对。美国一直十分重视全球人才战略，并把它提升到国家战略的高度。美国凭借其灵活多样的人才引进政策，将大量外籍高素质人才引入本国，为其经济、科技的发展提供了不竭的人力资源。德国在进入 21 世纪之后，制定了一系列的技术移民政策，如通过实施绿卡政策从非欧盟国家引进本国紧缺的信息技术行业人才，颁布《技术移民法》《容忍就业法》降低准入门槛以吸引更多高技术移民来德就业。相比之下，我国缺乏系统的全球化人才战略，对已有的一些人才政策的效果也缺乏评估与改进，外籍人才引进政策仍然不清晰，引进力度偏小。中国已经发展为世界第二大经济体，在不断强调扩大开放与建设世界重要人才中心和创新高地的战略下，如何提升中国对全球人才的吸引力是需要深入研究的重要课题。

（五）人才引进后的用人和留人环境需要优化

为成功引进海外高端人才并使其发挥作用，我国也需要完善自身的留人环境。2011 年，中共中央组织部人才工作局、海外高层次人才引进工作专项办委托第三方专业调查机构开展调查，在对国家某高层次人才计划获得者的调查中，49% 的人认为"国内研究风气不好，把很多时间花在学术之外的'公关'活动上"，45.9% 的人反映"科研项目审批不透明，存在拉关系、走后门现象"，40.1% 的人坦言在国内搞科研"人际关系太复杂，需要花大量时间处理"。另外，64.9% 的用人单位领导和 55.6% 的国内人才也认为"人际关系太复杂"是国内科研环境存在的主要问题。2010 年，饶毅和施一公联合在《科学》杂志上发表《中国的科研文化》一文，指出中国政府投入的研究经费以每年超过 20% 的比例增加，从理论上讲，它应该能让中国在科学和研究领域取得真正突出的进步，与国家的经济成功相辅相成。但在现实中，研究经费分配中的严重问题却减缓了中国潜在的创新步伐。除此之外，引进海外人才的后续配套政策落实力度不足，比如在科技成果转化、科研资源调配、生活中的身份认可、子女教育、医疗和养老保障等方面的问题，往往也使得归国人才难以全身心投入工作中。

三、人才引进的国际经验介绍

当前，世界各国都在加速争夺高端人才。总结起来，这些国家吸引海外人才的主要措施有六点：一是调整移民政策，向优秀科技人才倾斜；二是通过提供留学名额、奖学金等方式，吸引全球优秀青年人才；三是出台各种人才计划，如以色列的回到祖国战略的卓越研究中心项目、韩国的世界级研究机构计划、巴西的博士扎根计划、加拿大的首席研究员计划、泰国的人才回流计划等；四是设立海外引才机构，如海外人才联络站或国家猎头；五是搭建人才创新创业平台，如美国硅谷、日本筑波科学城、韩国大德创新特区等；六是国际合作共享人才，如欧盟提出促进科技发展的框架计划，约 50 多个国家和地区的近百万个大学、科研机构、企业参与。

（一）美国

美国是世界上人才国际化战略最为成功的国家，技术移民、招收优秀国际留学生和科研博士后是美国吸引全球人才最为主要的手段。数据表明，国外出生的学生获得美国博士学位的比例在 1966 年是 6%，而到 2000 年

则上升到了 39 %，其中大部分博士选择留在美国工作（Lewin，Massini，
Peeters，2009）。相应地，美国的政策和法律体系体现了对移民工作的高度
重视，移民法律是维护美国国家利益的重要工具之一。从美国联邦政府与
州政府在移民事务管理方面分工合作机制的演变看，确立并有效维护出入境
事务管理的中央事权属性是正确的，但如果缺乏地方政府和地方执法机构参
与、支持，出入境事务管理效果并不好。对此，美国立足联邦制的国情采取
了授权、协议、联邦财政奖励等方式调动地方政府及其执法机构参与和执行
移民法律政策的积极性。美国的移民政策向高技术人才倾斜。第二次世界大
战后，美国政府不断地修改和调整其移民政策，以吸纳世界各地的杰出人
才。1952 年，美国国会通过了战后的第一个移民法——《麦卡伦‑沃尔特
法》，取消了排除亚洲国家移民的条款，之后，大批亚裔优秀人才涌入美国，
成为促进美国经济与科技发展的新兴力量。1965 年，美国国会又通过了新
的《移民与国籍法修正案》，每年专门留出 2.9 万个移民名额给国际高级专
门人才，该法规定平等地吸纳世界所有国家的移民，优先考虑那些受过高等
教育、具有突出专业才能的移民。1990 年新移民法的基本理念变为：只要
是某一专业或行业的"精英"，不考虑国籍、资历和年龄，一律允许优先进
入美国。除了移民，美国高校在全球范围招收了大量留学生在 STEM 领域
学习，并且通过招收科研博士后为美国储备了大量的科技人才。

（二）德国：调整引才计划，发挥蓝卡作用

由于准入门槛较高，蓝卡计划对欧盟吸引人才的帮助并不显著，但德国
通过适当的调整，让该计划为自己的人才引进带来了巨大的优势。如今，欧
盟 80% 的蓝卡由德国发出，且外国留学生成为获得蓝卡最多的群体。德国
的欧盟蓝卡于 2012 年 8 月 1 日实施，旨在引进非欧盟国家专业人才。德国
在欧盟蓝卡的基础上要求申请人必须证明他们已经成功获得了学士学位，并
提供具体工作职位，其中普通行业工作人员年收入不少于 4.76 万欧元或者
稀缺职业工作者年收入达到 37 128 欧元。持有蓝卡三年之后可以申请长期
居留，熟练掌握德语的外籍劳动者，仅需两年就能获得长期和工作居留许

可；蓝卡持有者的家属不需要额外申请工作许可，就可以在德国自由择业。为了满足"德国制造"对技术人才的需求，德国政府还对技术移民给予了很多优惠条件。此外，对外国留学生给予优惠政策也是德国政府吸引海外高层次人才的一项重要措施。德国颁发给外国留学生的居留许可包含学习地点和目的，有效期最长为两年，持该居留许可可以从事每年合计不超过 90 天或者 180 个半天的工作或者兼职工作。移民法还规定：对于已经从高等院校毕业的留学生，可以给予一个有效期最长一年的居留许可，居留目的是找一个与所学专业相关且允许由外国人占有的工作岗位。该政策的出台，对德国从刚毕业的留学生中"收割"优秀的、可以立刻上岗的优秀人才起到了至关重要的作用。在 2013 年，居住在德国的外国人达到了 720 万人，并且显示了越来越快的增长趋势。

（三）日本：简化居留资格审查，设立专项管理部门

日本因为国土狭小，移民制度较为严格，但对外国高级人才和专门人才持欢迎态度。在人才引进政策方面，日本以《出入境管理及难民认定法》《外国人登记法》为主，并颁布配套管理办法。日本《出入境管理及难民认定法》规定，能够获得居留资格的是技术服务签证和工作签证。技术服务签证适用于教授、医生、翻译等技术人员，他们必须被日本有关科研机构或学校雇用。技术服务签证的有效期为 1～3 年，延期无次数限制。工作签证适用于各种熟练工人，有效期为 1 年，可以延期两次，3 年居留期满后必须离境。《外国人登记法》规定，在日本居留 90 天以上的人，必须持外国人登记申请书、护照、照片、指纹办理登记申请，批准后才发给外国人登记证。没有在规定时间内办理的，处 1 年以下监禁或 20 万日元以下罚款。2005 年，日本专门发布《第三次出入境管理基本计划》，将引进外国高级人才和专业人才作为首要目标，并特别强调高级专业技术人才的出入境不受限于现有的出入境管理政策，简化高端人才的居留资格审查等。厚生劳动省是主管外国人工作的政府部门。都道府县劳动局和劳动基准监督署负责监督指导辖区内的外国人用人单位，向外国人提供适当的劳动条件和环境。职业安定局下属的公共职

业安定所，负责向外国人提供与日本国民同等的职业咨询、求职信息、职业介绍、网络查询等服务。法务省负责将厚生劳动省制订的实施计划转换为法律规章，法务省下设相应的管理局负责登记和管理外国人的入境、居住、永久居留和入籍等，对违反出入境法律者实施收容、驱逐等措施。

（四）新加坡："双管齐下"吸引人才

1970—1980 年，新加坡出口导向型工业发展很快，对劳动力的需求激增，吸引了大量人口流入，但当时没有把控人口质量，这导致 20 世纪 80 年代后大力发展的金融、技术和知识密集型产业缺少高技术移民。于是从 20 世纪 80 年代开始，新加坡开始积极引入高素质外来人才。为引进国际人才，经济发展局和人力部共同成立了"联系新加坡"，该机构在印度的钦奈、孟买，英国的伦敦，澳大利亚的悉尼，北美的波士顿、纽约、旧金山，以及中国的北京、上海等全球人才资源丰富的区域设立了分支机构。通过以上分支机构，"联系新加坡"进行海外宣传和招聘联络工作，在世界范围内建立人才数据库，并保持持续的跟踪和关注。"联系新加坡"还建立了专门的引才网站，提供人才招聘会、各行业的最新资讯。新加坡招揽人才的一个重要特点就是重视前期介入，通过提供奖学金和见习机会，提前与尚未毕业的"未来人才"建立工作契约关系。例如，"联系新加坡"在北京、上海的分支机构会深入国内一线城市的著名中学"定向资助"成绩优异的学生到新加坡留学并签订毕业留新加坡服务协议；深入高校关注诸如全国大学生创业大赛、物理大赛等获奖大学生，邀请其来新加坡实习，培养城市归属感。新加坡引才机构还创造机会让学生提前"介入"单位，培养其职业归属感。新加坡的教育对周边国家和地区的学生很有吸引力，在调研的新加坡三所大学中，外国留学生约占 22%，其中中国留学生又占了一半左右。新加坡注重吸引国际名企名校，重视发挥高端人才集聚效应。新加坡积极邀请了芝加哥大学布斯商学院等来当地设立分支机构，一方面聚合高端人才，另一方面培养大批本地人才。同时，新加坡积极吸引跨国企业到新加坡投资，加强与大型科研项目的交流与合作，以获得更多跨国人才。

尽管有相当部分的青年学生人才把新加坡当跳板跑到美国去，但李光耀说过，"如果这一百个人才里面我留下五个，我也赢了"。

四、对我国人才引进的启示

（一）海外人才引进要建立分类标准，并向高层次技术人才倾斜

美国和新加坡等国家就不同层次的海外人才制定了相应的引才政策。例如，美国的临时工作签证分为针对杰出人才的 O-1 签证、针对杰出人才工作助理的 O-2 签证和针对较高层次专业人才的 H-1B 签证；长期工作签证分为针对杰出人才的 EB-1 签证，针对高学位专业人才的 EB-2 签证和针对雇主担保移民的 EB-3 签证。目前中国的引才政策对人才的分类较为粗放，建议中国在制定人才政策时，将引进对象的层次加以细化，即区分顶尖人才、高层次人才、中等层次人才等，以优化海外人才结构，并将体现各层次人才价值的激励保障政策与之对应，从而提高引才的针对性和激励效果。

（二）通过移民立法和归口管理部门统一协调海外人才引进

美国等都有专门的移民立法，并建立了高规格的归口管理部门对移民事项进行归口管理。为更好地实施海外人才引进，加强人才引进政策的顶层设计，我国可以借鉴一些国家的成功经验，出台海外人才引进相关法律，统一人才引进的分类标准，并设立归口管理部门统一协调海外人才引进工作，避免政出多门和标准不一。2018 年发布的我国国务院机构改革方案提出将公安部的出入境管理、边防检查职责整合，建立健全签证管理协调机制，组建国家移民管理局。国家移民管理局除了负责国籍管理、出入境管理、口岸管理，负责外国人居留管理、难民管理、非法移民治理以及移民领域国际合作外，更需要拓展全球化人才战略顶层设计和移民政策设计等方面的职能。

（三）加大柔性引才力度

一些国家善于发挥政府间接引才的作用。政府通过为用人单位和社会组

织提供政策、资助和采购相关服务的形式，间接引进海外人才。例如新加坡政府通过委托开展相关研究、发布研究报告、出台指导意见等方式，帮助新加坡企业提高引进和服务海外高层次人才的水平。新加坡政府在海外人才融入方面与各类社会组织建立了广泛的伙伴关系，包括与社会组织合作举办活动，为社会组织举办活动设立基金、购买社会组织的相关服务等。这种形式发挥了社会组织的优势，淡化了政府色彩，达到了较好的效果。中国海外引才的政府主导性较强，考虑到国际形势的变化，应发挥用人主体和社会组织在海外引才中的重要作用。政府着重发挥政策设计、环境优化和提供公共服务的作用。鼓励中国高校、企业等用人主体和国外高水平科研机构积极合作建立科技创新中心和海外服务中心，作为人才培养和引进的基地。还可创新服务模式，采用政府购买服务等形式，委托国际专业机构寻访高层次人才，拓宽国际化顶尖人才引进和联系渠道。

（四）吸引国外优秀博士来华从事博士后研究和就业

纵观世界著名学府、研究机构和大型生物医药公司，博士后历来都是科研原始创新的主力，他们年富力强，处在发明创造的黄金时期。目前有相当部分的国内优秀博士生在毕业后选择出国做博士后，却很少有国外优秀博士来中国做博士后。在目前国内著名院校和科研机构的科研硬件条件与国外相差无几的情况下，国外博士后的待遇成了大部分国内博士选择出国的一个重要原因。为此，建议国家参考国际标准，从政策、资金等方面改善优秀博士后的待遇，完善针对博士后的科研支持和奖励计划，不但要引导优秀博士毕业生留在国内工作，也要积极吸纳国外优秀博士后来华工作或从事博士后研究。

（五）优化海外人才引进流程，提高引进效率

海外人才引进的流程和审批管理影响到国际人才的服务体验，甚至会影响国际人才对一个国家的整体印象。因此，国外一些国家都较为注重对海外人才引进流程的优化。比如日本发布《第三次出入境管理基本计划》

时特别强调高级专业技术人才的出入境不受现有出入境管理政策的限制，特事特办，简化高端人才的居留资格审查等。建议我国细化海外人才引进标准，简化申报程序，精简申报材料，提供申报指南，缩短评审时间，优化服务质量。

第二节　我国海外人才国际流动影响因素模型研究

一、人才国际流动影响因素的文献梳理

现有文献对人才国际流动因素的探讨，主要涉及经济发展水平和生活环境、研发投入和科研环境、自然环境等方面。

第一个方面是经济发展水平和生活环境。杰克逊等人（Jackson，Carr，Edwards，et al.，2005）提出，人才全球化流动的经济因素包括实现高收入和获得更多经济机会。巴里恩托斯（Barrientos，2007）的研究发现，发达国家的高收入水平和低失业率会在人才流动中产生较大的拉力。牛冲槐等（2007）则提出，经济环境是学术人才聚集的最关键的要素。周扬（2011）认为，人才国际化流动中收入水平是"留"和"流"的关键。希尔特罗普（Hiltrop，1999）指出，为海归人才及其家属提供良好的生活环境尤其重要，提供良好的子女教育以及医疗条件等可以显著影响人才去留。夏皮罗（Shapiro，2006）的研究表明，吸引高人力资本流入的很大原因是一个地区的生活水平高。陈振汉和厉以宁（1982）的研究显示，社会服务体系、教育、科技、文化、生活、医疗等要素水平越高就越容易吸引高端人才。

第二个方面是研发投入和科研环境。弗仑泽恩（Frenzen，2008）认为，人才流入受到人才对一个地区科技成功的认可程度以及该地区研发投入的影响。张榉榉（2009）的研究表明，科研环境因素对人才流动的影响仅次于经济因素，并指出科研投入的增加能够显著改善科研环境，使留学生回国创业有更优越的条件。阎光才（2011）提出，较差的科研环境是人才回流率低的

主要原因。宋丰景（2012）认为，我国只有增强高校综合实力，建设高水平的实验室等，才能引进大量海归人才。

第三个方面是自然环境。泽特（Soete，2006）研究了人才流动的客观原因，认为一个地区的自然环境越优越，人才就越容易流入该地区。王顺（2005）指出，空气质量、城市绿化、水源质量和地理位置等都是影响人才流动的重要因素。自改革开放以来，我国经济得到持续快速发展，但环境问题也日益增加，虽然近些年中国的自然环境得到了大幅改善，但和一些发达国家相比，还有较大的改善空间，自然环境质量影响了宜居性进而影响着人才的流动。

这些研究表明，驱动人才流动的因素涵盖了经济、文化、政治、环境、工作、情感等多个方面。课题组将主要研究文献的结论整理为表 3 - 2。尽管不同研究都揭示了一些重要的影响因素，但现有研究并未提供一个有效的人才流动因素的整合框架。而且随着时代变化，一些因素对人才的影响力也在发生改变，我们需要建立一个更新、更系统的人才国际流动的理论模型。

推拉理论（push-pull theory）是研究人口流动中应用最广的理论。19世纪后期，雷文斯坦（E. G. Ravenstein）归纳了影响人口流动的规律。此后，博格（Bogue）将雷文斯坦的人口迁移理论系统化为推拉理论，自此，推拉模型开始受到学者们的关注。所谓推力，指推动人才外流或阻碍人才流入的力量；所谓拉力，指促使人才留下或吸引人才流入的力量。卡明斯（Cummings，1984）、麦克马洪（McMahon，1992）和阿尔特巴赫（Altbach，1998）是最早将推拉理论应用于国家间人才流动的学者，研究表明留学生的国际流动是来源国和目的国综合作用的结果。但以阿尔特巴赫等人观点为代表的传统推拉模型存在局限性，即只考虑了人才目的国和人才来源国的单向推拉因素。鉴于传统推拉模型的局限性，一些学者建议采用双向推拉模型来研究人才国际化流动，即人才国际化流动分别受到国内推力、国内拉力、国外推力、国外拉力四种力量的共同影响。

表 3-2　人才国际化流动影响因素研究

文献	研究对象	影响因素（自变量）	因素来源	因变量	研究方法
Barrientos, 2007	经济学理论与文献资料	社交网络、迁移成本、目的国吸引力（低失业率、高GDP等）、目的国推动因素（移民成本等）	目的国	目的国移民人数	理论分析
Solimano, 2008	国际化人才	不同国家之间的收入差距和经济发展水平差距，对人力资本和新技术的需求，对资金和人才的需求，人才群聚效应，语言兼容性，网络和社会文化亲和力，政治制度和移民政策，非金钱动机	目的国	流入意愿	文献分析
牛冲槐、唐朝永、芮雪琴，2007	文献资料	经济发展水平、经济体制、产业集聚、风险投资	目的地区	流入意愿	文献分析
周扬，2011	人才聚集理论	经济因素、社会因素、宏观环境因素	目的地区	流入意愿	理论分析
Hiltrop, 1999	115家西欧公司和204家美国公司	工作（工资、工作意义与责任、培训、发展机会、工作时长、多样性与自主性）、社会（社会环境）	目的国公司	流入意愿	问卷调查
Shapiro, 2006	宏观数据（人口普查信息、区域生产力等）	区域人力资本、经济发展水平与生活质量	目的国	流入意愿	宏观分析
朱杏珍，2010	流入人才	科研机构因素、感知因素、环境因素、制度因素、生活因素、企业因素、职业发展因素、家庭因素、成本因素	目的地区	流入意愿	问卷调查
张樨樨，2009	经济学理论与文献资料	经济因素（劳动力价格等）、科技因素（科技软硬件环境）、现实因素（制度模式、创业环境、工作和生活环境）	来源国（中国）	流出动机	理论分析

续表

文献	研究对象	影响因素（自变量）	因素来源	因变量	研究方法
阎光才，2011	文献资料	社会环境因素、学术和科研环境、体制因素、个人待遇、子女教育、生活条件	来源国（中国）	流出动机（回流阻力）	文献研究
王顺，2005	宏观数据	市场环境、经济环境、文化环境、社会环境、生活环境	来源国或地区	流动指数	文献研究
魏浩、耿园，2019	国家或地区间双边科学家	对教育的重视程度与投入水平、移民存量、服务贸易规模	目的国	流入意向	宏观分析与问卷调查
鲍威、田明周、陈得春，2021	3 227 位高端人才	推力：职业发展空间受限、文化与价值观冲突、语言和生活障碍　拉力：学术自由保障、生源质量高、食品安全	目的国	流入意向	问卷调查
		拉力：政治环境稳定、经济发展前景好、文化认同与情感归属　推力：学术环境问题、环境污染与食品安全问题	来源国（中国）	流出意向	

二、我国海外人才国际流动影响因素模型的建立

鉴于国内很少有研究通过定性访谈来整理和归纳我国海外人才国际流动的影响因素，课题组首先选择了质性研究方法，对我国的海外留学生、华人和海归人才进行了访谈，在此基础上提炼我国海外人才国际流动影响因素模型。

（一）研究过程和结果

根据研究设计，课题组采用抽样的形式选择了19名访谈对象，基本情况如下：学历（博士4人、硕士8人、学士7人），学科门类（商科9人、理工科6人、社会科学2人、艺术2人），留学地（美国6名、加拿大6名、英国5名、新加坡1名、日本1名），出国时长（7～9年3人，4～6年8人，1～3年8人）。

为了方便后续对访谈记录的整理，在被访谈者同意的前提下，课题组对每一次访谈都进行了录音，同时，向被访谈者做了保密承诺。课题组采用手工编码的方式进行开放式编码，具体操作步骤为贴标签（初始概念化）、概念化、范畴化。给访谈资料贴标签，即用比较精练的语言对文字进行初始概念化。初始概念化完成之后，课题组对这些标签一一检查，将概念相接近的标签集中起来，进一步将标签描述的现象上升为概念。抽象出概念后，再对描述相近或相同的现象进行统合，进一步归纳成范畴。

通过对访谈资料的分析和整理，课题组最终构建的数据编码由7个主范畴和38个范畴组成，如表3－3所示。

表3－3　访谈资料数据编码结构

主范畴	范畴	概念及来源
宜居性	生活效率	国外*交通与物流效率低（A3，B5，G7，I8，P11，E12，H12）；国外看病问题（看病困难（A10）／医疗效率低（G6，H11））；国内生活便捷（F4，N4，E13）
	语言问题	语言障碍（E5，H5，J5，F6，K6，L7）

续表

主范畴	范畴	概念及来源
宜居性	娱乐质量	国外生活单调（K10，F9，L11）；国内娱乐资源丰富（P12）
	社会安全	国外疫情严重（A9，K1，C7，M5）；国外社会治安差（I7，P1）
	教育模式	国内教育压力/应试教育（A1，H1，D2，J2，L3，K4）；国外良好的教育模式（A8，F1，B2，C2，P2，G4，H3，I5，J2，L14）；国外教育资源均衡（D12）
	自然环境	国外自然环境好（M4，P4，A5，F10）
	社会保障与福利	国外福利好（B15，F3，S10，H10，L16）；国内社会保障问题（R16）
文化氛围	种族问题	国外种族歧视（B7，E7，D14，H14）；国内社会平等（B12）
	政治环境	国内行政力量（A12）；国内言论环境（D7）
	文化或价值观	文化或价值观冲突（K7，J8）
	人际关系	国外人际关系简单（B10）
	生存压力	国外生存压力小（A6，B9，C4，F2，O8，K11，P16）；国内生存压力大（E16，L19）；"卷"（C9，D5）/国内竞争压力（K2）
	社会氛围	国外人文环境多元包容（Q1，I4，D10，K13，R3）；国内社会网络环境（A11）；国外社会信任与关怀（G8）；国内道德绑架（N6）；国内关系社会（R7）
工作发展	职业发展空间	国外职业发展受限（K9，L13）；国内海归身份优势（O2，E3，L5，M12）
	职业选择	国内职业选择范围广（B13，F5，L18）；国外职业选择受限（B8，K9，L13，P13）
	工作压力	国外工作-生活平衡（B14，C8，H7，P7，S8，M9）；国内工作-生活冲突（R6，H8）
	薪酬水平	国外工作收入高（R4，I6，M8，E8，S9，K12）；国内工作收入低（R5，N7）
	技术水平	国内产业化不足（R12）；国外技术水平高（R13）
	职业公平	国内性别歧视（R15）
	发展诉求	开拓视野（D9，R1，E2，L2，J3）；拓展人脉（D11，Q7）；增强独立性（Q4）；检验个人能力（Q5）

续表

主范畴	范畴	概念及来源
科研要素	科研方式	国内科研方式优势（O7）
	科研平台	国内科研平台劣势（O5）；国外科研平台好（S4）
	学科水平	国外学科水平高（D8，G2，M3，N2，H4，J10）；国内学科水平低（N1）
	科研压力	国外科研压力小（S5）
	学术评价	国内学术评价问题（N8）；国外学术评价体系合理（S6）
	学术自由	国外学术自由（O1）
情感联系	情感归宿	情感归宿（D3，M10）；国外孤独感（M11）
	社会融入	国外社会融入难（C3，L12）；国内社会融入度高（G11）
	亲情纽带	国内亲情纽带（B4，C13，G10，L9，S12，J12，K14，E15，P15）
	社交网络	国内社会关系网（D4，R7）；国外圈子小（J9，E14，P14）
	祖国情感	华人身份认同（C11，S1）；爱国情怀（G12，M13）
	民族自信	国外发展潜力小（C6）；祖国发展前景好（B11）
政策制度	政策影响	国外移民政策支持（B16）/政策吸引（J1，N3，Q8）；国外政策阻碍（D15，R8）；国内政策吸引（J13）
	制度质量	国外制度规范（E9）；国内制度质量差异（E11，R14）
个人因素	出国能力	个人适应能力（K5，E6，H6，M7，F8，L8，I9，O10，J11）；个人出国门槛（O3，L4）；个人英语能力（A2，B3，M2，I2）；家庭经济能力（A4，C1，L1，I3，P10，R10）；出国项目支持（I1，H2，N5）
	决策方式	个人家庭因素（B1，S3）；个人独立意识（C10）；家人态度/决策（D1，E1，P3，L6，K3）；从众意识（E4）；他人建议（G1）；生活环境影响（M1，R2）
	职业与价值观	个人职业规划（O6）；个人职业竞争力（R11）；个体文化偏好（D16，R9）；个人科研价值观（O9）
	归国/出国成本	出国时长（S11，F12）；国内生活基础（N4）

*本访谈资料中所说的国外主要是指被访谈者的留学地以及其他创新型发达国家。

　　质性研究的核心问题是如何在一个模型中包含所有的主范畴、范畴和概念，而且能够展现它们的动态关系。课题组借鉴了双向推拉模型，将现有因素归类为国内拉力、国内推力、国外拉力、国外推力和个人因素维度，最终提炼出我国海外人才国际流动影响因素模型，如图3-6所示。

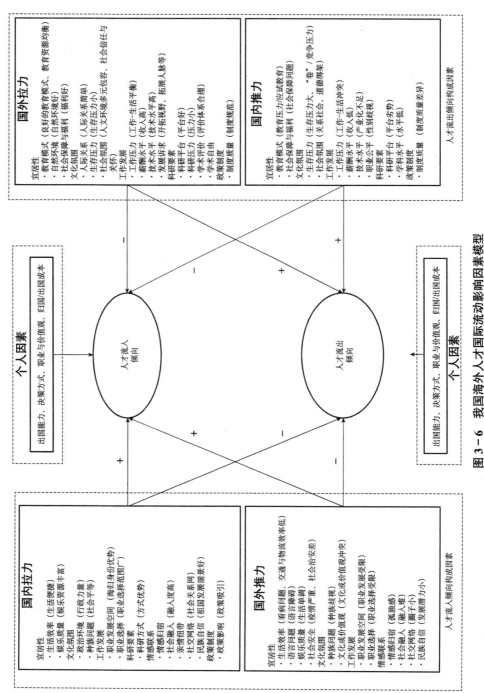

图 3 - 6　我国海外人才国际流动影响因素模型

（二）对研究模型的解读——影响中国海外人才国际流动的因素

除个人因素外，课题组把影响中国海外人才国际流动的因素分为六类：宜居性、文化氛围、工作发展、科研要素、情感联系和政策制度。

1. 宜居性

宜居性反映了人才对一个国家生活居住环境的喜好程度，具体包括自然环境、生活效率、语言问题、娱乐质量、教育模式、社会安全、社会保障与福利等。除了生活效率这一子因素，大多数子因素在以往文献中能追溯到。随着数字经济、电商、电子支付等方面的发展，中国的生活便利性大为提升，医疗、交通、物流方面的高效率在访谈中被47.5%的人提及，这正在成为中国吸引海外人才的一个重要因素。因此，课题组在宜居性方面增加了生活效率子因素。海外人才普遍认为发达国家在城市生活效率方面落后于中国，这是一个有意思的发现。但我国在自然环境、教育模式等方面还需要做出更大努力，特别是教育模式方面，有31.6%的人提到是因为不喜欢国内的应试教育而选择出国留学或定居。

2. 文化氛围

文化氛围反映了人才对一个国家的文化、主流价值观和社会环境的认可度，具体包括种族问题、文化或价值观、人际关系、社会氛围等。我们的访谈表明，在文化或价值观方面，尽管深受中国传统文化和价值观影响，海外人才仍以一种包容开放的心态努力去适应当地的文化，但也有一部分人发现自己遭遇了文化或价值观冲突而倾向于回国。在国外遭遇的种族歧视也促使部分留学生选择回国。

3. 工作发展

工作发展反映了一个国家为人才的职业与成长所能提供的支持，具体内容包括职业选择、职业发展空间、工作压力、薪酬水平、职业公平等。从导致海外人才流入的国内拉力和国外推力看，这一主范畴主要表现在海归回国后职业选择范围广，有一定的就业优势；留在国外的话，则有比较明显的职业选择和职业发展方面的限制。但是从导致人才流出的国内推力和国外拉力看，国内存在工作－生活冲突、收入低、产业化不足等问题，而国外收入高，工作－生活也更加平衡。

4. 科研要素

科研要素这一主范畴反映了海外人才对一个国家的科研总体环境的认可程度，具体包括科研方式、科研平台、学科水平、科研压力、学术评价、学术自由等。21 世纪以来，随着亚洲国家高等教育和科研水平快速发展，有学者认为中国等国家科技水平的跃升造成了全球学术向"多中心格局"发展，甚至成为人才回流的原因（李志民，2020）。然而此次访谈发现，海外人才对我国的科研环境评价并不高，科研要素反而是导致人才外流的国内推力的组成因素；同时，科研要素是国外拉力的组成因素。这说明在和欧美国家争抢科技人才时我国的科研环境并不占优势，我们需要大力优化科研环境，以吸引和保留更多的海外人才。

5. 情感联系

情感联系反映了海外人才与国内亲人情感上的认同与联系，具体内容包括亲情纽带、社交网络、祖国情感、民族自信等。在访谈中课题组发现，国内的亲情纽带显著影响了海外人才的去留，访谈中 47.5% 的人提及"思念亲人""回家照顾爸妈"是归国的重要原因。尊老爱幼、孝顺父母是中华民族的传统美德，对于很多海归人才来说，人才流动决策往往不是一个个体的决定而是整个家庭的决策。另外，访谈中很多人提到"我是中国人，当然要回国"。这种简单的回答其实包含着对中国的热爱、归属感与身份认同。沈宁（2014）通过在英国的田野调查也发现，华人身份认同因为"吃中餐、去中国城、和中国人交往等日常现象加剧"，身份认同逐渐成为影响海外人才回国的一种重要因素。

6. 政策制度

这反映了一个国家的宏观管理政策制度对海外人才流动的影响。新冠疫情期间，各国对人才引进持有不同的态度：加拿大、英国降低了人才的居留门槛，提供了更有利的政策支持（如加拿大允许本国硕士留学生移民、英国发放本国硕士留学生就业签证）；相反，美国收紧了赴美签证发放。课题组在访谈中发现，中国这些年出台了不少人才引进的优惠政策，这也是海外人才回国时的重要考虑因素。

第三节　我国海外人才回国意向的影响因素调查

为进一步明确海外人才的回国意向和影响因素，课题组在访谈的基础上，专门设计了调查问卷对中国海外留学生、海外工作人员和有留学经历的归国工作人员进行了调查，希望调查结论能够为我国全球化人才战略提供一定的研究支持。

一、调查样本说明

由于调查对象的地理分布差异性大，而且缺乏有效的调查渠道，因此课题组采用了滚雪球抽样调查方法。课题组先随机选择一些能够接触到的调查对象，再请他们帮忙转发给其他海外人才群体和留学归国人员。为提高他们转发问卷的积极性和增加问卷填答率，课题组在每份电子问卷后面设计了一个小红包，填答完毕点击提交便能获得相应的报酬。最后，课题组通过在线调查共回收问卷 488 份，清理无效数据后共得到 413 份。调查样本的主要特征如表 3 - 4 所示。在调查样本中，有留学生 151 人，在海外工作人员 62人，留学归国人员 200 人。旅居或留学地涵盖美国、日本、英国、澳大利亚、加拿大、韩国、新加坡等。

表 3 - 4　调查样本的主要特征

类别	类别细分	人数	百分比（%）
性别	男	239	57.9
	女	174	42.1
年龄	50 岁及以上	6	1.5
	40～49 岁	25	6.1
	30～39 岁	130	31.5
	20～29 岁	229	55.4
	20 岁以下	23	5.6

续表

类别	类别细分	人数	百分比（%）
受教育程度	博士	81	19.6
	硕士	106	25.7
	本科及以下	226	54.7
出国时长	9 年以上	14	3.4
	7～9 年	12	2.9
	4～6 年	95	23.0
	1～3 年	292	70.7
当前身份	在海外读书	151	36.6
	在海外工作	62	15.0
	留学归国人员	200	48.4
未来 5 年流动方向	国内	297	71.9
	国外	49	11.9
	不确定	67	16.2

注：因为四舍五入，个别项百分比合计不为 100%。

二、吸引人才归国的十大国内拉力因素和十大国外推力因素

我们通过文献和访谈总结了 38 项影响人才跨国流动的因素，在此基础上设计了调查问卷，调查结果表明我国吸引人才归国的前十个国内拉力因素如图 3 - 7 所示。

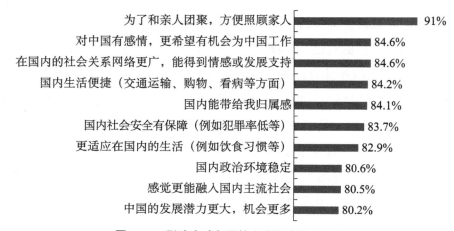

图 3 - 7　影响人才归国的十大国内拉力因素

在影响人才归国的国内拉力因素中，前三名均属于情感类因素，分别是"为了和亲人团聚，方便照顾家人""对中国有感情，更希望有机会为中国工作""在国内的社会关系网络更广，能得到情感或发展支持"，分别得到了91%、84.6%、84.6%的认可。第五名是"国内能带给我归属感"，得到了84.1%的认可。"为了和亲人团聚，方便照顾家人"排在首位，这和我们在访谈中得出的结论一致，即亲情纽带是影响中国海外人才回归的最重要因素之一。

"国内生活便捷"是排在第四位的影响人才归国意向因素，选择认同或非常认同的人数比例达到84.2%，同一类型的因素还有排在第六位的"国内社会安全有保障"（认同或非常认同的人数比例为83.7%）和排在第八位的"国内政治环境稳定"（认同或非常认同人数比例为80.6%），这些都说明国内的生活便捷、社会安全、政治稳定等因素越来越受到海外人才的重视，已经成为吸引海外人才回归的重要原因。排在第七位的"更适应在国内的生活"达到了82.9%的认可度。

除此之外，还有"感觉更能融入国内主流社会"获得了80.5%的认可；"中国的发展潜力更大，机会更多"获得了80.2%的认可。

图3-8显示了导致人才产生归国意向的十大国外推力因素。其中，"在国外不能和家人团聚，无法照顾家人"是人才归国意向产生的最大原因，88.3%的被调查者提到了该因素。"国外社会治安差，不安全"是第二大因素，73.5%的被调查者提到了该因素，这和被调查者普遍认为国内社会治安好形成了比较强烈的对比。"很难融入国外主流社会"是导致海外人才产生归国意向的第三大国外推力，选择比例达到70.1%。排在第四位的因素是"在国外的社会关系网络小，难以得到情感或发展支持"。"国外存在种族歧视（或亚裔歧视）现象"是第五大影响因素，选择比例达到65.5%。课题组在调查中也发现，经历过或感受到国外种族歧视的海外人才拥有更强的归国意愿。除此之外，"国外的生活不够便利"选择比例也为65.5%。"国外政治环境动荡"排在第七位，选择比例为65.3%。"国外生活单调，休闲娱乐少"排在第八位，选择比例为57.3%。"存在语言交流障碍"，选择比例也为57.3%。

"不认可国外的一些文化或价值观""国外的生活差异让我难以适应"排在第十位。

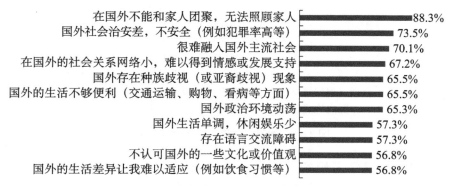

在国外不能和家人团聚，无法照顾家人　88.3%
国外社会治安差，不安全（例如犯罪率高等）　73.5%
很难融入国外主流社会　70.1%
在国外的社会关系网络小，难以得到情感或发展支持　67.2%
国外存在种族歧视（或亚裔歧视）现象　65.5%
国外的生活不够便利（交通运输、购物、看病等方面）　65.5%
国外政治环境动荡　65.3%
国外生活单调，休闲娱乐少　57.3%
存在语言交流障碍　57.3%
不认可国外的一些文化或价值观　56.8%
国外的生活差异让我难以适应（例如饮食习惯等）　56.8%

图 3 - 8　影响人才归国的十大国外推力因素

总体而言，我们的调查表明，国内拉力和国外推力存在一定的对应关系，比如亲情和家庭因素、国内外社会治安情况、归属感和社会融入、生活便捷程度和适应性、语言和价值观等。这些既是吸引海外人才归国的国内拉力因素，也是导致海外人才归国的国外推力因素。

三、导致人才流出的十大国内推力因素和十大国外拉力因素

调查表明，"国内人际关系复杂，经常讲关系"是导致人才流出的最大的国内推力，说明国内复杂的人际关系已经成为我国保留优秀人才的最大障碍。选择"国内生活压力大"的比例为 65.8%，排名第二。"国内工作或科研压力大"排名第三，选择比例为 65%。"国内社会包容度不够"（61.4%）、"国内存在多方面限制"（59%）、"不喜欢国内的官本位文化"（58.8%）分别排名第四、第五、第六。"国内薪酬水平低"排名第七（58.7%）。"不喜欢国内的教育模式"排名第八（58.5%）。"学术评价体系不合理"排名第九（57.7%）。"国内论资排辈，年轻人缺乏担纲机会"排名第十（57.3%）（见图 3 - 9）。可见，减轻人才的生活压力和科研压力，营造更加公平的用人环境，破除复杂人际关系和官本位文化的不良影响，提高社会包容度，优化教育模式和学术评价方式，是我们需要重点关注的方向。

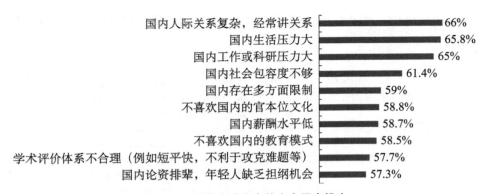

图 3 - 9　影响人才流出的十大国内推力

　　图 3 - 10 显示了影响人才流出的国外拉力因素的调查结果。调查表明，"喜欢国外的教育模式"是吸引人才流出的最大原因，认同或非常认同的人数比例达 68.4%。排名第二的是"国外社会保障程度高"，选择比例为 68.1%。排名第三的是"国外自然环境更宜居"（66.9%）。"国外人际关系简单"（66.7%）、"国外生活压力小"（65.7%）、"国外社会更加多元、开放、包容"（64.1%）、"国外自由度高"（64.1%）分别排名第四、第五、第六、第七，这些都属于影响人才流出的氛围类因素。第八名是"国外工作-生活平衡，加班少"，第九名是"国外工作或科研压力小"，第十名是"国外薪酬福利水平高"，选择比例分别达到了 61.4%、60.9%、60.2%。

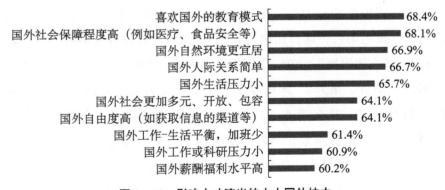

图 3 - 10　影响人才流出的十大国外拉力

四、海外人才归国意向影响因素总结

(一) 情感联系撬动海外人才回国

在海外人才流动影响因素的分析中，我们发现情感联系类因素对海外人才归国意愿有着显著影响，而宜居性、工作发展类因素对海归人才流出产生显著影响。在海内外群体的差异性分析中，我们发现已经回国的海归人才和尚在国外的海外人才对人才流入影响因素的选择存在差异，但是对影响人才流出的因素的选择基本一致。课题组前期的访谈结论也支持这种差异。

在本次调查中，我们发现海外人才归国主要是因为他们不想与自己的祖国、家人、朋友和社会关系网络分离，这对补充现有的国际人才流动的影响因素研究具有重要意义。在已有文献中，人才的国际化流动似乎具有很强的目的性——人们是基于教育水平、生活质量、工作或科研等现实因素做出最佳决策，很少有学者提及情感联系在人才流动中的重要作用。我们的调查表明，对于中国的海外人才而言，对家人的牵挂和对祖国的情感归属是影响他们归国意向的最主要因素。情感归宿、社会融入、亲情纽带、社交网络、祖国情感、民族自信等因素都得到了被调查对象的高度认可。同时，模型也证实了情感因素对海外人才回国和海归人才留在国内均产生了显著影响。

(二) 工作和科研环境推动海归人才流出

我们的调查发现海外人才在国外遇到"玻璃天花板"（glass ceiling），这对人才回国意向产生了显著影响。但是，当面临国内工作和科研环境中的突出问题时，海归人才似乎又更愿意去国外工作。李梅（2017）在研究留美学者的回国意向时就指出：在中美学术环境存在显著差异、国内的学术环境得不到根本改善的情况下，中国很难吸引高层次的海归人才，这在本次调查中得到了验证。我们的访谈和问卷调查均表明，导致人才流出的国内推力主要是工作发展和科研要素，具体包括工作压力、薪酬水平、职业公平、学科水平、科研压力、学术评价、学术自由等。因此，想要吸引海外人才回国并留住他们，除了要增强情感联系，优化国内的工作和科研环境是当务之急。

（三）自然环境和教育模式是国外吸引人才的利器

我们的调查表明，最能吸引海外人才留在国外的因素是宜居性，具体包括自然环境、社会保障与福利、教育模式等。优秀的海外人才不仅对科研环境要求高，实际上对宜居性也是有要求的。就像访谈中某位海归人才所说，"30 岁左右的青年人才生活中不只有科研，实际上这只占 1/3，其他两个是孩子和房子"。在比较了自然环境和教育模式后，人们会做出自己的流动决策。在访谈中，还有很多青年人才表示希望自己未来的孩子也能出国读书，这说明我国的教育模式对海外人才而言缺乏吸引力。我们的调查表明，已经回国工作的海归和留在国外工作的海外人才在对影响人才流动的国内外因素的评价上，是存在一定差异的。

第四节　对构建我国全球化人才战略的建议

一、加强国家全球化人才战略顶层设计，提高引才精准性

（一）建立国家全球化人才战略领导和研究机构，加强顶层设计

在中央人才工作协调小组指导下，我国成立了海外高层次人才引进工作小组，统筹协调海外高层次人才引进工作，但各成员单位联席议事规则和决策程序建设仍需加强。根据全球人才竞争的新趋势，我国需要设置国家层面的全球化人才战略领导和研究机构，进一步加强对全球化人才战略的研究和统筹工作，进行我国全球化人才战略的顶层设计，优化海外人才引进、使用

和服务的体制机制，提高海外引才对我国科技创新和产业升级的重要支撑作用。要加强对各单位海外引才工作的指导，促进海外引才工作精准化、规范化和制度化。

（二）围绕国家发展战略和科技创新需求，制定海外人才优先引进目录

海外人才引进的目的是服务于我国的发展战略和科技创新目标。因此，首先要根据我国未来的发展战略、科技创新和产业升级等需求，对人工智能、信息技术、集成电路、生命健康、脑科学、生物育种、空天科技、深地深海等重点科技领域的领军人才和创新团队进行一次全面盘点，进一步明确重点科技领域高层次科技人才的供需状况，做好人才引进和培养规划，制定我国需要优先引进的人才专业和职业目录。

（三）建立全球高端人才信息和服务平台

中国目前并没有系统的海外高端人才数据库，很难为用人单位精准引才提供信息服务。要研究重点科技领域的高层次人才全球分布情况，制定重点科技领域的人才地图。在此基础上，建立一个集信息存储、沟通联络、信息发布于一体的海外人才数据库。可以先以比较容易追踪的留学人才和华裔人才数据库为基础，建立中国海外高端人才数据库，掌握这些人才的科研专长、工作单位、联系方式等，尤其关注那些可能为我国现阶段科技重点项目做出贡献的海外高端人才。同时，建立人才服务和联络平台，为有意向回国的高层次人才和引才单位提供信息服务，更好促进供需双方的精准匹配。鼓励设立民间海外猎头，为中国企业等用人主体全球搜寻高水平科技人才提供帮助。

二、展现大国复兴形象，打造高端人才聚集的"生态圈"

（一）通过国际宣传提升对全球高端人才的吸引力

我们除了要创造能够让全球高端人才发挥作用、施展才华的环境，还要

展现大国形象，积极宣传国内不断完善的生活和科研环境，宣传中国的人才政策和尊重科技创新的氛围，增加对全球高端人才的吸引力。积极宣传海外高端人才和外籍高端人才融入中国、扎根中国、做出重要科研成绩的事迹，积极鼓励高端人才发挥全球学术影响力，激发中国海外人才回国干事创业和为国效力的热情，激发外籍人才到中国工作的兴趣，共同为全人类的科技进步贡献才智。

（二）以"不求所有，但求所用"的观念汇聚全球高端人才

完善海外人才短期来华工作制度，鼓励各行业、各领域创新领军人才和急需紧缺专门人才，以多种方式为我国经济社会发展服务。重视海外青年拔尖人才引进，完善国际博士后培养制度，鼓励优秀留学生毕业后在华工作。加强对人才引进的支持力度，充分利用企业海外研究中心和跨国公司中国研发中心，增强对全球优秀科技人才的吸引力。推动创建重点领域的世界级科学项目，建立重点科技领域的全球顶级科学家名录，并努力吸引全球顶尖科学家参与。积极吸纳有意向来华从事研究和工作的国外科学家。推动建立重点科技领域的国家实验室等世界级研究机构或基地，推动重组国家重点实验室体系，形成人才聚集的"生态圈"。

三、建立中国海外人才联系网络，全方位深化科技交流与合作

（一）建立海外人才联系网络，推动重点科技领域的交流与合作

课题组对海外人才的调查表明，在吸引人才回国的诸多因素中，"为了和亲人团聚，方便照顾家人""对中国有感情，更希望有机会为中国工作""在国内的社会关系网络更广，能得到情感或发展支持"分别得到了91%、84.6%、84.6%的认同，位列前三，说明中国海外人才与国内有着斩不断的千丝万缕的情感联系。因此，要以海外同乡会、校友会等多种方式建立海外高层次人才联络平台，深化同他们的各种交流与合作，为有意向回国工作或进行学术交流的华人华侨科学家提供便利条件。针对人工智能、量子

信息、集成电路、生命健康等重点科技领域积极举办世界华人科学家峰会，围绕重点领域的产业共性技术、瓶颈、前沿领域等展开交流与合作。在海外人才的牵线搭桥下，积极选拔国内优秀研究人员到国外大学、研究机构和企业进行访问学习，加强科技领域的合作交流。

（二）积极布局海外人才离岸创新创业基地和科技孵化器建设

在全国更多的城市建设海外人才离岸创新创业基地和科技孵化器，扩大针对海外高科技人才的创新创业、产品孵化、技术转让等服务的覆盖范围。为海外归国的重点科技领域和紧缺专业的创新创业人才提供更加全面、高效、便捷的科技、人才和金融服务。鼓励支持企业通过各种柔性方式聘用海外高层次人才作为兼职技术顾问，探索更为开放灵活的国际招才引智和创新创业体制机制。

四、完善技术移民和绿卡制度，加大外籍科技工作者的引进力度

（一）完善中国的移民法律和政策框架，有效吸引外籍人才

国家移民主管部门要积极配合和落实国家全球化人才战略，主动了解和把握国际技术移民的规律和趋势，优化国家移民法律和政策框架。美国、加拿大、澳大利亚、德国等国都有专门的移民法，为我们国家的移民立法提供了一定的参考。为进一步吸引优秀外籍科技人才来中国工作，建议我国本着向高层次科技人才倾斜的原则，进一步完善移民法律和政策框架，就技术移民的条件、标准、程序等内容进行具体且全面的完善。相关部门可以通过调查分析，及时发布和更新我国优先引进的外籍人才的行业类别、职业种类，建立高等、中等和一般等级人才的分层和引入标准。

（二）完善中国绿卡制度

绿卡体现的是一个国家的软实力，是一个国家主动吸引与争夺外籍人才的重要手段。绿卡制度的完善对我国形成引才制度优势具有重要意义。要进一步研究和细化绿卡发放标准，拓宽我国绿卡发放的范围，以使更多

的国际人才方便来中国进行科研合作与学术交流。切实保障外籍人才在中国永久居留的合法权益和各项待遇，将绿卡政策中规定的待遇落在实处。参考国际标准和待遇，积极吸引国外优秀博士来华工作或从事博士后研究。积极宣传外籍高端人才融入中国的典型事迹，营造开放引才的氛围，增加外籍人才对中国的了解，激发他们来中国干事创业的热情。通过举办国际会议、已经引进的人才内部推荐等方式，联系或引进更多的外籍优秀人才。

五、完善人才的科研、生活和教育环境

（一）优化科研环境和学术氛围，吸引和留住国际高端人才

课题组对海外人才的调查表明，中国的科研环境和学术氛围并非吸引人才的有利因素，反而在一定程度上是导致人才流出的推力因素。就像访谈中有人才提到的，"如果没有一个长期鼓励人才发展的环境，任何人才计划都无济于事"；"客观地讲，中国目前不缺少人才，缺少的是人才发挥作用的环境"；"提供很好的待遇当然能吸引人才回国，但更重要的还是良好的学术环境"；"如果仅仅靠待遇，今天他可以待在这里，明天别人出高价，他就会去别人那里"；等等。问卷调查还表明，"官本位""论资排辈""事务繁杂"等学术弊端，正成为人才流出或阻碍人才回国的重要原因。全国政协委员王庭大组织的对全国 4 个领域 11 家科研院所的 374 位研究员的调查发现：44.1%的调查对象做科研的时间只占正常工作时间的 1/2，16.5% 的调查对象做科研的时间只占 1/3 甚至更少。因此，海外人才引进的关键不在于引，而在于引进后的留，在于引进后的作用的发挥。我国需要营造一种更加公平、自由的科研环境，使高端科技人才安得下心、钻得进去、沉得住气，这是我国吸引和留住国际高端人才的关键。

（二）完善人才及其家属的生活和教育环境

优化人才引进管理过程中的服务保障，建立跨部门的信息共享机制，进一步优化签证和绿卡制度，简化工作许可、居留管理等相关手续，逐步完善

"一站式"服务机制，搭建更加便捷高效的海外人才引进和服务体系。要在社保、医疗、子女入学、家属安置等方面的制度设计中增加"国际化窗口"，帮助海外高层次人才及其家属更快适应和融入中国的生活。解决引进人才的子女教育问题，在教育问题上加强国际化合作，让引进人才的子女有学上、有书读，解决人才的后顾之忧。

六、淡化政府直接引才色彩，让企业等用人单位成为海外引才主体

（一）淡化海外引才工作中的政府主导色彩

在国际人才竞争中，一些国家善于发挥社会组织的作用，例如新加坡政府与相关社会组织建立了广泛的合作伙伴关系，通过与社会组织合作举办活动、购买社会组织的相关服务等方式，起到了间接引才的作用。鉴于国际形势的变化，我国海外引才工作应淡化政府主导色彩，更好地发挥社会组织和用人主体在海外引才中的作用。鼓励高校、企业等用人主体积极和国外高水平科研与人才培养机构建立联系。用人主体还可通过市场化的国际猎头机构寻访高层次人才，拓宽全球化人才的引进渠道。

（二）积极发挥企业在海外引才中的主力军作用

目前引进的海外高端人才主要集中在高校和科研院所，应进一步引导鼓励科技型企业成为吸引高端人才的主体。通过在科技型企业设立高水平实验室、研发中心、科研博士后工作站等，推动企业成为市场化引进海外高端人才的重要主体，进一步发挥企业在我国技术创新和成果转化中的主力军作用。企业要主动与国外高校和知名学者建立战略合作关系，通过国际学术交流、人才联合培养、聘请技术顾问等方式建立与高端人才的联系与合作。通过与科技前沿机构和科学家合作，以"不求所有，但求所用"的方式共享全球科学家的智力资源，更好地把握企业的科技研发方向，并借此培育本土高端人才。

第 4 章

推进以实绩贡献为导向的
科技人才分类评价改革

构建科学合理的人才评价体系可以充分发挥人才评价的"指挥棒"作用，有利于更好地识别、发现和使用人才，激励人才进行科技创新和价值创造。然而，我国当前人才评价仍存在一些亟待解决的问题，比如：政府主导的人才评价覆盖行业过多，市场对人才的评价作用发挥不够；对基础研究人才、工程师等不同类型科技人才的评价没有结合岗位特点，唯论文现象突出；一些单位的人才评价容易受到行政权力和人际关系的干扰；人才帽子和科技评奖还需要进一步整合和规范。中国科学技术协会第三次全国科技工作者状况调查报告数据显示，59.4%的科技工作者认为现行科技评价导向不合理，其中科研人员认为评价导向不合理的比例高达68.2%。2021年召开的中央人才工作会议指出，要加快建立以创新价值、能力、贡献为导向的人才评价体系，形成并实施有利于科技人才潜心研究和创新的评价体系。本章首先对我国科技人才评价的发展历程与问题进行分析；其次总结科技人才评价的国际经验，同时对国内科技人才评价的优秀实践进行调研；最后基于国际经验和国内优秀实践，就如何推进科技人才评价改革提出对策建议。

第一节 我国科技人才评价的发展历程与问题分析

一、什么是人才评价

人才评价这一概念具有浓厚的中国背景，国外文献中并没有与之完全对应的概念，相关的概念有绩效评价、人员（人才）素质测评等。绩效评价和人才评价不同，绩效评价是对任职者完成工作任务情况的评价，可以包括对完成工作任务的结果评价和过程评价，或者包括任务绩效评价和周边（人际）绩效评价。人员素质测评则是应用心理学领域的一个概念，是对被测者的知识水平、能力结构、个性特点、职业倾向、发展潜能等多种素质进行评估，这和国内的人才评价也不是完全等同的概念。

国内学术界对什么是人才评价有一些探讨。萧鸣政（2012）将人才评价视为认定、区分和促进人的能力素质、贡献实绩、发展性及其价值的过程。

朱郑州等人（2011）认为科技人才评价是对科技人才的能力和价值进行衡量的过程，并且指出，科技人才评价贯穿科技人才整个成长过程（包括选拔、晋升、职称评选、流动等）。刘颖（2019）构建了多元化科技人才评价体系模型，以人才评价指标（包括人才发展指标和绩效评价指标）为核心，包括评价方法、主体、周期等方面。朱浩（2019）认为科技人才评价体系涉及评价原则、评价标准、评价主体、评价方法等问题。

从政策层面看，2016年中共中央印发的《关于深化人才发展体制机制改革的意见》在第四部分"创新人才评价机制"中指出，要"突出品德、能力和业绩评价"，"改进人才评价考核方式"，"改革职称制度和职业资格制度"。2018年中共中央办公厅、国务院办公厅印发的《关于分类推进人才评价机制改革的指导意见》指出，要"分类建立健全涵盖品德、知识、能力、业绩和贡献等要素，科学合理、各有侧重的人才评价标准"，"在各类工程项目、科技计划、机构平台等评审评估中加强人才评价"，"改革科技人才评价制度"，"科学评价哲学社会科学和文化艺术人才"，"健全教育人才评价体系"，"改进医疗卫生人才评价制度"。2018年中共中央办公厅、国务院办公厅印发的《关于深化项目评审、人才评价、机构评估改革的意见》在第三部分"改进科技人才评价方式"中指出，要"统筹科技人才计划"，"科学设立人才评价指标。突出品德、能力、业绩导向"，"树立正确的人才评价使用导向"，"强化用人单位人才评价主体地位"，"加大对优秀人才和团队的稳定支持力度"。

可见，人才评价的内容涵盖品德、知识、能力、业绩和贡献等诸多要素，人才评价体系包含评价标准、评价主体、评价流程、评价方法等方面，人才评价在各类工程项目、科技计划、人才计划、机构平台评审评估活动中都存在，在各单位开展的职称评审、职业资格鉴定等活动中也存在。从分类分领域看，科技人才评价、哲学社会科学和文化艺术人才评价、教育人才评价、医疗卫生人才评价等是人才评价改革的重点领域。

二、我国科技人才评价政策的发展

新中国成立以来，国家层面有诸多政策文件和法律法规都涉及科技人才评价。早在 1979 年，由恢复重建的科学技术干部局专门出台了关于科技干部的技术职称授予意见。1985 年，《中共中央关于科学技术体制改革的决定》中提出"对于各种不同类型的研究工作，应当采取不同的政策和评价标准"的分类评价思想。国务院 1986 年发布的《关于实行专业技术职务聘任制度的规定》就专业技术职务聘任制度的基本内容、专业技术职务的设置和任职基本条件、专业技术职务评审委员会聘任和任命等问题做出了相关规定。1990 年，人事部下发的《企事业单位评聘专业技术职务若干问题暂行规定》指出：专业技术职务评聘工作是各级人事管理工作的一部分。各企事业单位可以根据专业技术工作的实际需要，按照中发〔1986〕3 号、国发〔1986〕27 号文件和各专业技术职务试行条例，开展经常性的专业技术职务评聘工作。1991 年人事部发布了《关于职称改革评聘分开试点工作有关事项的通知》，正式启动了职称的评聘分开。《职业技能鉴定规定》（1993）、《职业指导办法》（1994）对技能人才的评价做出了规范。

《关于深化科研事业单位人事制度改革的实施意见》（2000）再次提出了对科研人员实行分类管理和评价的思想。2001 年，中共中央办公厅、国务院办公厅印发的《关于加强专业技术人才队伍建设的若干意见》要求加强对专业技术人才的分类管理，针对科学研究、工程技术、科技管理、教育和文化艺术等人才成长的不同特点，制定不同的评价标准、培养方式、激励措施和管理办法。《中共中央　国务院关于进一步加强人才工作的决定》（2003）提出"建立以能力和业绩为导向、科学的社会化的人才评价机制"。2003年，科技部、教育部、中国科学院、中国工程院及国家自然科学基金委员会联合发布了《关于改进科学技术评价工作的决定》，要求区分不同评价对象，完善各类评价体系，避免简单化、一刀切。同年，科技部印发了《科学技术评价办法（试行）》，再次强调研究与发展人员评价应根据其所从事的工作性质和岗位进行分类评价。

国务院颁布的《国家中长期科学和技术发展规划纲要（2006—2020 年）》指出，改革科技成果评价和奖励制度，根据科技创新活动的不同特点，完善科研评价制度和指标体系，并分别针对应用研究和试验开发、公益科研活动、基础研究和前沿科学探索等创新活动性质，建立与之适应的科技人才评价体系。2011 年，科技部等印发《国家中长期科技人才发展规划（2010—2020 年）》。该规划将科技人才分为基础研究人才、社会公益研究科技人才、应用研究和技术开发科技人才、从事实验技术和条件保障的科研教辅人才、从事管理和服务的科技管理人才几个类别，并针对性地指出了相应人才的评价标准和方法，同时明确了用人单位在科技人才评价中的主体地位。

2012 年中共中央、国务院发布《关于深化科技体制改革加快国家创新体系建设的意见》，强调了科技人才评价应该是以科研能力和创新成果等为导向，改变片面将论文、专利、项目等数量与科研人员评价及晋升直接挂钩的做法。2013 年《教育部关于深化高等学校科技评价改革的意见》提出，要实施科学的分类评价，对主要从事创新性研究、技术转移、科技服务和科学普及以及技术支撑和服务的科技活动人员实行分类评价。2015 年中共中央办公厅、国务院办公厅印发的《深化科技体制改革实施方案》提出，要增强科技人才评价的科学性，改进人才评价方式，以分类评价推进人才评价机制改革。党的十八届三中全会将完善人才评价机制列为重点改革任务之一，此后科技人才评价的分类化、科学化和规范化得到快速发展。2016 年中共中央印发的《关于深化人才发展体制机制改革的意见》提出，要"突出品德、能力和业绩评价"，"发挥政府、市场、专业组织、用人单位等多元评价主体作用，加快建立科学化、社会化、市场化的人才评价制度"，"突出用人主体在职称评审中的主导作用，合理界定和下放职称评审权限，推动高校、科研院所和国有企业自主评审"。

2018 年中共中央办公厅、国务院办公厅印发《关于分类推进人才评价机制改革的指导意见》，指出我国当前人才评价机制仍然存在分类评价不足、评价标准单一、评价手段趋同、评价社会化程度不高、用人主体自主权落实不够等问题，提出了实行分类评价，突出品德评价，以及注重能力、业绩和贡献等改革重点举措。针对科技人才，特别指出要结合世界科技强国建设目标，改变简单地以论文、专利、项目、经费数量等评价科技人才的做法，实行代表性成果评价，突出不同类型科技人才的研究成果质量、原创价值和实际贡献。对主要从事基础研究的人才，着重评价其提出和解决重大科学问题的原创能力、成果的科学价值、学术水平和影响等。对主要从事应用研究和技术开发的人才，着重评价其技术创新与集成能力、取得的自主知识产权和重大技术突破、成果转化、对产业发展的实际贡献等。对从事社会公益研究、科技管理服务和实验技术的人才，重在评价考核工作绩效，引导其提高服务水平和技术支持能力。

2022 年，《人力资源社会保障部办公厅关于进一步做好职称评审工作的通知》强调以破"四唯"、立"新标"为突破口，突出品德、能力、业绩导向，建立体现思想品德、职业道德、专业能力、技术水平等多维度的评价指标。《关于开展科技人才评价改革试点的工作方案》（2022）要求聚焦"四个面向"，围绕国家科技任务用好用活人才，创新科技人才评价机制，按照承担国家重大科技任务、基础研究、应用研究和技术开发、社会公益研究等不同的创新活动类型，构建以创新价值、能力、贡献为导向的科技人才分类评价体系，制定有针对性的评价指标和评价方式，科学客观公正评价人才，形成可推广的经验做法。

三、我国科技人才评价中存在的问题分析

（一）缺乏体现行业和岗位特点的分类评价，唯论文现象突出

一些单位对基础研究人才、应用研究和技术开发人才、社会公益研究人才等不同类型科技人才的分类评价落实不到位，一刀切和唯论文问题比较突出。回顾我国人才评价的相关政策，早在 1985 年，《中共中央关于科学技术体制改革的决定》就提出"对于各种不同类型的研究工作，应当采取不同的政策和评价标准"的分类评价思想。近年来发布的《关于深化人才发展体制机制改革的意见》《关于分类推进人才评价机制改革的指导意见》《关于深化职称制度改革的意见》等文件仍在强调深入推进人才分类评价，由此可见分类评价问题是持续多年的老问题，在人才评价的实际操作过程中，分类评价一直未能有效落地。

一项面向申请过国家科技计划项目的科研人员的问卷调查（有效问卷4 505份）显示，在回答"如果某项评审活动要求您提供一个最能反映您学术水平的代表作，您会选择以下哪种形式的代表作"时，在从事基础研究的科研人员中，选择"在期刊发表的学术论文"者的比例高达82.6%；在从事应用研究和实验开发的科研人员中，选择"在期刊发表的学术论文"者的比例也高达40%（薛姝，何光喜，2021）。

目前我国科技人才评价以论文考核为主，弱化了对岗位价值创造的评价，产生了唯论文的现象。论文是评价科技人才尤其是基础研究人才的重要内容，而且在一定程度上能够避免主观评价带来的不公平，这是需要肯定的。但是，唯论文会使得科技人才的科研动力偏离岗位的价值创造，甚至应用研究和技术开发人才、医生、中小学教师等也把论文作为自身岗位最重要的标志性成果。唯论文的评价导向使得科技人才注重论文发表的数量和影响因子，论文成为学者能力、价值、地位的象征，也是申报各种人才项目、获得人才帽子的主要指标。这就使得热衷于发表论文的学者有所减少，真正关注现实科技问题和卡脖子技术的学者有所减少。加上主管部门和评级机构也都把论文作为高校和科研机构排名的重要依据，这进一步加大了唯论文导向。例如，一些高校和科研院所热衷于"学术GDP"，一味追求核心期刊论文数量，并且将发表数量与高额奖金挂钩。甚至有大学规定，如果在《科学》（Science）、《自然》（Nature）、《细胞》（Cell）上发表论文，将获得50万元/篇的奖励（曾建勋，2020）。

（二）科技人才评价仍然存在较浓的计划和行政色彩，市场化程度不够

我国人才评价制度是在一定的历史条件下形成的，当时主要应用在全国性的职称等级和技能等级的评定中，这在计划经济时代是全国确定人才工资水平的依据。随着社会主义市场经济体制的逐步建立，原来计划经济体制下的劳动用工制度和人事管理制度也已经转变为市场化的现代人力资源管理制度，企业作为市场主体和用人主体，对各类员工有独立的考核和薪酬决定权。当前，政府主导的人才评价依然在较多行业存在，这反映出

我国人才评价的市场化程度不够，用人主体自主权受限。政府需要简政放权，做好宏观环境优化，不需要代替用人主体评价谁是人才或者确定人才的标准是什么。从现代人力资源管理角度看，用人单位的岗位聘任管理、任职资格管理、绩效管理、薪酬管理都能够对组织内部的人才进行有效评价与激励。除了对人才本身的评价，各级政府部门还会组织各种"评奖"。过多的奖项评比容易造成科研上的急功近利，导致人才不专心于科技创新。有的评奖由于不能做到客观公正，获奖者缺乏让人信服的科技成绩，反而打击了部分优秀人才的积极性。

（三）人际关系和行政权力干扰人才评价，公开性与公正性有待提高

在人才评价中，为追求公平，可能会过度强调量化指标，这也是导致唯论文的重要原因之一。但是，如果缺乏客观指标，人才评价过程的公开透明度不够，评审材料、评分细则等不公开，评审结果缺乏行之有效的申诉渠道，就可能会导致各种人际关系干扰人才评价。因此，在打破唯论文局面的同时，需要警惕出现"不唯论文唯关系"的现象。一些学者表示，我国的高层次人才评选也会受到人际关系影响，熟人关系、圈子文化等形成的共同利益网络容易带来学术资源交换等不良行为。科技人才会频频出席各种会议，建立自己的人际关系网络；通过创建各种论坛，邀请相关评委参会，增加评选优势。一心一意从事科研工作的人，如果缺乏人际关系的支持，就容易在人才和项目评选中吃亏。

人才评价还可能受到官本位文化和行政权力的干扰。在一些人才评价中，往往是行政级别越高，地位和话语权就越大。科研单位的行政官员独占学术奖项、行政权力干扰学术资源分配的现象也时有发生。行政权力与学术资源紧密相关，导致很多科技人才很难专注于科研，从而把晋升到行政岗位、追求行政级别作为比科研更加重要的职业目标。一些学者基于 2010—2015 年"C9 联盟"高校领导的数据进行的研究表明，拥有长江学者、杰青等学术帽子的学者越来越多走向了行政序列；同时，行政领导更容易得到科技奖项和人才帽子（王小青，2018）。研究还表明，在校领导中，有院士称号者约占总

人数的 25%，长江学者人数超过总人数的 20%，杰青人数超过总人数的 20%。在行政领导中，院士、长江学者、杰青等高层次人才的人数逐年提升，将近 40% 的学者在获得学术荣誉后担任校领导（王小青，2018）。

人才评价还存在一定的"名师效应"，即导师的头衔、行政级别、学界地位等影响人才评价的结果。导师的身份地位越高，其科研资源的支配权和评审话语权越大，这些导师带的学生越有可能获得科研资源，也越容易申请课题项目和人才计划。当然，这种现象的背后也可能是名师的学生本身比较优秀，加上导师的高学术起点和严格要求，容易"名师出高徒"。对科技工作者的调查研究表明，考核时重视科研人员的专业实践能力、岗位工作业绩，同时降低人际关系在其中发挥的作用，将显著提升科研人员工作满意度（李慷和黄辰，2021）。还有学者研究了青年科技人才晋升与其导师行政职务之间的关系，结果表明：导师更有行政地位的，其学生（青年人才）在副高及以上职称晋升上的概率更高；导师担任行政职务的，其学生（青年人才）在处级管理职务上晋升的比例要远大于导师不担任行政职务的。这表明导师有较高的行政地位，能够聚集大量的资源，其学生在学术评价和行政职务晋升方面具有更多优势（闫昊，2020）。

（四）各类人才项目和人才计划需要规范和整合

当前，我国已经实施了一系列的高层次人才项目，包括中央人才工作协调小组领导实施的"海外高层次人才引进计划"、"国家高层次人才特殊支持计划"（又称"万人计划"），人力资源社会保障部、科技部、教育部等多部委共同负责组织实施的"百千万人才工程"，国家自然科学基金委员会负责管理的"国家杰出青年科学基金项目""优秀青年科学基金项目"，教育部牵头实施的"长江学者奖励计划"，人力资源社会保障部牵头实施的"高层次留学人才回国资助计划""中国留学人员回国创业启动支持计划"等（中共中央组织部人才工作局，2017）。各省区市也大多设立了自己的人才计划。表 4-1 和表 4-2 分别列举了国家层面和地方层面实施的部分人才计划。

表 4 - 1　国家层面主要人才计划及其目标定位

人才计划	目标定位
长江学者奖励计划	长江学者奖励计划主要是通过特聘教授、讲座教授、青年学者等项目延揽国内外的中青年精英人才参与我国高等学校重点学科建设，培养一批具有国际领先水平的学术带头人。
国家杰出青年科学基金项目	为促进青年科学和技术人才的成长，鼓励海外学者回国工作，加速培养造就一批进入世界科技前沿的优秀学术带头人而特别设立的科学基金项目。
海外高层次人才引进计划	主要围绕国家发展战略目标，从全球范围引进优秀人才。
优青	主要支持具备 5 ~ 10 年的科研经历并取得一定科研成就的青年科学技术人员，在科研第一线锐意进取、开拓创新，自主选择研究方向开展基础研究。
万人计划	用 10 年时间，遴选 1 万名左右自然科学、工程技术和哲学社会科学领域的杰出人才、领军人才和青年拔尖人才，给予特殊支持。

资料来源：根据教育部官网、中国科学院官网等整理。

表 4 - 2　地方政府实施的学者计划

省份	学者计划	启动年份	省份	学者计划	启动年份
河北	燕赵学者	2000	上海	东方学者	2007
湖北	楚天学者	2000	河南	中原学者	2007
湖南	芙蓉学者	2001	陕西	三秦学者	2009
福建	闽江学者	2001	广东	珠江学者	2009
浙江	钱江学者	2001	重庆	两江学者	2009
山东	泰山学者	2003	广西	八桂学者	2010
黑龙江	龙江学者	2005	山西	三晋学者	2011
江西	井冈学者	2006	安徽	皖江学者	2011
辽宁	攀登学者	2006	北京	北京学者	2012

续表

省份	学者计划	启动年份	省份	学者计划	启动年份
新疆	天山学者	2012	贵州	黔灵学者	2014
吉林	长白山学者	2013	天津	津门学者	2017
甘肃	飞天学者	2013	青海	青海学者	2018
云南	云岭学者	2014			

资料来源：曹姣，2019.

我国各类人才计划设立的初衷是评选出真正优秀的科技人才，给予其优厚的待遇和有力支持，让其在科学研究中起到示范带头作用，推动我国科技的发展。但是，各类人才计划在实施过程中产生了一些问题。

首先，当前我国各级政府纷纷出台人才计划，导致人才帽子数量快速增长。国家层面和地方层面都实施了诸多人才计划，虽然总体上能够从多层次多角度推进人才队伍建设，但是越来越多的人才计划使得整个体系冗杂繁重，各类人才计划之间交叉重复，不少人才同时获得多项人才计划资助。据不完全统计，截至 2018 年，我国国家层面和省级层面分别有人才计划 84 个和 639 个，市县层面人才计划则更多。[①] 各类人才计划名目繁多、杂乱无序，急需整合优化。而且，各种人才计划过多，实际上是把学术和科技资源过于集中在政府手里，这不利于提高学术资源的配置效率。

其次，高层次人才评选存在重论文、轻实际贡献的倾向，不利于引导科技人才树立正确的科研态度，加剧了唯论文导向，背离了科研的真正目标。就像中国工程院院士李国杰在中国计算机大会上发言时强调的，做科研要关注最终目标，具体一点是"为国分忧，与民造福"，更长远的目标是"对人类文明做贡献"。申请到多大的科研项目，掌握多少科研经费，不是一种目标，而意味着一种承诺与责任。发表了多少文章，获得多少奖励，戴什么人才帽子都是中间结果，最终要看对科学技术和产业发展有没有实实在在的贡

---

① 充分用好人才这个"第一资源"：科协界委员建言科技人才建设. 人民政协报，2018 - 03 - 14.

献和影响。他举例子佐证道，中国科学院计算技术研究所的机群文件系统在实验室经过多年的研究，虽然理论成熟，但经过几代博士生和开发人员多年的努力才形成今天中科曙光的拳头产品 ParaStor。因此，科技人才评价不能只看重论文等统计指标，还要注重实绩。然而，在高层次人才评选中，是否发表顶级期刊论文、发表多少论文一直是同行评审最为看重的指标，这在一定程度上加剧了唯论文导向。

再次，对各类人才头衔的过度强调已经引发了引才竞争失序。地方政府往往以拥有的院士、长江学者、杰青等人才来凸显其人才工作的绩效。另外，对高校和科研院所而言，获得人才帽子意味着给单位带来了学术话语权和资源分配权。因此，各大高校和科研院所都重点追求和引进带头衔和帽子的人才。中国工程院院士杨善林指出："国家杰出青年科学基金项目在实践中，项目承担人被固化为一种身份，被一些权威的第三方评估机构在学科评估等各类评估中反复应用，从而使得一些高等学校或科研机构不惜代价，以高额工资为诱饵引诱一些具有'杰青'头衔的青年学者离开原工作单位，这既不利于我国科学教育事业的发展，也不利于具有'头衔'的青年人才的自身成长。"

最后，帽子本身成为评价标准，不利于更广大青年科技人才的成长。在项目评审、人才计划申报等过程中，那些已有头衔或者行政职务的人才更具有优势，而缺少头衔的青年科技人才则很难获得支持。根据《中国学术环境建设研究报告（2018）》的调查，71.2% 的青年科技人才近三年没有获得过任何的科技奖励资助，从未获得过国家级、省部级和单位级科技奖励资助的青年科技人才分别占 93.8%、82.7%、73.6%（见图 4 - 1）。以帽子本身作为评价标准不利于引导各类人才的价值创造，容易导致科研人员热衷于抢帽子，将时间和精力都花费在各种人才计划的申请和申报材料的准备上。青年时期是科技人才产出创新成果的黄金时期。有学者统计了 1995—2014 年自然科学类诺贝尔奖获得者最开始进行该项研究时的职称和头衔，发现副教授以及相当职称只占了 11.7%，而产生重大创新发明的主要人群是博士、博士后、讲师和工程师，占比是 63.3%。因此，青年科技人才不能过于看重帽子、头衔，更应该潜心科研，珍惜科研工作的黄金时期。

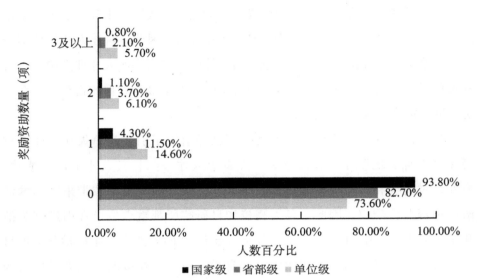

图4-1 青年科技人才获得奖励资助情况

资料来源：刘萱，王宏伟，等，2019.

（五）人才评价存在短期化倾向

我国当前更加关注对人才短期的、显性的绩效评价，忽视了长远的、隐性的评价。这种评价导向对科技人才，尤其是从事"面向世界科技前沿、面向经济主战场、面向国家重大需求、面向人民生命健康"事业的研究人才产生了负面影响。关键技术的重大突破都需要较长时间的潜心钻研，是坚持不懈、持之以恒探索的结果。2020年度上海市科学技术奖的获奖成果平均研究周期为8.53年，其中自然科学奖、技术发明奖、科技进步奖和科学普及奖获奖项目平均科研时间分别是9.49年、10.36年、8.88年和5.40年，并且与往年相比，获奖项目的科研周期正在逐步延长。① 中国工程院院士万建民认为："农业科技周期较长，以育种为例，一个动物品种的培育一般需要10～15年，一个农作物品种的培育需要8～10年，另外，品种的推广转化又需要3～5年时间。"这从侧面反映了具有重大技术价值的原创性成果，

① 2020年度上海科技奖揭晓：获奖科研成果平均研究周期为8.53年.（2021-05-25）[2024-02-26]. https://baijiahao.baidu.com/s?id=1700709314875346299&wfr=spider&for=pc.

都是需要长时间的研究和积累的。因此，短期评价很难准确评价科技人才，特别是对于有创新潜质但是还没有做出成果的青年科技人才，容易挫伤其积极性，并且容易导致其追求短期的考核结果。比如，一些学者为了追求论文发表的数量，往往选择比较容易、比较好发文章的主题进行研究。而对于一些国家发展和现实科技创新急需的研究方向，学者认为不能在短期内发表论文，往往不愿意投入时间和精力潜心钻研。

（六）职称序列和职业资格序列需要进一步压缩

职称评审制度是我国专业技术人才评价的重要制度。根据《职称评审管理暂行规定》，职称评审是按照评审标准和程序，对专业技术人才品德、能力、业绩的评议和认定。我国职称制度经历了新中国成立至"文化大革命"前的技术职务任命、1977 年至 1983 年的专业技术职称评定、1986 年以来的专业技术职务聘任等不同阶段。现行职称制度是在专业技术职务聘任的基础上发展起来的，经过多年的清理、规范和改革，目前还存在 27 个职称系列。表 4-3 是人力资源社会保障部（2021）公布的 27 个职称系列（专业）各层级名称。

职称评审主要是针对专业技术人才，职业资格鉴定则主要针对高技能人才。随着职称和职业资格的不断改革，国家也在逐步减少不必要的职称或职业资格。《人力资源社会保障部关于减少职业资格许可和认定有关问题的通知》（2014）指出，"再集中取消一批职业资格，重点清理国务院部门、行业协会、学会以及其他中央单位面向社会自行设立的各类职业资格，特别是那些计划经济色彩浓厚、矛盾比较集中、行业基础薄弱的职业资格"。中共中央办公厅、国务院办公厅印发的《关于深化职称制度改革的意见》（2017）指出，"继续沿用工程、卫生、农业、经济、会计、统计、翻译、新闻出版广电、艺术、教师、科学研究等领域的职称系列，取消个别不适应经济社会发展的职称系列，整合职业属性相近的职称系列"。

2020 年发布的《人力资源社会保障部办公厅关于做好水平评价类技能人员职业资格退出目录有关工作的通知》指出，"今年年底前，拟分批将水平评价类技能人员职业资格退出目录。人力资源社会保障部门和有关部门组织实施的 14 项职业资格（涉及 29 个职业）拟于 9 月 30 日前第一批退出。其他部门（单位）组织实施的 66 项职业资格（涉及 156 个职业）拟于 12 月 31 日前第二批退出。与公共安全、人身健康、生命财产安全等密切相关的职业（工种）拟依法调整为准入类职业资格"。这些改革举措表明我国的人才评价正在逐步去行政化，取消政府主导的不必要的职称和职业资格，将更多由市场和用人主体对人才进行评价。

　　课题组开展的一项调查表明，"基础研究、工程技术等不同系列评价缺少细化的评价标准""人际关系影响评价公平与公正""人才项目评价过程烦琐，科研时间紧张"等问题比较突出，大家普遍希望能够"实施分类多维度评价""更加突出业绩导向和成果转化""提倡长期评价，让科技人才可以在同一科研方向上长期攻关""注重同行评价、杜绝找评委等行为"。回收的 33 家企事业单位人力资源负责人问卷显示，"打破唯论文标准""使评选过程不受人际关系影响""打破论资排辈，让青年人才有更多的机会""使人才评选不受行政权力影响"等被普遍认为是科技人才评价改革的重要方向（见图 4-2）。

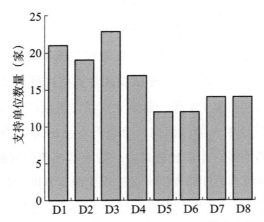

图 4-2　科技人才评价改革重要方向支持单位数量

　　注：D1——打破唯论文标准；D2——使评选过程不受人际关系影响；D3——打破论资排辈，让青年人才有更多的机会；D4——使人才评选不受行政权力影响；D5——简化各种申报和评选流程；D6——加大人才评选的市场化程度；D7——提高过程的公开与透明度；D8——头衔荣誉不直接与资源待遇挂钩。

表 4 - 3 职称系列（专业）各层级名称

序号	名称	各层级职称名称			
		正高级	高级	中级	初级
1	高等学校教师	教授	副教授	讲师	助教
2	哲学社会科学研究人员	研究员	副研究员	助理研究员	研究实习员
3	自然科学研究人员	研究员	副研究员	助理研究员	研究实习员
4	卫生技术人员	主任医师	副主任医师	主治（主管）医师	医师	医士
		主任药师	副主任药师	主管药师	药师	药士
		主任护师	副主任护师	主管护师	护师	护士
		主任技师	副主任技师	主管技师	技师	技士
5	工程技术人员	正高级工程师	高级工程师	工程师	助理工程师	技术员
6	农业技术人员	正高级农艺师	高级农艺师	农艺师	助理农艺师	
		正高级畜牧师	高级畜牧师	畜牧师	助理畜牧师	农业技术员
		正高级兽医师	高级兽医师	兽医师	助理兽医师	
		农业技术推广研究员			

续表

序号	名称	各层级职称名称			
		高级		中级	初级
7	新闻专业人员	高级记者	主任记者	记者	助理记者	
8	出版专业人员	编审	副编审	编辑	助理编辑	
9	图书资料专业人员	研究馆员	副研究馆员	馆员	助理馆员	管理员
10	文物博物专业人员	研究馆员	副研究馆员	馆员	助理馆员	
11	档案专业人员	研究馆员	副研究馆员	馆员	助理馆员	管理员
12	工艺美术专业人员	正高级工艺美术师	高级工艺美术师	工艺美术师	助理工艺美术师	工艺美术员
13	技工院校教师	正高级实习指导教师	高级实习指导教师	一级实习指导教师	二级实习指导教师	三级实习指导教师
		正高级讲师	高级讲师	讲师	助理讲师	
14	体育专业人员	国家级教练	高级教练	中级教练	初级教练	
		正高级运动防护师	高级运动防护师	中级运动防护师	初级运动防护师	
15	翻译专业人员	译审	一级翻译	二级翻译	三级翻译	
16	播音主持专业人员	播音指导	主任播音员主持人	一级播音员主持人	二级播音员主持人	

续表

序号	名称	各层级职称名称				
		高级		中级	初级	
17	会计人员	正高级会计师	高级会计师	会计师	助理会计师	
18	统计专业人员	正高级统计师	高级统计师	统计师	助理统计师	
19	经济专业人员	正高级经济师	高级经济师	经济师	助理经济师	
		正高级人力资源管理师	高级人力资源管理师	人力资源管理师	助理人力资源管理师	
		正高级知识产权师	高级知识产权师	知识产权师	助理知识产权师	
20	实验技术人才	正高级实验师	高级实验师	实验师	助理实验师	实验员
21	中等职业学校教师	正高级讲师	高级讲师	讲师	助理讲师	
		正高级实习指导教师	高级实习指导教师	一级实习指导教师	二级实习指导教师	三级实习指导教师
22	中小学教师	正高级教师	高级教师	一级教师	二级教师	三级教师
23	艺术专业人员	一级演员	二级演员	三级演员	四级演员	
		一级演奏员	二级演奏员	三级演奏员	四级演奏员	
		一级编剧	二级编剧	三级编剧	四级编剧	

续表

序号	名称	各层级职称名称 高级		中级	初级
23	艺术专业人员	一级导演（编导）	二级导演（编导）	三级导演（编导）	四级导演（编导）
		一级指挥	二级指挥	三级指挥	四级指挥
		一级作曲	二级作曲	三级作曲	四级作曲
		一级作词	二级作词	三级作词	四级作词
		一级摄影（摄像）师	二级摄影（摄像）师	三级摄影（摄像）师	四级摄影（摄像）师
		一级舞美设计师	二级舞美设计师	三级舞美设计师	四级舞美设计师
		一级艺术创意设计师	二级艺术创意设计师	三级艺术创意设计师	四级艺术创意设计师
		一级美术师	二级美术师	三级美术师	四级美术师
		一级文学创作	二级文学创作	三级文学创作	四级文学创作
		一级演出监督	二级演出监督	三级演出监督	四级演出监督
		一级舞台技术	二级舞台技术	三级舞台技术	四级舞台技术
		一级录音师	二级录音师	三级录音师	四级录音师

续表

序号	名称	各层级职称名称			
		正高级	高级	中级	初级
23	艺术专业人员	一级剪辑师	二级剪辑师	三级剪辑师	四级剪辑师	
24	公共法律服务专业人员	一级公证员	二级公证员	三级公证员	四级公证员	
		正高级司法鉴定人	副高级司法鉴定人	中级司法鉴定人	初级司法鉴定人	
		主任法医师	副主任法医师	主检法医师	法医师	
25	船舶专业技术人员	正高级船长	高级船长	中级驾驶员	助理驾驶员	驾驶员
		正高级轮机长	高级轮机长	中级轮机员	助理轮机员	轮机员
		正高级船舶电子员	高级船舶电子员	中级船舶电子员	助理船舶电子员	船舶电子员
		正高级引航员	高级引航员	中级引航员	助理引航员	引航员
26	民用航空飞行技术人员	正高级飞行员	一级飞行员	二级飞行员	三级飞行员	
		正高级领航员	一级领航员	二级领航员	三级领航员	
		正高级飞行通信员	一级飞行通信员	二级飞行通信员	三级飞行通信员	
		正高级飞行机械员	一级飞行机械员	二级飞行机械员	三级飞行机械员	
27	审计专业人员	正高级审计师	高级审计师	审计师	助理审计师	

第二节　科技人才评价的国际经验与国内实践

一、科技人才评价的国际经验总结

（一）科技人才和科技项目评价主要由用人主体和行业实施，政府很少参与其中

在世界主要创新型发达国家，除了一些准入性岗位的职业资格评价，绝大多数的人才评价活动是由微观用人主体自行实施的，比如用在招聘和晋升中的能力评价和绩效评价。这些国家往往是用人单位直接实施岗位聘任。比如在高校，教授岗位聘任的标准和流程完全由用人主体决定，不过大部分高校都会有同行评价。国外有一些荣誉性的行业奖项，但由政府组织的高层次人才评选项目很少。在政府出资的一些重大科技项目中，政府主要负责政策制定和管理，具体的评价活动则由企业和专业评价机构主导。比如英国科技项目评估工作主要由各种科技中介机构完成。英国政府的两次重大科技决策和改革措施对科技中介与咨询服务的市场起到了积极的推动作用。把政府变成科技市场的买方是其中一个重大的举措，这就要求评估必须以公开招标的方式由独立的咨询机构来完成。德国航空航天研究中心、于利希研究中心等都是德国国内较为著名的专业项目管理机构，分别针对不同的专业研究领域。这些项目管理机构能够对项目进行评价和筛选，向联邦教育与研究部门提出意见，并持续跟踪项目执行过程，评价研究成果。

（二）科技人才评价指标综合全面，突出绩效、成果质量和社会贡献

主要创新型发达国家对科技人才的评价强调人才做出的实际贡献、成果价值、影响力等方面。比如美国科研机构内部有科技人才考核体系，侧重于定量考核，评估指标有学术论著、学术报告、科研经费和其他学术活动等。考核指标的设定与科研院所的定位和发展战略高度一致。日本对科技人才的评价主要采取分

层考核法，包括直接领导考核、中层主管考核、高层考核，考核指标比较多样化，涵盖敬业精神、成绩、潜能、态度等方面，最后进行总结分析确定结果。

英国的科研卓越框架（REF）规定每位参与评估的科技人才至多提供四个代表作，不考虑影响因子和引用次数，而是通过加权评分来评定等级。科研质量是 REF 评估的核心，对科研成果的质量评估按照"独创性""意义""严谨性"的标准划分为四个星级，REF 评估在注重质量、强调创新的同时，更加强调其卓越性追求，追求科研成果在国际上的竞争力。REF 在所有研究类型中均注重卓越性，无论是应用型研究还是基础性研究，都强调"原创性、重要性、精确性"，从而引导高校科研人员追求高质量、独创性的研究，增强科研成果的创新性。英国对科技人才评估的另一个特点是认可并鼓励跨学科研究的协同创新，以激发科技人才创新思维。为了促进高校与企业的合作交流，英国还有一些机构对科技人才进行评估的重点指标是研究成果的社会效益和综合影响力。对科技人才的评估周期较长，一般为 6 年。

为避免唯论文现象，德国科学基金会和德国科学理事会提出了改进论文数量评价的思想，不单独使用论文数量指标，而是综合考评科研工作的拓展和创新性。德国对科研人员的绩效考评不是直接与论文产出挂钩，它更看重是否改善了科研条件以及提升了教授或研究所的学术声望等。论文或科研项目的高产有助于科研人员申请更多或更大金额的政府科研资助，但并不会带来薪资的增长；如果多年没有科研成果，学校可能会削减其业务开支，但个人薪资往往不会减少。此外，德国高校的招聘流程也偏重学术综合能力考评，合作能力、领导能力等也逐渐成为评价指标。在这种评价机制下，科技人才评价的核心不再是论文的数量，而更重视科研成果和论文的质量。

法国评价机构国家科学研究委员会（CoNRS）负责国家科学研究中心下设的各研究单元科研人员的内部评价。CoNRS 成立后便持续关注科研人员的科研产出和学术影响力，设置了"五力"评价指标：科研产出能力、学术影响能力、团队协作与沟通能力、科研与行政能力、培训与教学能力。这一指标体系不仅关注科研人员的论文、专利、获奖等情况，也强调科研人员个人或团体成果产出的质量，将定量和定性指标相结合。

荷兰的科研评估标准同时强调科研成果的质量和社会相关性。科研成果的质量主要是指科研活动的产出及其对科学共同体的贡献，包括面向同行的标志性科研成果、成果利用率以及成果认可度三个二级指标。科研成果的社会相关性主要考量科研成果的社会互动与社会贡献情况，如科研成果对经济、社会、文化的贡献，对政策的建议，对公共事务的推动等。此外，评估单元需通过描述的方式呈现一个最具代表性的科研成果的社会影响力案例，来反映科研工作或科研成果与外部社会的相关性、产生的社会影响及其带来的社会价值。

（三）强调同行评议和专家评审的权威性和公正性

很多国家非常重视同行评议，强调同行评议和专家评审的权威性和公正性。引入外部专家（尤其是国外专家），这在很多国家看来是保证评估的权威性和独立性、提高评估质量的重要举措。德国科技评估中非常强调外国专家的比例，负责马普学会评估工作的科学顾问委员会有 70% 的专家来自国外，德国针对高校实施的精英计划的评估专家有 85% 来自国外。马普学会科学顾问委员会有来自世界各地的顶尖大学和研究所的近千名成员，其中不乏诺贝尔奖获得者。马普学会副主席从各研究所征集相关研究领域的专家名单，核实并征求意见后报送学会主席，学会主席根据负责相关主题领域副主席的建议向专家发出邀请。科学顾问委员会成员由马普学会主席任命，任期最长为 6 年，每 3 年轮换部分成员，以此保持每次会议都有新老成员参加（邓子立，2020）。

（四）强调人才称号荣誉性与人才计划的支持性

人才称号的作用应该是在肯定优秀人才以往的杰出贡献的同时为其他科研工作者树立标杆，而不是为了与特权、资源和待遇紧密挂钩。国外的人才称号更多是荣誉性的，没有附加过多特权，例如斯坦福大学给诺贝尔奖得主的"特权"仅仅是一个免费车位。德国的院士虽然有最高的学术荣誉，但是不具有经济和行政意义，不与任何物质利益挂钩，突出的是学术性和荣誉性（李志民，2020）。美国国家科学奖平均每年仅有 10 人获奖，获奖者均为在生物学、化学、工程学等领域做出重大贡献的科学家，是极高的荣誉称号，但是获奖者仅有荣誉奖章，没有其他物质性奖励。

为了更好地支持高层次人才的科研创新，很多国家设立了相应的人才支持计划，尤其是侧重对青年科技人才的关注和支持。例如，美国青年科学家与工程师总统奖是针对在科学前沿领域显示出卓越能力和潜质的青年人才的资助计划，是青年科学家和工程师的最高奖励。获奖者将在五年中持续获得项目资助，这对处于研究事业早期的青年人才起到了很大的支持作用。加拿大卓越研究员计划资助的范围更加广泛，具有更加广阔的国际视野，旨在支持高校助力加拿大成为全球研究和创新的领导者。这一高层次人才计划秉持少而精的理念，减少入选名额，增加资助力度，每位入选者七年内可获得 1 000 万加拿大元。

二、科技人才评价的国内优秀实践调研

为更好地了解国内科技人才评价的优秀实践，课题组对一些科研院所和科技型国有企业进行了调研，对这些单位的科技管理负责人、人力资源负责人和一线科技人才进行了深入访谈。课题组选择调研的这些单位有着大量的科技人才、承担着国家重大科技创新任务，也深受国家人才管理体制的影响。因此，研究和总结这些单位科技人才的评价实践既有助于我们了解科技人才评价现状，也能对我国如何更好地实施科技人才评价有所启发。

课题组以扎根理论作为研究方法，逐词逐句地对访谈资料进行内容分析和编码。首先，对符合要求的原始语句进行"贴标签"，用简明精练的语言描述受访者阐述的现象。其次，对标签进行归纳整理，合并语义相近的标签，并且提出能够概括这些标签的概念。最后，对描述相近的概念进行整合归纳，将概念凝练成范畴。通过对资料的编码分析，课题组总结归纳出了每家单位的人才评价实践的内容要点。

另外，根据被调研单位的要求，本书对各单位的介绍进行了简化处理。

（一）A 企业的科技人才评价实践

A 企业由科研事业单位转制而来，现隶属某大型央企集团。企业拥有众

多国家级的实验室和研发设计中心，有高水平的研发团队和强大的技术创新能力。企业自成立以来，承担了大量的科研课题和试验项目，取得了诸多科研成果，包括获得国家科学技术进步奖特等奖。

课题组对 A 企业的人力资源负责人以及主持或参与过重大科研项目的 3 位科技人才代表进行了深入的半结构化访谈。人力资源负责人拥有技术背景，曾从事科技研发工作 4 年，后转岗到人力资源部，并有多年的人力资源工作经验，熟悉企业科技人才激励相关政策。3 位科技人才代表作为集团的首席科学家和科技带头人，从事科学研究工作多年，亲身感受到了企业内部科技人才相关政策的变化。课题组对 4 名受访人员进行了共计 3 小时 26 分钟的访谈，整理出 19 000 多字的访谈记录，并对访谈记录进行编码和分析。

A 企业的科技人才评价实践要点如下：

1. 对科技人才的评价以绩效考核为基础，强调产品和技术创新，不唯论文

为保证科技人才的创新方向不偏离企业的发展目标和产品创新战略，A 企业对科技人才的评价是建立在绩效考核基础上的。绩效考核的指标主要体现在强调解决实际工程问题，强调产品创新。A 企业对论文的要求不是很高，更多是看科技人才参与的项目和在项目里承担的角色。A 企业强调只有真正落地的理论创新才能带动技术的突破和发展。A 企业将科技人才分为高层次、中间层次和青年后备人才，实行"一人一案"制度。人力资源负责人认为，这一措施能够"为科技人才制定明确的发展目标和方向，让其更好地发展成为青年拔尖人才、优青杰青等优秀人才"。在人才发展上，A 企业设计了六个序列，分别是领导序列、研发序列、技术序列、管理序列、技能序列、服务支撑序列。与科技人才相关的主要是技术序列和研发序列，技术序列主要是做技术应用等，研发序列主要是做基础研究、产品研发等。

A 企业将员工的绩效考核结果与工资紧密挂钩。科技人才的工资包括岗位工资、日常绩效工资、年度绩效工资，日常绩效工资和年度绩效工资都同绩效考核结果挂钩。这样的设计将绩效结果与工资激励联系起来，避免了绩效考核的"形式化"。同时，A 企业根据科技人才的工作内容特点，形成了

科研项目奖励机制，包括立项奖、优秀奖和成果奖。科研项目成功立项后，根据项目金额给予申报团队一定比例的立项奖励。在项目研究过程中，节点考核获得优秀，也会发放部分绩效奖励。在结项时，根据项目对企业的贡献、项目成果及其重要性等，对绩优者再进行奖励。评价与激励相结合，使得科技人才获得激励和尊重。A 企业的一位科技带头人表示，要给科技人才非常高的待遇，名利必须都给。这种名利不只是金钱方面的，心理上的满足也要有。

　　课题组对访谈资料进行了编码，结果如表 4 - 4 所示。

表 4 - 4　A 企业访谈资料编码示例 1（科技人才评价）

访谈资料	开放式编码：贴标签
我们不是让大家只关注发论文，还是要解决实际的工程问题，这是最重要的（a29），因为毕竟是要做产品，不能说我天天做基础研发，天天发论文，那谁去打仗？所以从人才评价机制上，实际上我们对论文的要求不是很高（a30），更多还是看参与的项目和在里面承担的任务（a31）……做产品的，必须得动手，理论学得再透，不动手做出来，不转化落地，没有任何意义（a32）……研究所整个评价是按照最后的成效，比如搞基础的，在这个基础领域有什么项目、获得了什么奖项等。重点是产品研制，还有面向市场的效果（a33）。作为工程研究所，重点是做出的产品的影响（a34）……我觉得做人力资源这块，评价的结果一定要用，表彰体系也一定要用（a52），不管是物质的还是精神的激励都要有，甚至要有一些额外的激励。要给科技人才非常高的待遇，名利必须都给。这种名利不只是金钱方面的，心理上的满足也要有（a53）。	a29：评价导向是解决实际工程问题 a30：不唯论文 a31：强调项目参与和角色 a32：注重转化落地 a33：基于价值创造的分类评价 a34：侧重产品及其影响力 a52：评价结果应用的重要性 a53：物质精神并重

　　2. 职称评审以实绩贡献为主，拉长科技人才职业发展通道

　　和高校不同，A 企业职称评审以绩效考核结果为基础，以在工程实践中的实绩贡献为主，论文只是作为评价的门槛指标，强调论文的质量和实际应用。A 企业的一位首席科学家认为对企业有启发作用的论文并非都是所谓高水平期

刊论文，也许是非常普通的期刊的论文，但有特别实在的东西，甚至是一个操作者的技巧，这对企业来说是真正有用的。另一位科技人才代表强调在评审中应该更关注论文的质量而不是数量。针对不同类型的科技人才，A企业在职称评审上设定了不同的量化指标，主要包括承担项目情况、专利、论文、管理创新成果、科技创新成果等。其中，基础研究侧重考核科研项目、奖项等；产品研究注重实践，考核产品成果和产品影响。最后还有综合素质评价，通过专家委员会组织的答辩进行。总体而言，职称评审通过率较高，受访人员均对这一措施表示认同。A企业采用了量化积分制度对科技人才进行了全面综合评价，受访的一位首席科学家表示，"这个属于尽可能地去寻求公平"。A企业拉长了科技人才的职称层级和晋升通道，同时和岗位工资挂钩，这一改革举措给了科技人才更长的晋升通道，对科技人才形成了较大激励。

课题组对访谈资料进行了编码，结果如表4-5所示。

表4-5　A企业访谈资料编码示例2（科技人才评价）

访谈资料	开放式编码：贴标签
因为在自己领域里也会查一些资料，所以会看到一些所谓的影响力高的论文。但是最终真正可以用起来的东西在那些最实用的论文中（a121），也许所在的期刊是非常普通的，不是什么核心期刊，就是一般的甚至是科普性的，但有可能对自己的工作产生很好的影响（a122）。有些人写不出高水平的论文，但他能写出特别实在的东西，而我们关心的是特别实在的这些东西，包括一个操作者的技巧，甚至说一个工人的诀窍。高水平论文很多是在绕来绕去（a123）……你看SCI文章，好多我感觉都是套路性的，最后得到的结论，经常让我们觉得不用分析（a124）……我觉得（评职称中）论文应该有，但是应该追求它的质量，而不是数量（a167）。而且我觉得现在国家在很多评估或者评价当中已经推行了这种制度。所以我觉得从事一项研究，可能有一个代表作就可以了（a168）……这样做给大家更长的晋升通道。走到某个层级，薪酬大概到我们正处副处级。有这么一种上升通道，而且层级很多（a180），希望大家每年或每两年都有一个提升，感到自己又往前走一步，否则三十六七岁就已经是正高了，就没有动力了（a181）。	a121：注重论文实用性 a122：一些普通期刊的论文也有实际价值 a123：高水平期刊注重论文写作技巧强于实用性 a124：高水平期刊论文很多是套路化的，缺乏实用价值 a167：强调论文质量 a168：推行代表作制度 a180：拉长晋升通道 a181：拉长晋升通道能激发动力

3.高层次人才评选依托重要产品的创新和突破

作为国有科技型企业，A企业也会参加万人计划、中国科学院院士、中国工程院院士等高层次人才评选，但评选标准主要是依托重要产品的创新与突破，打破了唯论文的局面。例如，A企业的一位首席科学家表示他入选国家万人计划时，论文很少，也几乎没有很好的论文，但是他主持的项目拿了国家科学技术进步奖一等奖。A企业还加大了对青年高层次人才的支持力度，给予人才成长更多的资源和支持，激励其不断进行自我提升。同时，访谈代表表示我国当前在高层次人才评选上应该更加关注青年学者，促使更多青年人才脱颖而出。

课题组对访谈资料进行了编码，结果如表4-6所示。

表4-6 A企业访谈资料编码示例3（科技人才评价）

访谈资料	开放式编码：贴标签
入选的时候，论文是很少的（a68），几乎没有很好的论文，因为我主要是做产品，我主持的项目拿了国家科学技术进步奖一等奖（a69）……我们国家青年人才很多，但是青年人才的帽子，总的来说非常少，可以把这些青年人才即中间这层做大，把帽子比例再增加（a70），因为优秀的不可能只有这几百几千几万个，这类似于把我们国家的中等收入群体做大。院士少，但是优青杰青可以做大。我倒觉得帽子还是不够多，所以给的数量也少，不足以促进这么多优秀青年的成长（a71）。	a68：不唯论文 a69：依托产品贡献和影响力 a70：对青年人才应扩大资助 a71：扩大资助有利于更多青年人才成长

（二）B企业的科技人才评价实践

B企业隶属于某世界500强央企，入选过国务院国资委"科改示范企业"名单。B企业科技成果突出，曾获得国家"973计划"立项，荣获国家科学技术进步奖一等奖等诸多荣誉。

课题组对B企业的6位工作人员进行了深度访谈，其中包括2位人力资源负责人、1位科技发展负责人以及3位有着丰富科研经历的科技人才代表。2位人力资源负责人从事人力资源工作多年，熟悉企业内与科技人才相关的考核与分配政策。科技发展负责人熟悉企业内部科研人员相关科技奖励政策和科研项目管理。3 位科技人才代表，作为企业的科研中坚力量主持过重要科研项目，并经历了企业内部针对科技人才的一些管理变革。课题组对 B 企业 6 名受访人员进行了共计 2 小时 47 分钟的访谈，整理出 22 783 字的访谈记录，并对这份访谈记录进行了数据编码和分析。

B 企业的科技人才评价实践要点如下。

1. 对科技人才实施以项目和产品为导向的分类考核

B 企业科技人才可分为基础研究和工程技术两大类。在考核指标上，基础研究主要看项目的完成情况，获得科技奖励能够加分，也有论文指标；工程技术侧重于产品性能和质量的改进，具体指标包括技术成果、完成程度、生产服务指标、重大过失指标。考核内容充分体现了评价的分层分类，有利于更好地对不同类型的科技人才的价值贡献进行衡量。

B 企业的绩效分为 A、B、C 三个等级，强制分布比例为 A 等 10%，B 等 80%，C 等 10%，这一设计能够很好地识别出绩效特别好和绩效特别差者，方便企业更好地进行人员管理。当前，企业扩大了绩效考核不合格的比例并加大了处理力度，一些职位进行定期的末位淘汰，通过大力推行能上能下，让科技人才更加积极主动工作。为了更加准确地针对不同岗位价值创造的特点进行考核，B 企业人力资源部将评价权力下放给各个用人部门，各部门自主决定考核内容。访谈中，B 企业的一位人力资源负责人指出各部门更加了解人才符不符合标准，所以应该把权力下放给各部门。各部门根据科技人才参与项目情况、贡献大小、重大创新成果等指标进行评定，指标权重也由部门自己来定。

B 企业对科技人才的考核结果与人才的收入挂钩。各部门的绩效薪酬总包和部门全年的业绩挂钩，根据绩效浮动。拿到总包后，各部门再根据科技人才绩效考核的结果自主进行二次分配。绩效工资主要根据日常的项目来评定发放，特别关注对研发项目的参与和贡献，体现了对科技人才知识价值的尊重和认可。

课题组对访谈资料进行了编码，结果如表 4-7 所示。

表 4 – 7　B 企业访谈资料编码示例 1（科技人才评价）

访谈资料	开放式编码：贴标签
人才评价从工程技术角度来说，就是看成果——专业技术成果。我们是以项目为牵引（b178）。2009—2015 年这段时间，我们主要做车体结构的设计研发，这个时候我们评价的指标，就是能不能按时定期保质保量完成工作任务，给我任务之后，我会把图纸出完，把相关的技术文件编制完成（b179）。在生产过程中你去现场不及时产生了重大的工作延迟（b180），或者是技术不到位导致整个生产的停滞，或者是设计过程中重大错误造成重大的质量隐患，等等，都会导致对你的一些负面评价（b181）……两个不同的工种，了解的知识点应该是不一样的，做的工作也是不一样的（b212）。在评价的时候，质量工程师、技术工程部工艺人员，都有自己的评价体系，针对不同人员，我们实际上设置不同的评价标准和评价方法（b213）……能上能下这个制度出现之后，能上大家都很开心，能下的慢慢落实还是会使一些人警醒的，因为会有一些人的工作积极性、工作绩效不如其他人。那么这对他来讲有一个警示的作用（b273）。在搞能上能下的时候我也是评价委员会成员之一，我们会让大家都讲一讲自己最近的工作，那么在这个过程当中他会整理自己的工作，可能确实有做得不好的，他觉得他可能会下，哪怕没下他自己也觉得挺不好意思的。有了这么一个制度之后，他在后面的工作中还是会有明显改善的（b274）。	b178：考核侧重项目和技术成果 b179：按期保质保量完成任务 b180：生产服务的及时性 b181：有过失会造成负面评价 b212：工作内容差异 b213：实施分层分类评价 b273：强制分布的警示作用 b274：能上能下有利于工作改善

2. 职称评审不唯论文，侧重于实绩贡献，同时强调流程公开透明

以 B 企业的设计序列为例，职称层级分为助理设计师、设计师、主管设计师、主任设计师、高级主任设计师、首席科学家。B 企业职称评选不过于强调论文，侧重于实绩贡献。论文在职称评审中比重非常小，只要达到最低的门槛标准就行。为了确保评审的公平客观，申报人员达到门槛标准后，需要通过集体评议来保证能够相对全面公平地体现科研人员的价值创造。即便某个人论文很多，专利也很多，但是如果对部门和公司的实际贡献非常少，在职称评审中也可能名次靠后。在管理设置上，科技发展部负责管理论文，知识管理部负责管理专利成果。知识管理部会对集团下的指标进行分

解，明确专利数量指标、专利方向等。

B企业的职称评审流程清晰明确，具体如下：第一，参评具有门槛限制，包括论文、专利、参与项目、奖项等各方面的门槛指标（参与国家重大项目的更容易出成绩，评职称更加容易），符合条件的人上交相关材料。第二，申报的材料会经过人力资源部的初步审核。比如说某人提到参加了什么项目，那么人力资源部会确认谁负责这个项目，归口管理部门也会确认这个人是不是参加了，以及具体角色是什么。一些硬性指标比如专利也会查验，如专利证书上的排名等。第三，技术委员会组织专业答辩。答辩环节给予个人展示空间，评委进行专业提问。第四，技术委员会所有的参会人员进行投票，设置投票通过率。第五，将评审结果上报党委会批准。明确清晰的评选流程保证了职称评审的公开透明，提高了技术人员对评价结果的认同。

课题组对访谈资料进行了编码，结果如表4-8所示。

表4-8　B企业访谈资料编码示例2（科技人才评价）

访谈资料	开放式编码：贴标签
从我们现在的体会来说论文是一种门槛，我们不唯论文（b188）。我们做项目的过程中没有时间写或者说不太重视论文，但你要评职称，这个时候可能会产生一点矛盾。但是还好，论文占的比重非常小，只是一个必要条件，可能一篇就行了，这是门槛（b189）……能不能评得上，还有一个集体评议（b190），这个评议过程占的比重其实是超过50%的。这个人可能论文很多，专利很多，但实际上对部门来说贡献非常少，我们可能就会把他往后放一放（b191）。	b188：不唯论文 b189：论文是门槛指标 b190：集体评议 b191：认可实际价值贡献

3. 高层次人才评选更加强调重大科技项目的实践和成果

B企业在高层次人才评选上除了有论文、奖项等门槛指标，更加强调重大项目的实践经验，关注申报人在项目中的实际贡献。访谈中一位科技人才代表谈到，工作经历、资历以及重大成果等都是评选相关依据，不会只看论文，主要还是看主持和参加的重大项目。这表明B企业在推荐高层次人才时以实际贡献为主。另一位科技人才代表表示，"中国交通运输协会科学技术奖、中国铁路工程集团有限公司科学技术奖、詹天佑铁道科学技术奖之类的，我也申报过，有一些成功了，有一些落选了。申报成功了之后，觉得特别荣幸，也很自豪，那么也会激励我。我要想申报的话，就需要明确哪方面我要做出成就，我会对照一下。比如今年我没有申报成功，我会看看自己在哪些方面还比较欠缺，我会往这个方面去努力"。由此可见，正确设立高层次人才的评选标准，能够激励科技人才朝着企业指引的方向不断自我提升。

课题组对访谈资料进行了编码，结果如表 4-9 所示。

表 4-9　B 企业访谈资料编码示例 3（科技人才评价）

访谈资料	开放式编码：贴标签
首先帽子我觉得是需要的，它对于科技人才是一种激励或者是一种认可（b192）。评选高层次人才的门槛更高，比如重大项目牵头人、重大专利成果、国家专利金奖银奖等（b193）。你的工作经历、资历以及重大成果等都是评选相关依据，不会只看几篇论文，这个东西其实还是以你的重大项目为载体（b194）。	b192：高层次人才是一种激励和认可 b193：高层次人才评选门槛更高 b194：评选以重大项目为载体

（三）C 研究院的科技人才评价实践

C 研究院隶属于某大型央企集团，下设 6 个科研技术部门，拥有 2 个国家重点实验室和诸多具有行业先进水平的现代化实验室。研究院在过去取得了令人瞩目的科技成果，多次获得国家科学技术进步奖和技术发明奖项。

课题组对 C 研究院的人力资源负责人、科研管理负责人以及主持或参与过重大科研项目的 3 位科研人员进行了深入的半结构化访谈。研究院的人力资源负责人有多年的人力资源工作经验，非常熟悉单位内部的薪酬和绩效体系并参与了薪酬体系改革。科研管理负责人拥有技术背景，负责单位科研项目的管理以及科研奖励政策的制定和实施。3 位科研人员都拥有行业 5 年以上从业经验，作为研究院的技术骨干，亲身经历了研究院对科技人才相关管理政策的实施。课题组对 5 名受访人员进行了共计 3 小时 17 分钟的访谈，整理出 32 496 字的访谈记录，并对这份访谈记录进行数据编码和初步的理论建构。

C 研究院的科技人才评价实践要点如下。

1. 对科技人才实行基于目标计划的绩效管理

C 研究院的科技人才主要分布在 7 个研究所和负责生产制造的子公司。7 个研究所的科技人才又分为两类：一类是基础研究人员，主要负责基础前沿理论和科研项目研究；另一类是产品设计研发人员。对产品设计研发人员的绩效评价主要依据产品成果。对基础研究人员的绩效评价，重点关注其在科研项目中的贡献和价值。C 研究院对科研项目实行分级分类管理：A 类项目为国家和部委项目；B 类项目为公司内部项目；C 类项目为研发人员自己的立项课题。

C 研究院对科技人才的考核以季度为单位，一季度考核一次，每个季度每个人都会有一份绩效合约书，会约定 5 ～ 7 项这个季度的主要考核指标。绩效考核的指标体系包括数量要求、质量要求、现场服务、项目参与程度、贡献程度等。这种计划管理不仅能够更好落实目标，而且能够用全面综合与可量化的绩效指标来衡量科研人员的贡献值大小。在季度合约下，每个人需要制订自己的月度工作计划。C 研究院的人力资源负责人对此解释道，"在这个月底的时候要填报下个月的工作计划，即根据我们整个研发任务，自己排下个月的工作内容，下个月的考核重点是这个计划的执行情况，计划完成的质量和及时性"。

C 研究院鼓励科研人员承担科研项目。科研项目每年结项验收的时候，会根据相应的考核指标进行评价，同时评选优秀科研项目负责人，在后续的各种荣誉、奖励评选中会优先将其往上推送。科研管理负责人表示，当前正在"放宽项目负责人承担项目标准，鼓励刚毕业的学生、青年科技人才参与项目。承担和参与集团项目不再设置学历、职称等门槛指标，只要有创意就可以去承担"，这表明青年科技人才受到了更多的关注和支持，有利于提高其工作积极性和满意度。

C 研究院的绩效管理有严格明确的评价流程。事前公开通知，事后所有的考核、奖励发放等都会在单位内部公示 7 个工作日。并且设有沟通反馈渠道，让科研人员更加认同整套流程和制度，尤其是对绩效差或者没有评上优秀的人而言，减少了负面情绪。C 研究院的绩效评价强调专家同行认可，所有项目贡献由项目负责人和专家确认，这一流程设置提高了科研人员对评价结果的认同。绩效评价分为 A、B、C 等，强调能上能下。长期处于 C 等，会进行换岗，让其在合适的岗位中更好发挥价值。C 研究院的科研人员普遍认为能上能下能够使个体更好地投入科研创新，达到了激励效果。例如，一位关键部件研发专家表示，"这次评上了三级工程师，你可能还会降到四级。如果你评上去之后就不做贡献了，你的职位最终是保不住的"。同时，绩效考核结果差的不能参与职称评选、晋升。

课题组对访谈资料进行了编码，结果如表 4 - 10 所示。

表 4 - 10　C 研究院访谈资料编码示例 1（科技人才评价）

访谈资料	开放式编码：贴标签
我们的绩效考核现在属于计划管理（c117）。在整个研究院推广是从今年开始的。经过几个月的实践，发现确实有很多好处，首先就是工作量一目了然（c118）。其实大家整体上对它还是比较认可的（c119）……这种思路是有计划有规律地办事，我们的效率等都会提高（c120）。从整体上来说，更有利于管理，不会造成某个人没干活也拿工资这种问题，相对公平公正（c121）。	c117：绩效考核以工作计划为基础 c118：工作量可衡量 c119：认可度高 c120：个人做事更有计划性，能够提高效率 c121：利于组织管理，相对公平公正

2. 职称评审不唯论文，强调解决实际工程问题，流程公开透明

四级工程师以上有论文就行，不对数量进行强制要求，主要强调论文的质量。一位关键部件研发专家表示，"职称评审主要是看项目成果，对论文、专利的要求不严格，论文的话，只要求有几个代表作。主要是你最终把这个产品给做出来，而且要应用"。C 研究院的这种职称评审标准，有利于推动企业产品创新和产业技术升级。此外，参与评级需要写一篇专业技术总结，交由专家进行盲评，主要看专业技术总结的深度、对现存问题的剖析、提出的解决方案是否达到了一定高度。对较高层级的如三级工程师及以上职称进行评审的时候对论文的要求不高，重心放在突破关键核心技术、解决现场技术问题上。评较高层级的职称有一些量化的硬性指标，比如获得集团的青年

科技奖，但更多的是一些柔性的要求，主要是要在各自的细分领域获得同行和同事的认可。受访的一位科研人员表示，"发表的论文需要依托项目，不能偏离实际业务，论文在评价指标中的权重小。而且由于企业的涉密性，发论文受到一定限制"。

C研究院的职称评审流程公开透明，保证了专家评审的公正性。在评审中，七个以上评委进行评价并最终做出评审决定。专家评委会中有两个是外部行业专家，内部是总工来评。一位受访者表示，"专家评委会里一般都有某一个领域的牵头人，就是让技术最好的人员去承担评委工作"，这保证了评委的专业性。每次评审的专家从评委库中抽选，只提前两三天确定评委名单，保证抽选专家的保密性。评审流程上，首先是报名，报名审核通过就公示，然后评审资料，再上会推荐。在整个过程中，基本上单位的班子人员都参加。参加完之后会向集团推荐，推荐前会把结果在院内进行公示。不同的层级晋升周期不一样，比如说六级工程师升五级工程师是两年一次，五级工程师升四级工程师也是两年，四级工程师升三级工程师三年，往后会更慢一点。

课题组对访谈资料进行了编码，结果如表4-11所示。

表4-11　C研究院访谈资料编码示例2（科技人才评价）

访谈资料	开放式编码：贴标签
像论文这块儿，我们现在就不再作为重点了，我们是四级工程师以上，有论文就行（c11）。论文不再有数量要求，有一篇就可以了，当然这一篇得是你在上一级工程师任职期间发表的（c12）。我们现在还有一个专业技术总结。就是你要参加评级（达到四级工程师以上），就要写一篇专业技术总结，要写出你技术上比较擅长的地方，专业技术总结会让专家进行盲评（c13）。就是看专业技术总结的深度，对问题的剖析、解决建议，看是否确实达到一个理论高度（c14）……现在我们不是以量为主了，而是看代表作。很多人喜欢出书，花钱就可以出一本的那种。那个就不是一个很好的评价标准（c176）。既要看论文的质量（c177），也要看成果落地的情况（c178）。	c11：论文数量要求低 c12：论文看代表作 c13：对专业技术总结进行盲评 c14：看专业技术总结深度 c176：代表作制度 c177：论文质量 c178：成果应用情况

3. 充分发挥高层次人才评选的正向激励作用

高层次人才评选能够给予科技人才更高的成长目标，通过树立标杆榜样，促进个人成长。此外，高层次人才具有较大的专业话语权，不仅自己能够获得资源（例如参与各类行业会议等），而且能够增强单位的影响力，为单位获得资源和项目提供支持，从而更好地促进产品的创新和推广。而且，很多高层次人才计划都伴随着项目资助，有利于科技领军人才带领团队进行较为长期稳定的科研攻关，促进项目孵化。C 研究院的一位研发专家表示，"评完之后，确实对资源会有一定的加持，拿了这么多称号之后，可以给他这个团队带来更多的科研项目和资源，团队可能会发展得更好"。此外，也有专家表示，人才计划能够激励个体向上，即高层次人才评选给予了科技人才更高的目标，促使大家向着目标努力。

课题组对访谈资料进行了编码，结果如表 4-12 所示。

表 4-12　C 研究院访谈资料编码示例 3（科技人才评价）

访谈资料	开放式编码：贴标签
人才计划肯定会激励创新（c141）。我认为每个人到一定程度之后，心里都要有一个目标或者理想信念，包括工作的、人生的目标或理想信念。以前都说当科学家，为什么要当科学家？就是这样来的（c142）。我们怎么使自己的贡献更大？如果一点目标、理想信念都没有，都不知道接下来要做什么。我想为国家的繁荣昌盛做出贡献，那怎么做贡献？方向是什么？这相当于给人才定了一个比较高的目标，让他们去向这方面努力（c143）。这也能够让大家意识到，原来我们身边有这么多优秀的人。怎么做到优秀，确实值得大家研究（c144）。	c141：人才计划激励创新 c142：树立目标或理想信念 c143：明确努力方向 c144：树立榜样标杆

（四）D 研究所的科技人才评价实践

D 研究所是以国家和省部级重大科研项目为依托的集基础研究、应用研究及产业化于一体的新型科研机构。D 研究所拥有国家杰青、优青等高层次人才多名，已培养了诸多博士和硕士研究生，为国家输送了大批优秀人才。

D 研究所的科技人才评价实践要点如下。

1. 职称评审中破除一刀切的评价方式

在 D 研究所的职称晋升中，如果以发表的论文和承担的科研项目作为两个大指标进行评价，就会导致具有较高技术水平和日常工作业绩出色的科研人员吃亏。因此，D 研究所在制定职称评价标准的过程中，征求了不同类型科研人员的意见，强调了年龄和不同学科背景的差异性，职称晋升不仅看论文和项目，还考察科研人员的实践成果、临床试验结果等，这样更加符合研究所的战略定位和实际情况。在科技人才评价上，D 研究所并没有采用过度的量化评价。它认为有些考核项目是可以量化的，但是有些考核不能量化，尤其是医学研究院，科研人员的很多工作是出于内部动机，很多任务无法完全通过量化指标来考量，如果仅仅进行量化评价，会使科研人员做工作比较功利化。比如，D 研究所对不同的发明专利设置了考核指标的下限和上限，防止人员为了达到指标过于注重专利申请却无法产出好的科研成果。D 研究所比较注重不同类型科研人员的差异化特点，比如针对具有学科带头作用的科研人员，给他们放权，为他们参与重大项目提供环境支持。

课题组对访谈资料进行了编码，结果如表 4 - 13 所示。

表 4 - 13　D 研究所访谈资料编码示例 1（科技人才评价）

访谈资料	开放式编码：贴标签
我们单位目前破除了考核仅看论文和项目的弊端，还考察科研人员的实践成果、临床试验结果等（d6），仅仅按照论文和项目来考核，不符合我们的实际情况……有些考核项目是可以量化的，但是有些考核不能量化，尤其是医学研究院，科研人员的很多工作是出于内部动机，很多任务无法完全进行量化来考量（d7）……为了防止功利化和为了考核去做工作，我们单位会设置一些限制，防止大家在其中投机取巧（d9）……我们单位的考核结果还是比较注重不同科研人员的差异化特点的，比如针对具有学科带头作用的科研人员，能够给他们放权，为他们参与重大项目提供培训指导和环境支持（d12）。	d6：不唯论文和项目 d7：不盲目量化 d9：防止考核脱离实际需求 d12：评价指标差异化

2. 绩效考核结果适当拉开差距，应用到奖金发放和晋升中

D 研究所每年年终会对科研人员进行绩效考核，考核内容主要是科研项目、论文发表、成果转化、社会服务等。将科研人员实际完成任务的绩效分数与计划完成任务的绩效分数进行对比，完成程度越高，发放的奖金越多。总体来看，D 研究所具有相对客观的考核标准，人情或主观评价的因素相对较少，这也为 D 研究所的考核带来了透明性和公平性。这种绩效考核使得科研人员适当拉开差距，并且体现在科研人员的薪酬和晋升等方面，能够通过适当的竞争让优秀人才脱颖而出。

课题组对访谈资料进行了编码，结果如表 4 - 14 所示。

表 4 - 14 D 研究所访谈资料编码示例 2（科技人才评价）

访谈资料	开放式编码：贴标签
我们的工作评价机制还是相对明确的（d21），人情因素相对较少。有相应的绩效考核方式，绩效考核的结果之间还是有些差距的，这样可以带来一定的竞争性（d22）……突出一定的竞争性，这样才能让优秀的人脱颖而出。除了人员薪资的发放，还包括大家的晋升问题，长期绩效表现好的更能够获得晋升机会，绩效表现差的晋升机会就比较少（d26）。	d21：明确的考核机制 d22：竞争机制 d26：职位晋升

3. 多元化评价引导科研人员重视科研成果的转化

D 研究所之前的科技人才评价也是主要看发表的论文，但这两年来，在上级单位的引领下，对科研人员的评价开始多元化，目前研究成果既包括理论研究，也包括能够解决实际需求的专利、技术等，因此有利于引导科研人员对科技成果转化的重视，因为科技成果转化方面的成绩也是人才评价的指标之一。D 研究所还专门出台了配套的科研成果转化激励制度，规定科技成果直接转让或许可使用的净收入的 60% 由成果完成人支配。在奖励基金的提取中，原则上课题负责人的奖励不低于奖励基金的 50%。这种考核和相应的激励制度能够有效提高科研人才成果转化的积极性。

课题组对访谈资料进行了编码，结果如表 4 - 15 所示。

表 4 - 15　D 研究所访谈资料编码示例 3（科技人才评价）

访谈资料	开放式编码：贴标签
我们单位较为重视科技成果的转化，转化的成果也是评价工作业绩的指标之一（d23）。目前的科技成果转化模式以研究所和全资子公司为基础，依据研究所成果转化研究办法（d24）……对于成果转化，我们采取分段奖励的方式，比如一个成果转化后取得了 50 万元以内的收益，我们单位会给转化者 5% 的奖励。当转化收益在 50 万～ 200 万元之间时，给转化者 8% 的奖励。当超过 200 万元时，给转化者 10% 的奖励。这种较大力度的激励，能够激发科研人员成果转化的积极性（d32）……研究所会与一些相关的科研机构合作，提高成果的转化效率，这样就把这部分专利技术直接应用到实际的产品中，能够满足市场需求（d33）。	d23：科研成果转化也属于业绩评价的一部分 d24：明确的科研成果转化办法 d32：激发科研人员成果转化的积极性 d33：成果转化贴合实际

（五）E 研究所的科技人才评价实践

E 研究所是我国高性能计算机的研发基地，为国家培养了大量计算机专业人员。随着学科与技术发展，从 E 研究所陆续分离出多个研究机构，孵化了诸多高技术企业。E 研究所在科学研究和科技成果等方面取得了显著成就，获得国家和省部级科技奖励数百项。

E 研究所的科技人才评价实践要点如下。

1. 破除了完全量化的评价方式，强调实际贡献

E 研究所的人才评价突出了科研人员的综合能力和实际贡献。结合当前中央对人才评价破五唯的要求，E 研究所破除了过于强调帽子、论文带来的问题，降低了论文在人才评价中的比重，更加强调研究成果本身的质量以及科研人员在项目中的实际贡献。而且在评价流程上，E 研究所引入外部同行盲审，体现了客观性、公正性。E 研究所专门聘请专家委员会作为第三方，定量定性相结合，在一些基本量化考核的基础上，专家委员会会对科研成果的实际贡献以及科研人员在项目中的具体作用等做出综合评价，且这种评价

对标预期目标，尽量减少了人际关系的影响。对评审专家而言，整个评审过程也是责任到人的，评价结果也反映了评审专家基于自己的专业对人才的识别能力，如果他们不能够做到公正，也会影响自己的学术声誉和后续的职业生涯发展。

课题组对访谈资料进行了编码，结果如表 4－16 所示。

表 4－16　E 研究所访谈资料编码示例 1（科技人才评价）

访谈资料	开放式编码：贴标签
我觉得本身他的评审材料要过硬，在评审过程中主要是盲审，他自身能力得上来（e11）……现在要破五唯，我们所里没有拿帽子来对标很多东西（e21）。像是基础研究的话肯定对论文相对看重一点，但是论文在评价中占的比重不能太大（e22）……我们的评价主要来自第三方的专家委员会，他们会看你的实际效果和实际的贡献程度，看你在项目中发挥了什么作用。专家也有自己的责任，都是匿名的，这些评审也代表了专家们的水平（e32）……专家会把这部分权力用好，不能过多受到人际关系的影响（e33）……我们的考核是定性和定量相结合的，不是说有一个专利就给你加多少分，重点还是看专家对你工作的评估（e39）。	e11：评审材料要过硬 e21：破除帽子 e22：降低论文比重 e32：第三方专家委员会 e33：减少人际关系的影响 e39：定性和定量相结合

2. 鼓励长期导向的评价和科研成果转化

有些科研成果短期内很难马上看到成效，但是长期看可能有助于获得重大突破。因此，E 研究所鼓励科研人员十年磨一剑的科研精神，这就需要他们在人才评价上鼓励长期导向。为了做到这一点，E 研究所降低了短期量化指标的权重，采用专家委员会对科研人员的成果进行综合评价。另外，在短期考核中，尽量不设置太死板的评价指标，这样科研人员就能够比较自由地去探索短期看不到收益但很有意义的事情。另外，E 研究所鼓励科研人员的成果转化，并且把科研成果转化也视作科研人员的贡献，出台了相应的转化激励机制。

课题组对访谈资料进行了编码，结果如表 4－17 所示。

表 4 - 17　E 研究所访谈资料编码示例 2（科技人才评价）

访谈资料	开放式编码：贴标签
我们还有一些做法和措施来进行保障，提高薪酬水平……兼职这块我们所是很严格的，可以允许兼职，但是兼职的事情必须符合我们的研究方向，或者说是我们本来就要做的事情（e7）……鼓励科研人员十年磨一剑的劲头，有些事情短时间内很难看到成效，但是如果长期积累，可能会有巨大的突破，会获得整个社会的认可（e10）……尤其是如果没有太死板的评价指标的话，就能够比较自由探索很多有意义的事情，如短期看不到收益的事情（e16）……科研成果的转化和专利授权，也是科研人员的贡献的体现，而且有相应的转化激励方式，可以让科研人员改善未来几年的生活水平（e25）。	e7：允许符合研究方向的兼职 e10：鼓励长期导向的评价 e16：评价指标不能太死板，允许自由探索 e25：有科研成果转化的评价和激励

3. 强调个体的差异化，针对不同类型的人才采用不同的评价导向

E 研究所根据人才的不同特点进行差异化的使用，因此在人才评价上也注重差异化。不同类型的人才，根据各自特点和兴趣，可以分别走工程技术、基础理论研究、成果转化、管理等通道，这就形成了差异化的评价指标体系。针对不同类型的人才，指标系统中各类指标的权重设置是不同的。科研人员在整个职业发展体系中也并不是固化的，比如有的科研人员招聘进来的时候选择的是基础理论研究岗位，但是随着研究的深入他也可以灵活地转到相应的工程技术岗位中，主要取决于科研人员自身对于什么岗位更加感兴趣。

课题组对访谈资料进行了编码，结果如表 4 - 18 所示。

表 4 - 18　E 研究所访谈资料编码示例 3（科技人才评价）

访谈资料	开放式编码：贴标签
我们有不同类型的人员，有的人员明显很有科研天赋，有的人员抗挫折能力比较强，他们适合做不同的事情，主要还是看人才的定位（e28）。我们一共分了 7 类，看你适合哪类。有的人才适合研究工程技术，有的是产业化做得特别好，有的管理做得特别好……针对这些不同类别的人才，工资不一样，评价标准也不一样（e37）。我们还允许转岗，有些一开始做基础理论研究的，也可以转到工程技术上去（e38）……我们不会用一把尺子来衡量，根据不同的序列，评价标准整体上是多样化的，你文章发得好，你的工程做得好，或者说你的科普做得好，这些都可以算成果（e42）。	e28：根据人才的不同特点来定位 e37：多元化的发展渠道和评价方式 e38：允许职业发展通道的转变 e42：多样化的人才评价标准

（六）来自调研案例的启示

课题组调研的这些单位都属于科技人才集中的单位，这些单位在科技人才评价方面具有丰富的经验和成果，对这些单位的调研带给我们的启示如下。

1. 根据科技人才的不同分类实施了多元化的评价标准

比如中国科学院下属的 E 研究所，对科技人才进行了分类，包括基础理论研究、工程技术、成果转化等不同序列，采用了有针对性的指标体系进行人才分类评价。比如论文指标在对基础理论研究人才的评价中的占比要高于工程技术人才和成果转化人才。但是，一些原创性理论和一些关键技术的重大突破需要长时期和连续性的研究和积累，在考核周期上也适当突出了长期导向。工程技术类研发人员的主要精力和时间用在产品研发设计中，论文在大多数时候是评职称和评选高层次人才的门槛指标，占比很小，主要看工程设计和样机等产品创新。而对企业中的科技人才而言，产品技术的创新性和市场化效益是人才评价的重要依据，评价转向了市场方面，而不是仅仅用职称、证书、奖项等来衡量人才的价值创造和贡献。

2. 对科技人才的评价应该以工作岗位的绩效考核为基础

在调研中，一些单位以人才的工作岗位绩效考核为基础，包括对人才在不同层次的研究类或产品设计类项目中的参与度、项目进度、成果产出等情况进行综合性的评价，这个具有很好的推广价值。在职称评审中，这些单位打破了唯论文的局面，根据科技人才的实际贡献对其进行评价，包括是否承担或参与过重要科技项目、取得过哪些突出的成果、所取得的成果对产品和技术创新甚至是对国家层面的技术升级的实际贡献有多大等。在职称评审和高层次人才评选中，并没有过于强调论文的数量，而是采用了代表作制度，这确保了对科技人才的评价是工作绩效导向而不是唯论文的。通过案例调研我们可以看到，这些单位对科技人才的评价是以人才在工作岗位中创造的实际绩效和贡献为基础的，科技人才要对单位的发展和科技 / 产品创新有贡献，而不是多写几篇论文就可以的。这些单位的实践对我们优化科技人才评价体系是有重要的借鉴意义的。即便是对基础性研究人才而言，论文也只能是指标之一而不是人才评价的全部依据。

3. 对科技人才的评价应该服务于用人主体的事业发展目标

我们的调研表明，这些单位对基础研发人才和工程技术人才的评价标准是对企业的产品和技术发展目标进行层层分解后得到的，人才评价的标准体现了对企业发展目标的支撑作用。企业对科技人才的评价最终落到设计的产品能否应用到市场中并产生经济效益和社会效益，研发的成果是否对企业的产品和技术创新有帮助。正如一位被访者所言，"我们的研发投入这么大，人员投入这么大，不能光体现在你拿了个奖或获得了个表彰，要体现在我们的产品上，体现在对我们公司经营指标和产业的促进上"。不仅企业是这样，我们对中国科学院下属的研究所的调研也得出类似的结论，即对科技人才的评价要服务于单位的整体定位和发展目标。另外，这些单位的人才评价都发挥了用人主体的作用，做到了"谁用谁评"，都把人才评价权力下放到了各二级单位和各部门，让用人部门自己评价人才，这样各类人才评价的标准才能真正根据实际需要来确定，才能够真正评选出符合企业发展要求的人才。

4. 公开公平公正是人才评价发挥作用的保证

公开公平公正是人才评价结果能够被人才认可和接受的关键。如果人才评价缺少科学、明确的工作规则，评价过程的公开透明度不够，评价的材料、评分细则等不公示，就很难保证评价的公平公正，会打击科技人才的积极性。一旦真正有贡献的人无法通过人才评价得到认可，久而久之容易形成"不做实事""靠关系"等不良风气。同时，专家评委在人才评价过程中应该充分发挥自己的专业性和公正性，尽量避免主观因素对评价结果的影响。课题组调研的这些单位在评价流程上均坚持了公平公正公开的原则，同时在评价结果出来后会进行沟通反馈，让科技人才了解自己的不足和需要继续努力的方向。很多科技人才也谈到，人才评价很难平衡各个方面，没有办法做到绝对的公平，也不可能让所有人都满意。因此，科技人才评价的改革和完善还需要不断进行探索。

5. 充分发挥高层次人才评选的正向激励作用

课题组在调研中发现，高层次人才的影响力和话语权所带来的各种资源对于单位发展而言是非常重要的。拥有高层次人才的单位，在该领域或行业的地位会提高，能够获取很多高质量的创新资源，进而推动单位的技术创新发展。同时，这种话语权和影响力，使得高层次人才能够成为科研项目团队的核心和旗帜，能够带领整个团队长期持续攻关。此外，一些高层次人才计划伴随着项目而来，这种类型的人才计划有利于科技人才持续地将科研资源投入同一项目当中去，有利于项目形成产业。在这些单位，入选高层次人才计划的科技人才都是该领域的专家，主持过的重大科技创新项目均为各自单位的发展甚至为国家卡脖子技术的突破做出了重要贡献。

6. 重视科技人才的职业发展通道设计

访谈中大部分科技人才都谈到了晋升发展的问题，特别是到了职业发展中后期，科技人才向上发展的空间很小。正如一位被访者说的，"40 岁以上 50 岁以下的工程师几乎没有更进一步的空间，领导也管不了，他们可以甩袖子在那里躺平。这个群体很大，如果他们真躺平就是资源最大的浪费，需要有进步空间，但其实上面很挤，需要破解难题"。面对这种情况，单位一方面需要强调晋升发展的能上能下，通过定期考核淘汰不合格的人，使得一些有躺平思想的人产生危机感，激发其积极主动性。另一方面，进一步拓宽科技人才的职业发展通道，增加通道的层级，给科技人才更多的项目决定权和探索的机会，牵引科技人才在自己擅长的技术领域追求卓越，实现成长。

第三节　对推进我国科技人才评价改革的建议

一、政府简政放权，建立用人单位主导的市场化人才评价体系

我国科技人才评价制度是在一定的历史条件下形成的，与当时的政治经济体制等多种因素都保持着某种适应性的关系。随着社会主义市场经济体制

的建立，计划经济体制下的人事管理制度已经转变为市场导向的现代人力资源管理制度。与此相适应，我国需要进一步改革科技人才的评价体系。在市场起决定性作用的今天，要尽量减少政府主导的人才评价和科技评奖活动，下放科技人才评价权，让用人主体和市场发挥决定性作用，避免行政权力在学术评价和资源配置中起主要作用、滋生官僚主义。市场对科技人才的创新和价值创造活动的评价不但有效，而且公平。只要科技人才为单位真正创造了价值，无论其是否是高级职称或者帽子人才，用人主体都能够看到科技人才的价值贡献，从而重用和回报科技人才，激励其创造更大的价值。如此，通过遵循市场规律，科技人才能够发挥价值，组织能够完成创新目标，社会经济也能得到高质量发展。国家出台的人才评价文件多次提到要建立科学化、社会化、市场化人才评价机制，减少不必要的政府性评价活动，落实用人单位的评价自主权。因此，要在全国范围内积极宣传和落实用人主体的人才评价自主权，坚持"谁用谁评"的原则，支持用人主体自主确定评价标准和评价范围，自主开展人才评价工作。

要突出市场决定性作用，政府就需要进一步规范政府主导的各类人才计划（项目、工程），减少和整合各种重复交叉的人才计划，对人才计划的投入产出进行评估，加强事中事后监管，及时解决实施过程中出现的偏差和问题。《中华人民共和国国民经济和社会发展第十四个五年规划和2035年远景目标纲要》明确提出要强化国家战略科技力量，因此要重点关注对我国战略科学家和高层次科技人才的评价和选拔。全国性高层次人才评选要坚持评审全过程公开透明原则，做到政策公开、申报公开、审核公开、结果公开。完善评审专家的责任和信用体系建设，实施评审专家退出机制，对利用评审权力实施学术资源交换和显失公平的评价行为进行追责。要建立健全放权后的监督管理机制，主管部门要加强人才评价和评选事项的抽查，督促用人单位用好下放的人才评价权力。

二、人才评价要以用人主体的绩效管理体系为基础

绩效管理是一个组织实现自身发展战略和目标任务的重要手段。绩效管

理把一个组织的发展目标和任务进行层层分解，最终落实到具体部门和岗位，通过考核各类人才在工作岗位上的价值创造和实绩贡献，最终实现组织的发展目标。因此，基于绩效管理的人才评价能够不偏离企业的战略方向和发展目标。对人才的评价如果脱离了工作岗位的绩效考核，就可能带来人才评价和实际贡献不匹配的问题。如果被选上的杰出人才在工作岗位中没有出色的业绩，仅仅因为其符合某种评价标准或者是因为人际关系，则会对更多人才的积极性和主动性造成重大打击，不利于人才整体积极性的发挥和组织的发展。而且，这种情况也会导致更多的人才为了获得人才帽子而急功近利，甚至背离岗位的真正价值创造，最终也不利于组织目标的实现。某种程度上说，当前各行各业的唯论文就已经脱离了岗位的绩效目标。因此，无论是企业、科研院所还是高校，人才评价都需要以岗位绩效管理为基础，人才评价权重最大的因素应该是人才在本职岗位上的工作业绩和价值创造。

企事业单位需要进一步完善内部的绩效考核与管理体系。以人才的绩效考核结果支撑各类人才评价活动，包括职称评审和评选高层次人才。对人才的绩效考核能够使人才形成正确的工作态度，积极主动地参与到工作和项目中，提升工作效率与质量。以绩效考核为支撑的人才评价能确保人才评价的方向不偏离科技人才的岗位价值创造、单位的发展战略和国家科技创新战略。课题组的调研结果表明，一些单位对科技人才的评价已经打破了唯论文局面。比如在一些科技型国有企业，无论是在职称评审还是在高层次人才评选中，都强调价值创造和实绩贡献，而不是唯论文。在科技人才职称评审中，主要参考科技人才是否参与或承担过重大科技项目，取得过哪些突出的成果，所取得的成果对产品创新、对企业甚至是对国家的实际贡献到底有多大等。而其中论文的占比非常小，只需要提交代表作，并没有过于强调论文的数量。但是，仍然有较多的科研机构和高校的人才评价没有以对人才本职工作的绩效考核为基础，而是以论文、奖项等指标为主，这导致科技人才评价脱离了本职岗位的绩效表现，人才评价对组织发展的支撑作用严重削弱，甚至不利于一个组织发展目标的实现。

三、构建以创新价值、能力、贡献为导向的科技人才分类评价体系

2018 年发布的《关于分类推进人才评价机制改革的指导意见》《关于深化项目评审、人才评价、机构评估改革的意见》以及 2021 年发布的《国务院办公厅关于完善科技成果评价机制的指导意见》都强调要对科技人才实行分类评价，要针对基础研究、应用研究和技术开发等不同类型科技人才的特点建立科学合理、各有侧重的评价标准。评价标准是激发科技人才创新活力的风向标和指挥棒。评价标准要符合各类科技人才的岗位特点，要能增进价值创造。要坚持质量、绩效、贡献为核心的评价导向，全面准确反映成果创新水平、转化应用绩效和对经济社会发展的实际贡献，引导科技人才为我国科技创新做出更大贡献。

当前科技人才所涵盖的人员类型众多，既不能用统一的标准一刀切，也无法将所有类型的科技人才的评价标准一一列出，关键在于要建立多元化、针对性的分类评价标准。不能完全看论文数量，而是要根据对社会领域的实际贡献来评价。对科学知识和科技成果的总结和传播可以采用案例、项目总结报告等符合实际的多种方式进行，避免单一的学术论文形式。对从事基础研究的科技人才侧重于考核科研能力和科研潜力，着重评价其提出和解决重大科学问题的原创能力、成果科学价值、学术水平、同行认可度和社会影响等方面。对从事应用研究和技术开发的科技人才应该侧重于技术创新、产学研结合、成果的应用价值与应用前景等方面，强调实际贡献，可以包括自主知识产权授权情况、技术的市场认可度、承担的应用开发项目成熟度、成果产业化水平等指标。对工程技术人才重点评价其必备的专业理论知识和解决实际工程问题的能力。对青年科技人才侧重于科研潜力评价。对已经取得较好研究成果的中年骨干科技人才，要重视对论文质量、成果应用情况、团队合作、人才培养等的评价。高层次创新人才评价要重视其重大科技创新和成果影响力、科研团队构建、后备人才培养等方面的评价，引导高层次人才开创和引领一个全新的研究领域，为我国卡脖子技术突破乃至世界的科技发展

做出重大贡献。

对人才的评价一定要坚持以价值创造和突出实绩为导向，只有这样才能够激发人才在各自岗位上的创新创造活力并引导人才创造更多的价值，真正发挥科技人才对国家经济社会高质量发展的基础性支撑作用。要通过科学合理的标准引导科技人才潜心于本职岗位不断钻研，不断攻克卡脖子技术，促进科技自立自强的实现。比如，对企业中的科技人才的评价需要最终落到他设计的产品能否应用到市场中并产生经济效益、其行为是否有利于推进工程项目、是否产生了良好的社会效益。

四、整合人才计划，发挥高层次人才的引领带动作用，同时让人才称号回归荣誉性质

在各种人才评价活动中，高层次人才评选是十分有必要的，能够激发优秀科技人才的荣誉感，为科技人才确立更高的发展目标和努力方向，也为广大科技人才尤其是青年科技人才树立标杆榜样。高层次人才在各单位科技团队中发挥着核心作用，是真正能够引领团队进行技术布局和攻关的人才。要坚持以国家战略和需求为导向，突出重点科技领域的人才项目和资助计划，在整合各类人才项目的基础上提高人才计划的覆盖面，合理设置资助强度和梯度。对各类人才计划进行整合与统筹管理，加强中央和地方之间、省市之间、部门之间的分工与协调，建立人才项目的申报查重和统筹管理机制，避免多个类似人才项目同时支持同一人才。加强中央对地方人才计划的引导，科学设置人才计划，优化人才计划结构。提高高层次人才评选的科学合理性，不把人才称号本身作为评价的标准，将评价标准向人才的科研攻关能力和实际贡献方向引导，同时加强事前、事中、事后的动态评估。

让高层次人才称号回归荣誉性质。《关于深化项目评审、人才评价、机构评估改革的意见》强调，使"人才称号回归学术性、荣誉性本质，避免与物质利益简单、直接挂钩"。高校、科研机构、各级政府等不应该把人才荣誉性称号作为承担各类国家科技项目、获得国家科技奖励、职称评定、岗位聘用、薪酬待遇确定的限制性条件。要积极探索人才称号与物质利益脱钩，人才称

号不要关联过高的奖金、待遇、资源和特权，淡化"以帽定价"，保障科技人才的收入水平，使广大科技人才能够潜心研究，没有后顾之忧。要加大对青年科技人才的政策保障和普惠性支持力度，设立青年科技人才专项支持项目，给他们广阔的发展空间、独立承担科研任务的机会和宽松的科研环境。容许科研失败，鼓励青年科技人才勇于尝试，在不断探索中获得成长。

五、破除人际关系影响，从流程上保障科技人才评价的公开、公平与公正

在打破唯论文局面的同时，随着人才评价量化指标的减少，需要更加重视评价流程和机制建设，以确保人才评价的公正性。如果人才评价缺乏明确的规则和标准，评价过程的公开透明度不够，评价结果不公示，将会在各类人才评价和项目评审中留有人为操作的空间，影响科技人才评价的公信力，使得真正有贡献的科技人才无法得到认可，久而久之容易形成"不做实事""找关系"等不良风气。同时，专家评委在评价评审的过程中应该充分发挥自己的专业性，坚持客观独立做出评价，避免主观因素对评价结果的影响。用人主体要加强对科技人才的沟通反馈，让科技人才了解自己的不足和努力方向。

为提高人才评价结果的公平性，要通过流程建设给被评价人必要的知情权、表达权和监督权，健全人才评价的申报、评审、公示、反馈、申诉机制。只有不断完善人才评价的流程建设，才能够建立公平公正的人才评价体系，才不会为了追求公平而陷入唯论文的困境。各类人才项目要增加评选透明度，严格评审纪律，破除各类打招呼和学术资源交换行为，自觉接受社会监督。建立申报评审诚信档案和失信黑名单制度，对弄虚作假、学术不端和违纪违规者实行一票否决，取消当事人申报资格；已取得资格的，取消其资格，规定时间内不准其申报该项目和同类型项目。完善评审专家遴选制度，提高评审专家与评审领域的匹配性，所选择的专家应该常年活跃在科研一线并具备高水平的专业能力和职业操守。要按照"超员配置、随机抽评"的原则，从评审专家库中确定参与的各类专家的比例。鼓励用人主体和评价主体

在科技人才评价中加大外部专家比例，鼓励建立人才评价的盲审机制。要建立完善评审专家的诚信记录，建立失信名单和专家退出机制，对严重的失信行为可以进行追责溯源。

六、通过揭榜挂帅、以用代评、以赛代评等措施让青年优秀人才脱颖而出

尽管当前国家和地方层面都有很多高层次人才计划，很多优秀青年科技人才仍然难以脱颖而出。要适当扩大中青年人才评选比例，给予优秀青年人才更多的成长激励。要优化人才发现机制，坚持"评用结合"的原则，通过揭榜挂帅、以用代评、以赛代评等措施，让真正优秀的人才在承担各种技术攻关项目和参与各种技能大赛中脱颖而出。鼓励科技领军企业通过在全国大学生中举办各种设计大赛、编程大赛等发现优秀人才。只有这样，"千里马"才有机会脱颖而出。各单位要优化项目团队的遴选机制，重大科技项目立项应该通过机制设计让不同的优秀团队都有机会参与竞争，确保科技资源能投入优秀的科研团队中。要树立"使用中评价"的理念，让科技人才可以全身心投入本职工作中，让业绩优秀的人才自然而然地脱颖而出。

对青年科技人才的评价，不唯论文、不唯奖项，要把评审的重心放在是否突破了关键核心技术，是否解决了现场技术问题，是否有利于产生重大科学发现。对青年科技人才的评价，不应该仅关注他们当前已有的成绩，更应该注重其科研潜力。对于青年科技人才的评价不能只看论文数量，要推行人才评价代表作制度。不过分强调短期成果，要坚持长期导向，培养青年人才十年磨一剑的科研精神。进一步放宽相应的项目申报评选标准，鼓励青年科技人才在项目实践中获得成长。尊重科研规律，包容青年科技人才因探索而导致的失败，为青年科技人才创造良好的科研创新氛围。鼓励开展有组织的科研，不仅看青年科技人才独立主持的小项目，也要鼓励青年科技人才参与到重大科技攻关项目中，并对其贡献进行合理评价。

第 5 章

完善基于创新要素价值的
科技人才激励机制

党的十九届五中全会通过的《中共中央关于制定国民经济和社会发展第十四个五年规划和二○三五年远景目标的建议》提出，要"健全创新激励和保障机制，构建充分体现知识、技术等创新要素价值的收益分配机制，完善科研人员职务发明成果权益分享机制"。习近平在 2021 年召开的中央人才工作会议中提出，"要为各类人才搭建干事创业的平台，构建充分体现知识、技术等创新要素价值的收益分配机制"，加快形成"有利于人才各展其能的激励机制"。我国的创新驱动发展战略和高质量发展战略，其本质是通过激发科技人才的创新活力为国家的科技创新和高质量发展注入活力。现实中，我国仍然存在科研项目管理烦琐、科技人才收入分配机制不能充分体现知识等创新要素价值、知识产权和专利保护不到位等问题，极大制约着人才创新活力的激发。本章首先通过文献研究，梳理我国科技人才激励政策的发展过程，并分析我国科技人才激励中存在的问题。其次总结创新型发达国家的科技人才激励的相关经验，并对国内科技人才激励的一些优秀实践进行提炼。最后基于国际经验和国内优秀实践，提出对完善我国科技人才激励机制的建议。

第一节　我国科技人才激励的发展历程与问题分析

一、我国科技人才激励的发展历程

我国科技人才激励政策是随着改革开放的进程而不断完善的。1978 年，邓小平在全国科学大会上提出了"科学技术是生产力"等重要论断，重申了对科技人才的重视。《1978—1985 年全国科学技术发展规划纲要（草案）》就科技人才数量恢复与科技实验基地建设等方面提出远景设想，随后实施了一些重大科技奖励项目，包括国家技术发明奖、国家科学技术进步奖、国家自然科学奖，并推出了《中华人民共和国专利法》（1984）。1984 年，中共中央组织部、中共中央宣传部、劳动人事部、财政部联合下发的《关于优先提高有突出贡献的中青年科学、技术、管理专家生活待遇的通知》提出，对各地区、各行业有突出贡献的科技人才在医疗、生活补贴等方面给予优待。

《中共中央关于科学技术体制改革的决定》（1985）要求科技工作面向经济建设，改革拨款制度，对基础研究和部分应用研究工作逐步试行科学基金制，随后几年推出了国家自然科学基金（1986）、星火计划（1986）、火炬计划（1988）、攀登计划（1991）等。1985年，《中共中央 国务院关于国家机关和事业单位工作人员工资制度改革问题的通知》的发布结束了运行了30多年的职务等级工资制，将事业单位专业技术人员的工资分为基础工资、职务工资、工龄津贴和奖励工资，但并未形成明确的工资增长机制。1993年《国务院关于机关和事业单位工作人员工资制度改革问题的通知》将国家机关和事业单位的工资制度分开，更加体现了事业单位的特点，其中教育、科研、卫生等事业单位实行专业技术职务等级工资制。随着《科技三项费用管理办法（试行）》（1996）、《关于进一步推进事业单位工资总额包干试点工作的指导意见》（1997）等文件的发布，事业单位在工资制度开放搞活、逐渐规范的基础上，结合自身特点进行了内部收入分配的探索，逐渐形成了自身的工资模式。1998年，中国科学院将人事制度改革作为知识创新工程试点的重要内容，探索形成了国家工资总额控制下的三元结构工资制。三元结构工资制的三元结构工资包括基本工资、岗位工资和绩效工资。其中，绩效工资将科研人员的贡献与薪酬联系起来，起到了提升科研人员收入水平、提高工作积极性、增强人才吸引力的作用。在三元结构工资制之外，高校和科研机构还针对优秀海外人才制订了特殊的人才吸引计划，包括高水平工资政策。

同一时期，国家建立了中国科学院院士（1993）、中国工程院院士（1994）等高层次人才激励制度。此外，科技相关奖项也在不断增加。国家科委决定从1993年起国家自然科学奖、国家科学技术进步奖、国家星火奖和国际科学技术合作奖等获奖证书上，统一加盖国家科委印章。1995年，《中共中央 国务院关于加速科学技术进步的决定》正式提出科教兴国战略，随后国家推出百千万人才工程（1994）、春晖计划（1996）、长江学者奖励计划（1998）、"973"计划（1997）、跨世纪优秀人才培养计划（1997）等。1996年，《中华人民共和国促进科技成果转化法》提高了科技人才成果转化工作的积极性。1999 年，国务院发布了《国家科学技术奖励条例》。2003 年，科技部发布了《科学技术评价办法》。2006 年，国家再次启动了事业单位绩效工资改革，虽然有一定激励效果，但是由于工资总额核定等原因，绩效工资无法起到真正的激励作用。随后，国家推出了千人计划（2008）、中国留学人员回国创业启动支持计划（2009）、创新人才推进计划（2011）、青年拔尖人才支持计划（2011）、万人计划（2012）等，以吸引和激励海内外高层次人才。

2012 年，党的十八大报告提出，要"完善劳动、资本、技术、管理等要素按贡献参与分配的初次分配机制"。此后，针对科技人才的激励力度明显加大，激励方式更加多样化。2015 年，《中共中央 国务院关于深化体制机制改革加快实施创新驱动发展战略的若干意见》和《深化科技体制改革实施方案》相继颁布，从顶层设计上破除了束缚人才发展的体制机制障碍，并且首次提出要让科技人才"名利双收"。党的十八届三中全会通过的《中共中央关于全面深化改革若干重大问题的决定》提出，"健全资本、知识、技术、管理等由要素市场决定的报酬机制"。党的十八届五中全会通过的《中共中央关于制定"十三五"规划的建议》强调，"实行以增加知识价值为导向的分配政策，提高科研人员成果转化收益分享比例"。2016 年发布的《关于深化人才发展体制机制改革的意见》强调，强化人才创新创业激励机制。具体包括加强创新成果知识产权保护；加大对创新人才激励力度，完善科研人员收入分配政策，依法赋予创新领军人才更大人财物支配权、技术路线决定权，实行以增加知识价值为导向的激励机制，完善市场评价要素贡献并按贡献分配的机制；等等。同年，财政部、科技部、国务院国资委出台《国有科技型企业股权和分红激励暂行办法》，鼓励符合条件的国有科技型企业实施股权激励和岗位分红激励，进一步拓宽了科技人才收入来源渠道。在 2016 年全国科技创新大会上，习近平提出要积极实行以增加知识价值为导向的分配政策，包括提高科研人员成果转化收益分享比例，探索对创新人才实行股权、期权、分红等激励措施。2016 年 11 月，中共中央办公厅、国务院办公厅印发了《关于实行以增加知识价值为导向分配政策的若干意见》，强调加快实施创新驱动发展战略，实行以增加知识价值为导向的分配政策，充分发挥收入分配政策的激励导向作用，激发广大科研人员的积极性、主动性和创造性，鼓励多出成果、快出成果、出好成果，推动科技成果加快向新质生产力转化。

国务院办公厅于 2021 年 8 月印发了《国务院办公厅关于改革完善中央财政科研经费管理的若干意见》，从扩大科研项目经费管理自主权、完善科研项目经费拨付机制、加大科研人员激励力度等 7 个方面，提出 25 条工作要求，及时回应科技界关切，增强科研人员激励力度。该文件突出体现了对科研规律的尊重，给予科研单位和科研人员更大的经费使用自主权，除设备费外的其他费用调剂权全部由项目承担单位下放给项目负责人，由项目负责人根据科研活动实际需要自主安排；提高了间接费用比例，数学等纯理论基础研究项目的间接费用比例进一步提高到不超过 60%，项目承担单位可将间接费用全部用于绩效支出；扩大了经费包干制实施范围，在人才类和基础研究类科研项目中推行经费包干制，不再编制项目预算；分配绩效工资时，要向承担国家科研任务较多、成效突出的科研人员倾斜，探索对急需紧缺、业内认可、业绩突出的极少数高层次人才实行年薪制。

《"十四五"国家知识产权保护和运用规划》（2021）强调，推进国有知识产权权益分配改革，充分赋予高校和科研院所知识产权处置自主权，推动建立权利义务对等的知识产权转化收益分配机制。《企业技术创新能力提升行动方案（2022—2023 年）》提出，推进落实国有科技型企业股权和分红激励政策。《国有企业科技人才薪酬分配指引》（2022）将科技人才薪酬结构分为当期薪酬和中长期激励。当期薪酬一般由岗位基本薪酬和绩效薪酬组成。中长期激励一般可分为股权型激励、现金型激励和创新型激励三类。对战略性、关键性领域核心岗位和承担重大科技项目、专项攻关任务，以及做出重大突出贡献的科技人才，可设置特定岗位津贴、专项任务津贴等。此外，企业可通过探索建立科技人才回溯薪酬制度、事业合伙人机制等对科技人才薪酬进行进一步的完善。

2023 年，中共中央办公厅、国务院办公厅印发了《关于完善科技激励机制的意见》，强调要重点奖励那些从国家急迫需要和长远需求出发，为科学技术进步、经济社会发展、国家战略安全等做出重大贡献的科技团队和人员；加大对青年科技人才的激励，敢于给年轻人担纲的机会，创造有利于青年人才脱颖而出的环境。在激励方式上，指出强化激励勇担国家重大科技任务的制度安排，加强对做出重大贡献人员和团队的奖励，等等。

总体而言，我国对科技人才的奖励政策已比较规范，内容涵盖了绩效工资、科研奖励、绩效工资、股权激励、成果转化收益、荣誉表彰等诸多方面。

二、我国科技人才激励中存在的问题分析

（一）当前科研管理行政化制约了科技人才的创新活力

首先，我国部分单位的科研管理行政化现象比较突出。尤其是在科技人才集中的高校、科研机构等，还存在比较明显的官本位文化，对科技人才的管理也简单套用了行政管理的思维。比如，一些单位不以科研自身发展规律来考核和使用人才，而是根据人才的行政级别来分配资源，并把行政职务晋升作为激励优秀科技人才的重要方式，这种做法进一步强化了官本位文化。因此，在科研单位，不少科技人才很难专注于科研工作，都想谋求行政职务上的一官半职，在科研能力和创造力最强的时候却转向行政工作。此外，科研管理的行政化会带来行政权力对科研工作的干预，比如行政领导对科研项目的分配拥有很大的话语权，担任行政职务更容易获得课题支持和学术资源，等等。一些科技人才反映，在科研项目的申请、立项等环节中存在行政干预的现象，损害了科研单位内部的公平性，易引发科技人才的不满情绪。

其次，多数单位的科技人才都反映存在科研经费和科研项目管理烦琐的问题。科研经费管理作为科研管理的重要组成部分，是为人才的创造性活动服务的。与工程建设不同，科学研究作为人类创造性的智力活动，并不是在一开始就能完全计划好的。太多太细且过于死板的科研经费管理规定，并不符合科研创新的规律，也给科技人才带来了较大的工作负担。一些科技人才

吐槽："为了拼凑经费数字，得花好大工夫，感觉自己不像个科学家，倒像是个财务人员。"（陆成宽，2022）中国科学技术协会第三次全国科技工作者状况调查报告的数据显示，63.4%的科技工作者认为科技项目及经费管理存在不合理之处，其中科研人员持这种看法的比例达71.1%。科研人员反映在申报和承担财政项目时曾经遇到的突出问题包括：项目限定的人员费比例太低（59.7%），申报周期过长（56.1%），审批程序不透明（50.7%），申报手续复杂（48.8%），评审时拉关系走后门（45.4%）等。上述问题影响了科技人才从事科研项目的积极性。

最后，事务性工作过多，极大缩减了科技人才的有效工作时间，降低了科研产出效率。科研工作具有一定的特殊性，需要相对专注的工作环境。当前，科技人才不能专心从事科学研究的情况日益普遍，主要原因是科技人才被大量事务性工作耗费了大量精力，例如课题经费的报销需要准备大量材料和盖章；科研人员兼行政职务，被许多行政事务和会议占用了大量时间；等等。另外，科技人才还需要将大量的时间花费在立项、评估、总结、汇报等工作上，而上述事项需要与行政部门的工作时间保持一致，因此科技人才自身的科研工作不得不"靠边站"，有时甚至被安排在8小时工作时间之外。根据中国科学技术协会的相关调查结果，六成以上的科研人员表示自己需要利用周末时间加班完成科研工作，其中52.1%的科研人员反映"5加2""白加黑"已成为常态（董阳，2022）。科技人才是宝贵的人力资本，应该将时间和精力投入最需要的科研工作中，过多的事务性工作严重阻碍了高质量科研成果的产出。

（二）科研型事业单位整体薪酬水平缺乏竞争力，工资制度改革尚不到位

首先，高校、科研机构等科研型事业单位的薪酬竞争力总体不足。2020年，中国人事科学研究院调查了央属事业单位科研人员共4 857名，他们分布在全国各地（西藏、香港、台湾尚未覆盖），其中来自北京市（30.28%）和上海市（23.45%）的科研人员比例相对较高，其次为安徽省（8.84%）和辽

宁省（6.44%），其余省份占比均不足 5%。从单位行业类型来看，绝大多数（86.81%）科研人员所在单位为科学研究类，还有 10.34% 的科研人员为教育类，其余类型占比较少。调查表明，超三成（30.53%）央属事业单位科研人员目前的年收入为 12 万～18 万元；分别有 18.86% 和 17.60% 的央属事业单位科研人员年收入为 18 万～24 万元和 9.6 万～12 万元；分别有 12.15% 和 9.29% 的央属事业单位科研人员年收入为 24 万～36 万元和 6 万～9.6 万元。此外，年收入在 36 万元以上的央属事业单位科研人员仅占 5.99%。对于科研人员这样的知识密集型群体，现有的薪酬水平显然缺乏竞争力。

其次，事业单位科技人才的薪酬结构也不尽合理，主要表现在高校和科研机构的薪酬结构中，基本工资占比过低，无法体现对周期较长的教学和科研工作的保障。在当前科研人员的工资结构中，基本工资的比重较低，由成果转化收入等构成的绩效工资比重较高。当前各单位绩效薪酬的设计侧重于短期成果，对具有长期和深远意义的科研成果关注不足，不利于高校和科研机构长期发展战略的实现。调研发现，许多科研机构为了稳定人才队伍、激励创新，都力争通过项目经费获得人员费，或利用成果转化收益、公共服务收益、投资收益发放人员工资。科研机构内部的绩效评价也依赖于争取到的项目经费和发表的论文数量。这样的薪酬结构和支付机制没有区分不同类型科研人员的特点，可能不利于基础研究人员更加专注于长周期和国家战略任务的完成。

再次，科研型事业单位尚未形成合理的工资水平决定机制和增长机制。长期以来，由于我国的科研人员主要集中在各类高校和科研机构中，市场化水平较为滞后，科研人员缺少可对标的市场同类人员，工资水平与市场脱节。当前，确定高校和科研机构薪酬水平的主要依据和程序，往往没有透明和可操作性的具体规定，薪酬水平的增长机制则处于一种不规则的被动状态，薪酬标准的调整时间和调整幅度都带有不确定性。当前，高校和科研机构的薪酬调整仍旧与公务员和其他事业单位同步，尚未体现其自身的行业特点。与此同时，薪酬调查制度还没有建立起来，缺乏对企业相当人员薪酬水平的调查比较，没有与劳动力市场机制衔接。

最后，绩效工资总量的核定方式制约了一些科研型事业单位薪酬体系的激励效果。与中央事业单位相比，地方高校和科研机构对绩效工资总额问题的反应更加强烈。目前，地方高校和科研机构已经完成了绩效工资的改革，绩效工资总额主要由地方人社部门、财政部门、教育部门和科技部门根据往年的水平确定。但是，这些科研事业单位绩效工资总量核定办法有待完善。其一，绩效工资总量核定依据不科学。现有的核定依据主要是单位的人员总量和结构，未与单位的工作量和工作质量挂钩。单位完成任务的多少、优劣对单位的绩效工资总量的影响不明显。其二，在绩效工资总量核定的实际操作中，为保障改革的平稳过渡，中央和地方政府部门在核定绩效工资总量的时候，往往参照历史水平，在之后进行绩效工资总量调整时，由于缺少调整依据，历史绩效工资水平往往起决定性的作用。其三，纳入绩效工资总量的项目不明确，各地的做法也不一样。比如，有的地方把科技项目中的人员绩效费都纳入单位的绩效工资总额，导致科研人员多做科研项目的同时却无法突破绩效工资总额。还有的地方把科研人员从科研成果转化中获得的收益也纳入了绩效工资总额。

关于央属事业单位科研人员希望加大激励力度的要素，中国人事科学研究院的调查发现，主要是基本工资（3.03）、奖金（1.78）和津贴补贴（1.58）（见图5-1）。

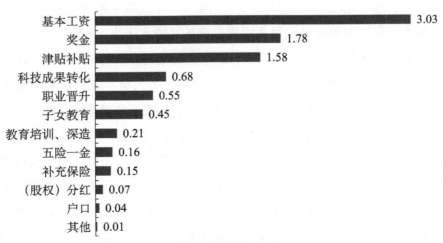

图5-1　科研人员希望加大激励力度的要素

注：调查问卷为排序题，排在第一位的为5分，图中数值代表各激励要素得分平均值。

（三）体现知识、技术等创新要素价值的科技人才收益分配机制尚不完善

党的十九届五中全会和 2021 年中央人才工作会议都明确提出要构建充分体现知识、技术等创新要素价值的收益分配机制。近年来，我国在科技人才收入分配方面有了很多的探索和尝试，但仍存在科技人才总体薪酬水平低、薪酬结构单一、缺乏长期激励等问题。

首先，我国现行体制内科技人才的整体薪酬水平偏低，尤其是对高水平科技人才的激励不够。在知识经济时代，顶尖科技人才具有不可替代的作用，因此华为等民营高科技企业根据需要推出了百万年薪的天才少年计划。相比之下，体制内的科技人才的整体薪酬水平偏低，薪酬和人才个体的工作能力和业绩联系不够紧密。在北上广深等一线大城市，科技人才特别是青年科技人才面临较大生活压力，薪酬水平并不能为科技人才提供较好的生活保障，他们往往面临住房、子女教育等难题，这些难题也一定程度上分散了科技人才的精力，阻碍了科技人才创新创造活力的迸发。

其次，科技分红、股权激励、超额利润分享等激励制度没有得到充分应用。国家曾出台多个政策，如《关于以高新技术成果出资入股若干问题的规定》（1997）、《关于以高新技术成果作价入股有关问题的通知》（1999）、《关于国有高新技术企业开展股权激励试点工作的指导意见》（2002）。财政部与科技部在 2010 年联合下发《中关村国家自主创新示范区企业股权和分红激励实施办法》，以中关村为试点率先开展股权和分红激励试点。随后，一些国家级高新技术示范区相继出台相关试点办法跟进。2016 年，《国有科技型企业股权和分红激励暂行办法》发布，该办法聚焦于国有科技型企业中关键职务科技成果的主要完成人、重大开发项目的负责人、对主导产品或者核心技术和工艺流程做出重大创新或改进的主要技术人员等核心人才的长期激励。但由于体制内单位和国有企业的长期激励政策仍然面临一些体制障碍，

因此针对其科技人才的科技分红、股权期权、超额利润分享等长期激励措施并没有得到广泛应用（李恩平，李娇，2016）。中国人事科学研究院的调查表明，仅 0.29% 的央属事业单位科研人员有股权分红，仅有 5.72% 的科研人员有科技成果转化收入。

（四）缺乏有利于科技成果转化的政策体系和中介体系建设

科技成果转化是科学技术转变为新质生产力的重要途径，是科技创新活动全过程的"最后一公里"。提升科技成果转化能力对完善我国的国家创新体系、实现创新驱动发展战略具有重要意义。根据 2023 年的统计数据，我国研发投入超过 3.3 万亿元。然而，科技成果转化率偏低，这不仅制约了科技创新对我国经济社会高质量发展的支撑作用，也不利于进一步激发科技人才的创新活力。党的十八大以来，为加速科技成果转化，我国相继出台了一系列法规政策文件。2015 年修订了《中华人民共和国促进科技成果转化法》，另外各部门也出台多项政策措施，例如《教育部 科技部关于加强高等学校科技成果转移转化工作的若干意见》《人力资源社会保障部关于支持和鼓励事业单位专业技术人员创新创业的指导意见》等。2017 年，国务院印发《国家技术转移体系建设方案》，着力构建符合科技创新规律、技术转移规律和产业发展规律的国家技术转移体系。《中国科技成果转化 2019 年度报告（高等院校与科研院所篇）》显示，我国科技成果转化规模持续攀升，但仍然存在科技成果转化收益分配和绩效考核评价机制不健全的问题，致使科研人员成果转化动力不足。

首先，当前人才评价普遍存在"重论文，轻专利；重成果报奖，轻成果转化"的现象，使得科技成果转化长期游离于科技人才的主流考核指标之外，这也导致科技人才缺乏成果转化的动力。高校和科研机构对科技人才的考核评价主要是看发表的论文数量和等级，而对科研成果转化并不太关注。其次，市场导向的成果转化激励机制缺失，科技人才促进科技成果转化的收益得不到保障。虽然出台了相关政策，但很多单位在实际的成果转化收益分配中对政策的落实不到位，而且一些单位还存在平均主义倾向，甚至一些行政管理人员在成果所有权中排名靠前，这极大影响了科技人才的成果转化积极性。一位拥有十几项专利的科技人才在谈到成果转化的时候提及："专利商业化的过程是很复杂和艰难的，还需要大量的经费支持，当失败的时候，风险由自己承担；当成功的时候，单位成果转化处的人就会出现，说当初你做研发时人才工程给你经费支持，现在专利带来了收益，单位应该拿大部分，想想这些我就不想去做成果转化。而且单位对我在成果转化方面没有什么支持，一切工作要由我一个人去做，这会影响我个人的科研成果数量。"这段话充分说明了一些单位现行的考核和激励制度是不利于科技成果转化的。最后，我国的科技成果转化缺乏专业化的中介服务机构。市场化是发达国家科技成果转化活动最为核心的特征，而中介机构则在成果评价、咨询、转让、风险投资等环节扮演了重要作用。我国目前缺乏成果评估、知识产权服务、科技成果转让等中介服务机构，中介服务机构难以从科技成果转化过程中获益，风险投资机构也有待进一步成长。整体而言，我国科技成果转化中介体系建设的薄弱之处也在一定程度上制约了我国科技成果转化效率的提高。

（五）青年科技人才生活压力大、担纲机会少、成长受限

习近平在 2021 年中央人才工作会议上强调，"青年人才是国家战略人才力量的源头活水……要把培育国家战略人才力量的政策重心放在青年科技人才上，给予青年人才更多的信任、更好的帮助、更有力的支持，支持青年人才挑大梁、当主角"。《中国科技人才发展报告（2022）》中的数据显示，近年来有更多的青年科技人才脱颖而出。更多优秀青年科技人才在国家重大科技任务中挑大梁、当主角，国家重点研发项目参研人员中 45 岁以下科研人员占比超过 80%。然而就整体情况而言，当前仍然存在一些阻碍青年科技人才活力迸发的问题，集中表现在以下几个方面。

第一，青年科技人才生活压力大。北上广深等一线大城市科研单位和科研资源较为集中，是许多青年科技人才从事科研工作的首选。但同时，一线城市的青年科技人才面临高房价、高生活成本等压力，而收入往往与职

称、资历、头衔、项目、论文等挂钩。这些现实压力导致青年科技人才无法专注于科研工作，很难十年磨一剑，更多是选择短平快出成果、上职称的项目。

第二，青年科技人才担纲机会少。科研单位在重大科研任务分配时对项目承担者的职称、奖项或人才帽子考虑较多，使得青年科技人才很难深度参与到国家关键核心技术攻关和前瞻性、战略性的重大科技项目中去。像一些国家级的重大科技项目，只有拥有国家级人才帽子的青年科技人才才具备申报条件，这导致青年科技人才首先把很多精力投入职称评审、帽子竞争上。青年人正处在科研黄金阶段，担纲机会少阻碍了青年科技人才聪明才智的发挥。建议国家和各单位更多采用揭榜挂帅等公平竞争的方式，让真正有能力的青年科技人才有更多的担纲和挑大梁的机会。

第三，青年科技人才缺乏长期、稳定、公平的发展环境。刘长军和吴江（2022）认为，当前一些科研单位存在职数职级等客观限制，导致青年科技人才晋升路径狭窄。此外，科研领域对做出成果缓慢的青年人才包容度有限，很多高校对青年人才实行"非升即走"的淘汰制度，加剧了青年科技人才的"内卷化"。这种竞争环境下，青年科技人才很难坚守"板凳甘坐十年冷，文章不写半句空"的科研理想和追求真正的科技创新实绩。另外，在科研资源的调动分配上和重大科研任务的承担中，论资排辈、领导优先、轮流坐庄的现象在一定程度上存在，青年科技人才的家庭出身、师承关系、贵人相助等因素也对青年科技人才获取科研资源带来一定的影响。这些因素使青年科技人才对个人发展环境的公平性产生怀疑，一定程度上降低了青年科技人才干事创业的热情。

在课题组的一项调查中，被调查者认为科技人才激励的关键举措包括薪酬和知识创造与科技创新挂钩；拓展科技人才职业发展空间；完善成果转化激励办法等。通过调查我们总结了如图 5-2 所示的频率分析图。

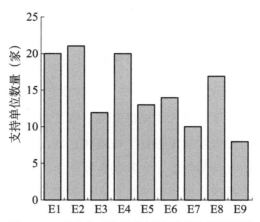

图 5-2　科技人才激励关键举措支持单位数量

注：E1——提高科技人才薪酬水平；E2——薪酬和知识创造与科技创新挂钩；E3——破除官本位，营造科技创新氛围；E4——拓展科技人才职业发展空间；E5——完善专利保护和职务发明奖励制度；E6——增加科研自主权和工作自主性；E7——增强精神激励；E8——完善成果转化激励办法；E9——加大科研经费支持力度。

第二节　科技人才激励的国际经验与国内实践

一、科技人才激励的国际经验总结

（一）简单高效的科研管理

世界创新型发达国家在科研管理上普遍体现了简单高效的原则。以美国为例，为提高科研管理效率、减少科研工作者不必要的事务性负担，美国国家科学基金会等机构在 20 世纪 80 年代联合推出了联邦示范合作项目。该项目着力于建立政府与高校科研工作者对话和合作的平台，举办圆桌会议开诚布公地探讨在科研项目审批和管理过程中存在的不足，提出改进方案，并在小范围内测试改进方案的实际效果并加以推广。联邦示范合作项目的实施促成了科研资金"放权条款"，加快了联邦政府的拨款效率，并允许科研课题负责人在一定程度上灵活使用科研资金。调查显示，放权条款为科研人员节省了 15% 的行政工作量（王盈，2007）。联邦示范合作项目为美国政府科研资金管理机构在提高工作效率、简政放权、完善国家资助科研项目管理机制等方面发挥了积极作用，使科研人员能够集中精力开展科学研究。

（二）支持青年科技人才的成长和发展

为了应对日益激烈的全球科技竞争，更好掌控战略科技人才储备主动权，主要发达国家为青年科技人才提供支持。余玉龙和朱娅妮（2022）对一些国家最新的青年科技人才政策进行了梳理和总结，发现这些国家对青年科技人才给予更普遍的支持和帮助，尤其是在博士生阶段。法国计划扩大博士生招生并提高博士生待遇，建立最长可达 6 年的博士后合同制度，为他们成为正式科研人员提供保障和机会。韩国支持博士生科研实践教育课程改革，新设"生涯基本研究"支持项目，强化对青年科技人才的职业发展规划支持和咨询服务。日本畅通博士生向产业界的流动路径，实现博士生带薪实习常态化，鼓励企业录用博士生人才。新加坡提出依托新加坡国立大学、南洋理工大学等著名学府开发下一代企业和专业领袖。

主要发达国家不仅致力于提高青年科技人才的生活水平和工作报酬，还积极构建了普惠性稳定性和专门性竞争性相结合的项目资助支持体系。法国计划到 2027 年将博士生薪金逐步提高约 30%，同时 2021 年起所有青年科技人才的薪酬不低于法国最低工资标准的 2 倍。日本面向青年科技人才设立了最长为 10 年期的创发性研究支持项目，同时修订竞争性科研经费管理办法，重点支持青年科技人才。俄罗斯提出到 2030 年，青年科技人才（39 岁以内）数量在科技人才总数中的占比达到 51.5%，并为他们提供个人科学、工程等事业发展机会。此外，一些国家还通过积极搭建国际化平台给予青年科技人才充分的国际合作和成长机会。比如，新加坡实施 A*STAR 优秀青年科学家计划，对相关领域的优秀青年科技人才给予最高 50 万美元的科研奖励，并邀请世界最顶尖专家给予指导。

（三）专利保护和市场化成果转化是激发科技人才创新活力的重要手段

美国为了保护知识产权和促进成果转化，专门制定了《技术转让商业化法》（1998）、《美国发明人保护法》（1999）等法律法规，倡导以合同方式约定职务发明成果各方的利益分享。美国自 1980 年颁布《拜杜法案》以来，科技成果的专利权一直属于科研单位，但为了保障科技人才的权益，美国颁布了《美国专利改革法案》，规定科技成果专利申请权归科技人才，即单位需要在科技人才申请专利之后以再转让的方式获得科技成果专利。美国的改革使得科研单位需要与科技人才建立利益协商机制，一方面是为了更好地促进科技成果转化，另一方面仍然强调对科技人才权益的保障。

除了强大的专利保护体系，美国还有着非常有效的科技成果商业孵化模式，其中美国硅谷的成功经验最有代表性。李彦斌（2001）认为硅谷的风险投资体系对于硅谷的高新技术产业的发展具有举足轻重的推动作用。风险投资企业不仅可以为中小企业提供资金支持，还可以为所投资企业的业务计划和战略提出建设性意见。美国的风险投资占世界风险投资规模的半数以上，而美国大约 50% 的风险投资基金都设在硅谷。在硅谷，许多高科技公司都采用了股票期权来激励科技人才，来自股票期权的收入反映了科技创新成果的收益。此外，硅谷还设有技术配股、职务发明收益分享等激励机制。在硅谷，每天都有大量的创业资本和先进的技术成果在不断进行相互选择，大量的创业资本促进了科技成果的商业化，造就了一批优秀的高科技企业，最终促进了硅谷的成功。

（四）宽松的科研环境和允许犯错的包容文化

对于科技人才来说，宽松的科研环境和允许犯错的包容文化至关重要。在创新型发达国家，很少有行政手段直接干预科学研究的现象，科技人才有着宽松的工作环境和自由探索与发展的空间。包容和信任的科研氛围也有利于原始创新成果的出现。在世界主要发达国家，科研管理工作中形成的一个共识就是"允许失败"。管理制度设计的初衷是相信绝大多数科学家具有良好的科研道德，如果失败的原因不是主观不努力，那么尽管项目失败了，对该项目的资助也是成功的，也是对科学的贡献，因为它产生了"潜在的效益"，即能够把失败的经验留给后人。这种理念极大地保护了科学家探索的积极性，为创新营造了广阔的空间。

二、科技人才激励的国内优秀实践调研

（一）A 企业的科技人才激励实践

A 企业的简介和访谈过程见第 4 章。A 企业的科技人才激励实践要点如下。

1. 增加绩效分配比重，下放分配权力

改革之前，A 企业依据岗位层级发放薪酬。改革之后，A 企业增加了绩效工资在薪酬结构中的比例。A 企业根据各部门绩效确定部门绩效总额，并将绩效工资分配权下放给部门，实现了以部门绩效和个人绩效为导向进行薪酬分配，改变了收入论资排辈的情况。通过绩效工资改革，贡献大的科技人才可以有更多收入，拉开了收入差距，调动了科技人才的工作积极性。

课题组对访谈资料进行了编码，结果如表 5-1 所示。

表 5-1　A 企业访谈资料编码示例 1（科技人才激励）

访谈资料	开放式编码：贴标签
从 2020 年开始，我们对薪酬制度进行改革，根据整个部门的绩效（a13），来确定整个部门的薪酬总额（a14），各技术部门再以人员参与项目的程度，或者是对项目的贡献去分配（a15）。这两年实施下来效果很好，因为原来国企的薪酬体系完全按照层级，主要就是熬年限（a16），更高级别的人，他的收入肯定是更高的。这两年我们推行这个薪酬制度之后，好多低级别的人员的收入会高于高级别的人员（a17），就是因为他在项目中的贡献，部门对他的认可更高，完全是看成绩去做薪酬分配，而不是看层级或者资历（a18）。	a13：以部门绩效为导向 a14：按绩效确定部门薪酬总额 a15：部门内部按对项目的贡献分配薪酬 a16：改革前按照层级、资历 a17：根据绩效和贡献拉开收入差距 a18：弱化层级和资历的重要性

2. 科研项目和科技成果奖励办法

科研项目设置节点，按照节点进行考核验收，考核通过后进行奖励分配。除了节点考核奖励，A 企业也奖励专利申报。专利如发明和实用新型，获得后公司内部分别奖励 8 000 元和 2 000 元。对于优秀的科技成果，可以申报省市级科技成果奖。A 企业的一位科技人才代表认为，"科研项目的重要程度和工作贡献大小是科研项目奖励分配的最重要参考"。

课题组对访谈资料进行了编码，结果如表 5‐2 所示。

表 5‐2　A 企业访谈资料编码示例 2（科技人才激励）

访谈资料	开放式编码：贴标签
科研项目的奖励是这样的，在申请国家项目的时候，会对项目经费做预算，这时候就允许做人员绩效支出（a133）。这在企业内也有制度支撑，由项目组来制订分配计划，由项目负责人审批，然后报总工程师批准，下发到参与项目的技术人员（a134）。这块是根据项目参与人的贡献度大小，当然技术是没法完全量化的……申报专利，获得之后，也是有相关的比重。我记得发明可能是 8 000 元，实用新型是 2 000 元（a148）。这都是有相关政策的。	a133：科研项目的人员绩效支出 a134：项目负责人有绩效分配权 a148：奖励专利

3. 科技成果转化存在一定困难

由于特殊的行业背景，A 企业的相关科技成果转化存在一定的困难，市场化能力不足，同时缺乏相关的科技成果转化的收益分配政策支持。

4. 广泛应用岗位分红和项目分红

A 企业同时实行了岗位分红和项目分红，都是以科技人才作为主要的激励对象。岗位分红是指依据企业经营情况提取超额利润的一定比例进行分红。项目分红是指依据研发出的产品的经济效益对研发团队进行分红。A 企业未上市，无股权激励相关激励措施。

课题组对访谈资料进行了编码，结果如表 5‐3 所示。

表 5‐3　A 企业访谈资料编码示例 3（科技人才激励）

访谈资料	开放式编码：贴标签
我们是从去年开始设计了岗位分红的中长期激励模式，所有人员中技术人员能占到 90% 以上（a21），还有一些项目管理人员……岗位分红主要根据企业整体的经营情况（a26），要求企业有利润、研发成果，目前来看主要是利润要有持续的增长，然后根据增长部分提取额度（a27），对核心岗位的人员进行激励……项目分红主要是针对项目收益（a29），不是看企业整体的收益，只要你研发出来的产品在市场上取得了较好的收益，那么就针对这个产品的研发人员实施奖励（a30）。	a21：技术人员岗位分红激励 a26：岗位分红和企业整体经营情况挂钩 a27：岗位分红来自超额利润提取 a29：项目分红只与项目收益有关 a30：项目分红主要针对产品研发人员

编码结果表明，A 企业的科技人才激励体系主要包括绩效工资、岗位分红、项目分红以及一系列科研项目和科技成果奖励等。在绩效工资设计中，A 企业主动放权给下级部门进行二次分配，利用绩效拉开收入差距，调动科技人才工作积极性。A 企业科研项目和科技成果奖励的方式同 B 企业、C 研究院类似，包括项目节点考核奖励、申请专利的奖励以及申报科技成果奖的奖励。另外，尽管没有股权激励措施，但 A 企业实施了岗位分红和项目分红，在一定程度上弥补了中长期激励的不足。

（二）B 企业的科技人才激励实践

B 企业的简介和访谈过程见第 4 章。B 企业的科技人才激励实践要点如下。

1. 利用绩效工资分配机制鼓励竞争

B 企业的员工工资分为月度工资和年度绩效工资两部分，月度工资又细分为月基本工资和季度绩效工资按月发放部分，其中绩效工资占比约 60%。B 企业将年度绩效工资和企业的年度经营情况挂钩，绩效评级分为 A、B、C 三个等级，绩效考核结果差的不能参与职称评审和职务晋升，长期处于 C 等将根据个人情况进行换岗或者淘汰。B 企业通过绩效工资改革提高绩效工资在薪资结构中的占比，同时根据企业的技术研发导向建立了人才量化评价考核机制，将绩效工资与评价考核结果紧密挂钩。B 企业通过部门绩效与个人绩效相结合方式确定绩效工资，以此拉开科研人员的薪酬差距，鼓励竞争。B 企业的一位科技人才代表认为，这种绩效工资体系成功地调动了科技人才的工作积极性。

课题组对访谈资料进行了编码，结果如表 5-4 所示。

表 5-4　B 企业访谈资料编码示例 1（科技人才激励）

访谈资料	开放式编码：贴标签
我们的薪酬体系从大处说分两部分，从小处说分三部分。按两部分，一部分是月度工资，另一部分则相当于年度绩效工资（b1）。月度工资又分两部分，一部分是月度基本工资，	b1：工资包括月度工资和年度绩效工资

续表

访谈资料	开放式编码：贴标签
另一部分是季度绩效工资，季度绩效工资也是放到每个月正常发放的（b2）。月度工资里面基本工资大概占 40%，绩效工资占比约 60%（b3）……在整个公司体系里面，技术人员工资的平均水平要比同岗位管理人员的工资水平高 10% ～ 20%（b4），技术人员还有技术类的奖励，比如说获得国家科学技术进步奖、专利，项目结项之后还有相应的奖励（b5），还有一个就是项目研发出来投放市场之后，可以拿产品提成（b6），有一定的比例，这是有制度规定的。	b2：月度工资包括基本工资和季度绩效工资 b3：月度工资中绩效工资占比较大 b4：薪酬向技术岗位倾斜 b5：有专利、项目结项奖励等多种奖励形式 b6：新产品收益提成

2. 完善的科研项目和科技成果奖励办法

和 A 企业类似，B 企业的科研项目间接经费用于科研人员绩效奖励，根据项目节点进行审核验收，验收通过后发放相关奖励。另外，优秀的科研项目结项后也会有奖金。B 企业有专门的专利管理办法，专利分为实用新型、发明和外观设计，获专利后将给予申报者一定的现金奖励。对优秀的科技成果和国家、省市级重大成果，也会对相关科研人员进行奖励。B 企业的一位科技人才代表认为，"企业现在推行的一些科研项目，到了关键节点，通过了考核，都是有激励措施的，让能干的人不吃亏。公司内部鼓励人才到前线去，让大家在做好科研的同时获得尊重"。

课题组对访谈资料进行了编码，结果如表 5-5 所示。

表 5-5　B 企业访谈资料编码示例 2（科技人才激励）

访谈资料	开放式编码：贴标签
我们部门主要围绕科研项目设置一些科研奖励，第一个是科研上的绩效奖励，如一些国家项目、省市项目，在申请的时候都会有一定的绩效奖励，在间接费用里面都有绩效奖励的额度，我们也是按照相应的比例及时发放（b46）。第二个是我们企业内部的科研项目，每年在结项或者是中期评估的时候，我们会评出一些优秀的项目，大概有 20% 的比例给予相应的奖励（b47）……现在的话，公司给予发明专利的奖励是 1 万元，实用新型是 2 000 元（b105）。	b46：科研项目绩效奖励 b47：对优秀的科研项目实施奖励 b105：对发明专利和实用新型专利实施奖励

3. 利益共享、风险共担的科技成果转化机制

B 企业制定了科技成果转化管理办法，整机类产品进入市场后根据销售额提取一定比例用于一次性奖励，零件类产品进入市场后按产品三年的销售额进行提成。研发团队、销售团队、售后服务团队、营销团队都参与提成。研发人员奖励比例基本上占据整个奖励份额的 50%。另外，新产品转化在公司内有专门的团队负责对接。B 企业的科技管理负责人认为，"科技成果转化要形成研发、销售、售后的全流程的利益共享、风险共担的模式"，这样才能更好地实现科技成果的转化。

课题组对访谈资料进行了编码，结果如表 5-6 所示。

表 5-6　B 企业访谈资料编码示例 3（科技人才激励）

访谈资料	开放式编码：贴标签
我们有一个新产品管理办法，每年下线生产的一些产品，经过专家评审并且上市的话，可以申请新产品奖励（b51）。新产品奖励就是按照比例给予提成，从鉴定为新产品之后，往后数三年，但这个不只是奖励研发团队，因为我们要形成利益共享、风险共担的机制。新产品奖励下来之后，有些人可能说发完奖励了，后续售后维修没人去管了，这是不行的，我们要确保研发团队、销售团队、售后服务团队、营销团队是绑在一起的，确保我们整个项目的成功（b52）。奖励的额度按照销售额来提，有些项目一年下来新产品奖励就有好几百万元。用于研发人员的奖励基本上占据一半（b53）。	b51：科技成果转化为新产品的奖励 b52：更多人进行利益共享 b53：研发团队奖励占据一半

4. 积极试点岗位分红

B 企业在下属子公司实行岗位分红试点，划定 30% 人数的激励范围，提取公司一定利润额度进行岗位分红。超额利润分享有过积极探索，但在 B 企业并未最终落实。由于没有上市，B 企业目前并无股权激励相关措施。B 企业的科技管理负责人认为，"通过岗位分红激励，可让技术骨干科研骨干有一种激励感、获得感，让大家热情高涨一些"。

课题组对访谈资料进行了编码，结果如表 5-7 所示。

表 5-7　B 企业访谈资料编码示例 4（科技人才激励）

访谈资料	开放式编码：贴标签
我们在设备公司试点搞了一年岗位分红（b14），今年也在继续搞。原来设备公司是稍微有亏损的，但是去年搞了岗位分红之后盈利了 1 000 多万元，有 40 多个人享受到了岗位分红，整体来说还是不错的（b15）。今年我们想扩大一定的范围，当然不是在全范围内搞，还是试点，因为我们是科改示范企业，支持岗位分红试点（b16）……岗位分红有个红线，激励对象不能超过 30%。其中大部分都是技术骨干（b17），然后对他们也定了目标，就是说今年的技术研发成果要达到什么目标，要设计出来多少新产品，要保证完成任务（b18）。企业有利润才能分，没利润就不能分了（b19）。	b14：子公司试点岗位分红 b15：岗位分红取得积极效果 b16：科改示范企业支持岗位分红试点 b17：岗位分红主要针对技术骨干 b18：目标完成才能分红 b19：企业有利润才能进行岗位分红

5. 揭榜挂帅科研攻关的奖励

B 企业还实施了揭榜挂帅，提供不超过 30 万元的奖励，鼓励科研人员在业余时间进行科研攻关，科研人员签署军令状，在规定时间内完成目标可以得到奖励额度。B 企业对这种揭榜挂帅项目强调根据价值创造进行内部分配，团队负责人奖励分配比例不低于 30%。B 企业的一位科技人才代表认为，"揭榜挂帅项目充分调动了科技人才的科研热情，助力很多科研难题的突破"。

课题组对访谈资料进行了编码，结果如表 5-8 所示。

表 5-8　B 企业访谈资料编码示例 5（科技人才激励）

访谈资料	开放式编码：贴标签
我们也在推行揭榜挂帅制度（b47），从去年开始执行，目前试行了三批，大概有六个项目，每个项目给予不超过 30 万元的奖励，这样执行就相当于是鼓励科研人员利用自己的业余时间进行一次立军令状的限时攻关（b48）。还有节点考核，只要通过了节点考核，我们就发放相应的绩效奖励。提前签订好军令状，明确了你的任务到哪个节点就会有验收，验收合格之后就发放奖励（b49）。这种揭榜挂帅项目通常要在一年之内完成，时间非常紧，比如针对现场施工设备遇到的一些急需解决的问题，我们进行限时攻关（b50）。我们要求每一个攻关团队不能超过十人（b51），而且团队负责人的奖励分配比例不得低于 30%（b52），就是要让真正干这个活的人，拿到更多的奖励。	b47：揭榜挂帅激励制度 b48：科研人员利用业余时间进行限时技术攻关 b49：实施项目关键节点奖励 b50：揭榜挂帅针对紧急问题而实施 b51：揭榜挂帅项目采用小团队 b52：团队负责人奖励分配比例不低于 30%

调研表明，B企业十分重视科技人才激励，并取得了显著的效果。B企业的绩效工资与量化评价紧密挂钩，科研项目奖励和专利等科技成果的奖励机制都比较完善。值得一提的是，B企业在科技成果转化方面也出台了相关制度，通过新产品上市提成，实现了研发、销售、售后多部门利益共享、风险共担的转化模式。B企业作为科改示范企业，还试点了岗位分红制度。此外，B企业主动响应中央人才工作会议精神，积极推动揭榜挂帅及其奖励制度落地，极大激发了科技人才的创新活力和动力。

（三）C研究院的科技人才激励实践

C研究院的简介和访谈过程见第4章。C研究院的科技人才激励实践要点如下。

1. 提高绩效工资在科技人才收入中的比重，强调价值创造导向

C研究院的工资体系由三部分组成：第一部分是岗位工资；第二部分是日常绩效工资，这部分打包给部门，由部门根据绩效分配给个人；第三部分为年度绩效工资，根据年度考核结果进行分配。C研究院通过提高绩效工资在科研人员收入中的比重，并利用绩效考核结果拉开收入差距，调动了科技人才的工作积极性，让价值创造多贡献多的人能够得到更多收入。同时，基本工资与人才的专业技术等级挂钩，运用量化评价机制，鼓励科研人员向上走。同职务等级的技术人员的基本薪酬要比行政管理人员高。C研究院的一位首席科学家认为，"这次改革在当时影响比较大，明显感受到了向科研人员倾斜，他们的积极性有了明显提高，去机关的人少了好多，更多的人选择留在基层科研岗位"。

课题组对访谈资料进行了编码，结果如表5-9所示。

2. 基于科研项目的全链条考核与奖励

C研究院科技人才的科研工作主要依托各类科研项目的开展，因此针对科研项目设置了全链条奖励。科研项目间接经费中的绩效支出用于对科研项目团队人员的奖励和绩效分配，并以节点验收的形式进行考核验收，奖励内容包括立项奖、优秀奖、成果奖等，优秀科研项目结项后会有额外奖励。此

表 5 - 9 C 研究院访谈资料编码示例 1（科技人才激励）

访谈资料	开放式编码：贴标签
我们单位首先是通过绩效工资设计来调动科技人才的积极性。我们的工资制度俗称三元结构工资制，第一元就是事业单位的基本经费，即岗位工资（c12）。第二元就是日常绩效工资，我们通过对岗位进行盘点，打个包给部门，根据完成情况来分到个人（c13）。第三元就是根据年底整个部门的考核情况，再给打个包，分给个人（c14）。大概就这样实行三元结构工资制。目前的话，第三元占比约 40%（c15）。	c12：第一部分是岗位工资 c13：第二部分是日常绩效工资 c14：第三部分是年度绩效工资 c15：年度绩效工资占比较大

外，在科研项目工作过程中如果产生专利、论文等科技成果，专利权归单位，单位会根据情况给予一定的现金奖励。

课题组对访谈资料进行了编码，结果如表 5 - 10 所示。

表 5 - 10 C 研究院访谈资料编码示例 2（科技人才激励）

访谈资料	开放式编码：贴标签
科研奖励上我们是这样子的，有立项奖、优秀奖、成果奖。什么意思呢？我们在科研项目当中弄一个链条，专门对科研进行奖励（c7）。现在都是科研竞标，只要你成功竞标，根据你竞标回来的钱，给团队 10% 或者 5%的奖励（c8），然后项目过程中我们会评优秀奖，你只要干得好，大家和专家评觉得你不错的话，会适当地把科研经费中的人员绩效部分拿出来作为奖励（c9）。还有一个结项奖，就是项目结束了，再评价一下这个项目的贡献、成果，你再获得一个激励（c10）。目前已经做得很不错了，近三年我们已经发了大约 6 000 万元的科研项目奖励，只要拿到项目，都是按照这一套来管理和激励（c11）。	c7：科研项目全链条奖励 c8：团队层面的立项奖励 c9：人员绩效奖励 c10：结项奖 c11：项目奖励制度化

3. 科技成果转化激励的积极探索

C 研究院的科研项目团队可以获得科技成果转化收益，如果产品投入市场，研发团队能够获得收益提成。但由于行业特殊，相关技术成果研究周期长转化慢，企业的成果市场化能力偏弱，因此科技成果转化收益不具有代表性。C 研究院的一位首席科学家认为，"成果的创新转化还是有一定的束缚，对创新成果的激励主要是通过绩效体现，也有一定的产品转化，但这部分产品转化主要在单位层面进行，效率也比较低。现在国家政策比较鼓励这方面，我认为是对的，因为大家做市场做产业，需要市场化的激励"。C研究院的一位科技带头人也认为，"科技成果转化需要多年的技术积累，成果转化收益分享能够对科技人才起到激励作用"。

4. 中长期激励较薄弱

C研究院的中长期激励主要体现在岗位分红，但该激励机制覆盖范围很小，只有20人左右；无股权激励相关措施。

课题组对访谈资料进行了编码，结果如表5-11所示。

表5-11　C研究院访谈资料编码示例3（科技人才激励）

访谈资料	开放式编码：贴标签
我们也在不断探索中长期激励等机制（c2），比如岗位分红，但这个机制覆盖范围很小，只有20人左右，也没有全面推开（c3）……我们的一些产品可以民用，在民用上跟人家合作起来。我们现在有两个公司（c85），每年的利润分红，一半属于个人（c86）。但是现在也在考虑进一步完善，因为技术不是当事人自己搞出来的，需要多代人积累，那么开发这个技术的时候，前后怎么平衡，肯定是各种各样的因素都要考虑（c87），反正是不停地完善，确实起到了激励作用。现在分到钱了，也已经有好几年了，我们这几年基本上没有参与到那个项目中，但因为我们是技术部门的人，所以也有奖励（c88）。	c2：探索中长期激励 c3：岗位分红覆盖范围小 c85：子公司孵化科技成果 c86：科技成果转化个人收益分享 c87：考虑技术积累的合理激励方式 c88：技术人员参与利润分享

调研结果表明，C研究院通过构建一系列的体现知识创造价值的收入分配制度，成功地激发了科技人才的创新活力。这些措施包括改革工资体系，扩大绩效工资占比，实现能者多劳且能者多得；利用科研项目全过程奖励对科技人才进行项目奖励；科技成果转化激励措施和岗位分红等也在一定范围内开始实施，但是由于行业特殊性，这部分激励措施受到了一定限制。

（四）E研究所的科技人才激励实践

E研究所的简介和访谈过程见第4章。E研究所的科技人才激励实践要点如下。

1. 利用多种手段提高科技人才收入水平

当前由于科研院所体制机制的问题，其薪酬体系没有办法对标企业。E研究所健全创新积累保障机制，构建充分体现知识、技术等创新要素的分配制度。E研究所尽可能提高科研人员的薪酬水平，对于引进的科技人才采取一人一策的方式，尤其是对于青年人才而言，尽可能提高他们的薪酬，这样他们才能安心地搞科研。E研究所也学习了其他院校和企业的做法，比如对于一些前沿领域的开发项目，对参与其中的科研人员不设置工资上限，这样能起到很大的激励效果。E研究所允许部分人员在外面兼职，不过前提条件是兼职的事情必须同E研究所的事情相契合。此外，虽然E研究所的基础工资与企业相比没有竞争性，但是科研人员可以通过科技成果转化的方式，在更长的时间跨度内获取较高的收入。

2. 注重非物质激励

E研究所的整体薪酬水平不高，会给科研人员发放较基础的一部分钱，科研人员如果想要提高自身的薪酬，就需要自己去做一些横向的项目。对于刚入职的青年科研人员而言，住房和子女教育问题等都给他们带来了一定的压力。尽管如此，E研究所的科研人员离职率非常低，他们会较为长期地专注于一件他们认为比较有价值的事情，E研究所在这种氛围的营造上是比较到位的，比较尊重和鼓励科研人员的工作自主性，鼓励科研人员长期专注于感兴趣的事情。并且，很多科研人员有独立带团队的机会，这在一定程度上激励了科研人员。此外，E研究所长期形成的创新文化和团队氛围对于激发科研人员的创造力也是很重要的，并且会让科研人员有种归属感。科研人员自身所具备的对科研工作的使命感，也在很大程度上激发了他们的创新力。

课题组对访谈资料进行了编码，结果如表 5－12 所示。

3. 实施了市场化的长期导向的成果转化激励机制

E研究所对科技人才的激励体现了市场化和长期导向。之所以坚持长期导向，是因为很多科研产出并不能仅仅从短期来衡量效益。另外，E研究所在计算机领域，有很多成果可以实现产业化。因此，E研究所成立了专门的

表 5－12　E 研究所访谈资料编码示例 1（科技人才激励）

访谈资料	开放式编码：贴标签
我感觉这里更能实现自己想要的技术路线，不过薪酬低……院里给拨很基础的钱，如果想要获得更高的收入就需要科研人员自己去做一些横向的项目……尤其是年轻人其实住房压力很大（e5）……生活上会尽量满足刚毕业的博士的需求，住房和孩子读书问题是他们比较关注的……但是研究所的话，因为你可以长期专注于一件感兴趣或者认为有价值的事情（e6）……所以可能后期会有工作上的自由度（e9）……能够独立带团队（e18）……更多的可能就是自我驱动力。我们存在不同的学术类型，有的你能明显感觉到他是有天赋的，有的科研人员是特别勤奋的，但是无论是哪一种，他们的自我驱动都是非常重要的（e20）……比如像张老师，他到别的地方肯定薪酬更高，但是他选择留在这个团队，主要还是看重团队的文化等（e44）……他觉得可以一辈子做这个事情，他是有一定境界的人，有一些理念的东西，主要靠使命感在维持（e50）。	e5：薪酬较低 e6：自己感兴趣 e9：工作自由度高 e18：独立带团队 e20：自我驱动 e44：团队文化 e50：工作使命感

成果转化部门，帮助科研人员对自己的成果进行有效转化。比如，一些团队的工程师在下属的济南研究所中，E 研究所会派一些专门的团队去帮助他们完成项目孵化和成果转化。科研人员的科研成果转化为实际产出的时候，他们就可以获得可观的收入，这是一种市场化的长期导向的激励模式，有效激发了科研人员的创新活力。

课题组对访谈资料进行了编码，结果如表 5－13 所示。

表 5－13　E 研究所访谈资料编码示例 2（科技人才激励）

访谈资料	开放式编码：贴标签
研究所的定位实际上还是有市场化在里头的（e27），计算机领域是特别容易产业化的……产业化的机会比较多……比如老年人认知能力评估、儿童注意力评估等，就是人工智能和医疗的一个交叉领域，产业化市场非常广阔（e33）。我们是有一定条件进行产业化的……所以会有专门的部门包括前后端系统的开发团队去完成一些产品的孵化（e24）……现在有很好的政策，孵化的企业科研团队占大头，所里占小头，孵化出亿万富翁也是有可能的（e36）。	e27：市场化 e33：产业化 e24：产品孵化 e36：科技成果转化收益

4.同行和学术界的认可激励科研人员努力工作

E 研究所属于中国科学院，当科研人员通过中国科学院的平台，在某些关键性问题上取得突破时，就能够获得来自同行的认可以及社会整体的认可，而这种认可会给科研人员带来较高的成就感，科研人员正是通过这种成就感不断激励自己在科研中有所突破。另外，随着文章和科研成果引用量的增加，科研人员的影响力会不断地显现出来，这种影响力也会激励科研人员不断努力。

课题组对访谈资料进行了编码，结果如表 5 - 14 所示。

表 5 - 14　E 研究所访谈资料编码示例 3（科技人才激励）

访谈资料	开放式编码：贴标签
他取得了一个突破，这可能会带来对他的巨大认可……创办研究所的时候，就谈到所取得的项目成果可能会成为老百姓的谈资，也可能被写进总理的报告，所以设置了相应的成果导向（e1）……除了工作上的自由度，还会获得一些影响力……因为你成功了，得到了同行认可……同行引用然后进行评价，自然而然你的影响力就出来了（e12）。	e1：获取外部认可 e12：个人影响力

（五）F 医学研究所的科技人才激励实践

F 医学研究所位于上海某大学的附属医院内，良好的地理位置使得研究所与医院紧密合作，能够充分利用医院的临床资料和科研设施，开展具有实用价值的医学研究。F 医学研究所下设了分子医学、细胞生物学、肿瘤研究、临床转化研究、免疫学、药理学、遗传学和流行病学等多个研究部门。

F 医学研究所的科技人才激励实践要点如下。

1.认可科研人员的学术成果并给予充分的奖励

F 医学研究所会增加在科研项目经费和实验室相关设备方面的投入，以鼓励优秀的科研人员开展创新研究。同时，F 医学研究所设立了学术奖项和荣誉称号，以表彰科研人员的杰出成就，尤其是对于有突出贡献的科研人员，会通过张贴画像、给予资金奖励等方式，充分体现 F 医学研究所对他们所做出的贡献的肯定。此外，F医学研究所会提供相应的学术交流和出国访学的机会，促进科研人员与国内外同行的交流合作。F医学研究所还设立了专门部分来负责技术转移与商务合作，建立了科研项目成果转化和专利转化奖励机制，鼓励科研人员发挥研究成果的实际应用和商业价值。对科研成果转化的扶持，能够让科研人员通过市场机制获取报酬，从而更能激励科研人员进行创新性活动。

课题组对访谈资料进行了编码，结果如表5-15所示。

表5-15　F医学研究所访谈资料编码示例1（科技人才激励）

访谈资料	开放式编码：贴标签
我们所为优秀的科研人员提供丰富的科研项目经费和先进的实验设备，以支持他们开展高水平的科学研究（f2）……所里每年都会评选出优秀的科研人员，并颁发学术奖项和荣誉称号，以表彰他们在科学研究中的突出贡献和成就（f5）……我们也会积极组织学术交流活动，邀请国内外专家来研究所进行课程讲解和项目合作，并且我们也非常支持科研人员出国访学（f9）……负责技术转移与商务合作的被访谈者认为，"我们为科研人员提供专利申请和技术转化的支持，对成功转化的项目进行奖励，包括经济激励和相关荣誉，以鼓励创新成果的产业化发展"（f11）。	f2：资金和设备支持 f5：荣誉称号 f9：访学机会 f11：技术转化扶持

2. 设置良好的晋升通道并提供职业发展指导

F医学研究所根据科研成果和学术贡献给科研人员评定职称等级。评定标准打破了唯论文局面，不是按照论文的数量多少，而是综合评价科研人员在项目过程中的贡献和产出。同时，论文质量也作为他们实现晋升和获取发展机会的参考依据。此外，研究所为科研人员在申请项目过程中提供技术指导和帮助，这种帮助的最终目的是提升科研人员的影响力。科研人员影响力的上升，会极大地激发他们的工作积极性，帮助他们获取更多的学术资源，从而形成良性循环。另外，研究所也为科研人员提供了相关的职业发展指导，良好的职业发展通道也能够有效地留住优秀的科研人员。

课题组对访谈资料进行了编码，结果如表5-16所示。

表 5-16 F 医学研究所访谈资料编码示例 2（科技人才激励）

访谈资料	开放式编码：贴标签
研究所根据科研人员的学术成果、发表论文的质量、科研项目承担情况以及实际工作中的贡献，为他们提供晋升和发展机会（f7）……为科研人员提供科研项目申请指导和资金支持，帮助他们争取到国家级和地方级的科研项目资助，提升研究实力和学术影响力（f12）……每个科研人员的职业发展需求是不同的，针对不同的科研人员，尤其是青年人，所里经常会组织职业发展培训讲座，这些讲座可以帮助科研人员在职业发展的道路上不断成长（f13）。	f7：晋升和发展机会 f12：提升学术影响力 f13：提供职业发展培训和指导

3. 提升科研人员的工作环境和福利待遇

F 医学研究所为科研人员提供了良好的薪酬待遇、研究条件和工作环境，从而有效激励他们进行创新创造。薪酬包括年终奖、科研成果奖金等。针对不同研究领域、不同学术背景的科研人员，F 医学研究所采取了差异化的薪酬制度。同时，F 医学研究所非常强调科研人员的工作-生活平衡，通过工作-生活平衡来保障科研人员的身体和心理健康，并且劳逸结合的方式能够让科研人员对当前的工作环境更为满意，也更有精力和能量来产生创造性的研究成果。

课题组对访谈资料进行了编码，结果如表 5-17 所示。

表 5-17 F 医学研究所访谈资料编码示例 4（科技人才激励）

访谈资料	开放式编码：贴标签
所里为我们提供了相对具有竞争力的薪资和福利待遇，虽然没有那些创业的人多，但是总的来说也是可以的……年终奖、科研成果奖金、医疗保险等都有（f16）……所里其实挺注重我们的工作-生活平衡的，尤其是对于医学科研人员而言，有些领域的研究需要我们一直盯着反应结果，所里会鼓励我们合理安排工作时间，提供灵活的工作制度和假期政策，灵活的时间安排在一定程度上保证了工作-生活平衡（f17）。	f16：合理的薪资和福利待遇 f17：工作-生活平衡

（六）来自调研案例的启示

1. 通过增加绩效工资比重拉开收入差距，调动科技人才工作积极性

通过对调研、访谈和编码进行分析，课题组发现在技术密集型国有企业和事业单位内部，知识价值导向的收入分配制度在逐渐完善。这些单位都非常重视绩效工资体系的设计，打破了固定的岗位层级收入，不再论资排辈按照岗位层级发放固定工资，增加了绩效工资在薪酬中的占比，重视各部门和部门内部的绩效工资的分配，形成了有效的绩效工资分配体系。通过将绩效工资与科研人员的业绩和贡献挂钩，适当拉开了收入差距，调动了科研人员的工作积极性。绩效工资与绩效考核挂钩的前提是企业内部有科学合理的绩效评价体系，有明确的量化指标体系，采用了合理的绩效考核方式。

2. 知识价值导向的各类激励性收入日趋完善

除了绩效工资，我们的调研发现，科技人才的收入还包括科研项目奖励、专利奖励、岗位分红、项目分红、科技成果转化收益等，充分体现了对科技人才知识创造价值的认可。企业都是根据科研项目中的间接经费进行人员绩效支出，按照科研进展的时间节点进行评审验收，通过后对项目团队进行奖励，个人则根据在团队中项目参与的程度和贡献度获得相应奖励。科技人才的专利、论文等科技成果也是依托科研项目产出的，也都设置了相应的奖励。我们在调研中发现，这些企事业单位都实行了岗位分红或者是科技成果转化收益分配机制，一定程度上起到了类似股权激励的长期激励效果。我们的调研还发现，尽管事业单位在工资改革上没有企业灵活，但是在科技成果转化的收益分配机制方面还是比较灵活的。总体来说，在国有企事业单位，知识价值导向的收入分配机制已经逐渐完善。

3. 薪酬激励一定要体现对科技人才工作价值和贡献的认可

在访谈过程中，课题组发现国有企事业单位科技人才对收入不是特别敏感和关注，因此收入分配对科技人才创新活力的直接影响有限。但是，由于基于知识价值分配的导向实现了对科技人才的收入倾斜，科技人才把这个归结为组织和社会对他们的科技工作的价值认可，从而激发了他们的创新创造活力。案例调研还发现，知识价值导向的收入分配保障了科技人才的基本生活，从而让科技人才能够更加专注于科研工作；如果没有这些物质激励措施，科技人才不仅会面临较大的生活压力，也会觉得自己的价值不被肯定和认可。因此，知识价值导向的收入分配制度对科技人才同时产生了物质激励和精神激励。

4.科技人才具有科技报国的使命感和内在驱动力

尽管课题组的访谈主要围绕着收入分配机制，但在访谈的过程中，课题组感受到科技人才普遍具有强烈的使命感、责任感和荣誉感，它们促使科技人才更加认可自身的工作意义，实现了对自身的价值认可，也激发了科技人才的创新活力。因此，对科技人才的激励不能仅仅着眼于收入分配制度，还要培养他们科技报国的使命感、责任感和荣誉感，要形成尊重人才尊重创新的氛围，让科技人才更好地实现对自我价值的认可，进而更好地激发科技人才的创新创造活力。

第三节　对完善我国科技人才激励机制的建议

结合我国科技人才激励的发展历程、问题分析以及国内外的优秀实践，课题组对进一步完善我国科技人才创新激励提出如下对策和建议。

一、建立简单高效的科研管理模式，减少科技人才的事务性时间消耗

（一）简化科研经费管理，松绑的同时增强底线意识

如何管好用好科研经费，对激发科技人才创新活力至关重要。党中央、国务院发布的相关文件多次明确提出赋予科学家更大技术路线决定权和经费使用权，让科研单位和科技人才从烦琐、不必要的流程束缚中解放出来。为有效解决这些问题，党的十八大以来，《关于进一步完善中央财政科研项目资金管理等政策的若干意见》《国务院关于优化科研管理提升科研绩效若干措施的通知》等一系列优化科研经费管理的政策文件和改革措施出台。2021年，《国务院办公厅关于改革完善中央财政科研经费管理的若干意见》印发，提出 25 条改革措施。这体现了国家把科技人才从科研管理的各种不必要的规定和流程中解放出来的决心。

要解决科研经费管理烦琐问题，应从根本上改变科研管理思想，要让科技人才在被充分信任的条件下开展创造性的工作。要优化权责配置，提高审批效能。作为报销业务的行为主体，科研单位应不断简化报销流程，同时完善内部控制制度，做到权责明确、高效便捷。要转变管理流程"只做加法，不做减法"的惯性思维，删减不必要的流程。使票据全面审核向抽查转变，形成"不违规—少审核—简报销"的良性循环。同时，加强底线管理和经费使用规范性抽查监督，在松绑的同时让科技人才增强底线意识。在经费管理中，各管理环节要以信任为前提开展工作，为科技人才在经费使用中带来更好的体验，营造出充满信任的科研环境，从而促进科研效率和创新能力的提升。

（二）将科技人才从事务性工作中解放出来

科技人才的时间非常宝贵。要将科技人才从事务性工作中解放出来，真正让其专注于本职工作，最大限度地发挥作用，创造更多的高质量科技成果。要简化课题申报、报销、结项、成果报奖等事项流程，简化过程管理，加强结果导向的监督，减轻科技人才的事务性负担。要为重大科研项目配备服务团队，为科技人才在科研事务性工作上提供专业化服务，让科技人才真正把时间精力用在科研创新和科技成果转化等工作上。要完善科技人才职业发展通道设计，赋予科技人才更大科研自主权，这样才有可能让科技人才尽量不兼任行政职务，避免被行政工作过多干扰。行政管理者要定好规则做好服务，不干涉科研路线和科技资源分配。要在科研院所内部建立行政、技术等多条职业发展通道，让不同类型人才都有发展，让科技人才能够发挥科技创新的最大价值。

二、进一步完善科研型事业单位薪酬制度

（一）完善事业单位分类管理，根据单位不同定位实施基于绩效目标的工资总额管理

要区分行政类、公益类和生产经营类等不同类型事业单位的特点，尤其

要重视科技人才集中的科研型事业单位的薪酬改革。要进一步细化高校、科研院所等事业单位分类，根据不同类型高校和科研院所的战略定位，全面考虑这些单位的职能和发展目标，如人才培养、科研、社会服务和技术创新等，确定一组绩效指标，根据绩效指标对具体单位进行绩效评价。对不同分类和战略定位下的高校和科研院所，评估指标不同。例如，越是高水平的大学，越强调科学研究和创新层面的评估；越是基础层面的大学，越强调教学、人才培养和社会服务方面的评估。作为高校和科研院所的行业主管部门，教育部门和科技部门应发挥绩效评价的主体作用，同时充分利用第三方评价机构。最终，依据绩效评价结果，财政部门向高校和科研院所提供相应的拨款，将评估结果与科研型事业单位的财政拨款和绩效工资总额相关联。长期来看，政府有必要构建专门的预算管理部门，增强预算管理的独立性和专业性。

（二）优化科研型事业单位的薪酬结构，适当提高基本薪酬占比

高校和科研院所人员的职业特点决定了其薪酬结构应当突出"稳定保障为主、适度激励"的原则，即薪酬构成中应以固定的基本薪酬为主体，以此给予研究人员稳定的收入预期。从国际经验来看，以固定的基本薪酬为主的薪酬结构是普遍采纳的模式，比如美国高校教师固定薪酬平均占教师总收入 55% ～ 60%，而科研院所更以固定薪酬为主，浮动薪酬的部分只占 2% ～ 15%。目前在我国高校和科研院所，科技人才的基本薪酬占比过低，导致薪酬缺乏稳定性，而比重较大的绩效工资在很大程度上受单位资金来源、创收能力等因素影响，导致薪酬的单位差异明显，而绩效薪酬与个人绩效的结合往往不足，有失公平性。因此，应当适当提高基本薪酬的占比，并简化薪酬结构。政府在保障基本薪酬经费的基础上，不再对薪酬各部分的比重做出具体的规定。科技人才可以从项目收入中提取人员绩效部分，具体比例可以根据基础研究、应用类研究，以及自然科学、社会科学类研究等不同性质而有所差异，使科研项目收入成为科技人才的补充收入，但不能是薪酬的最主要构成部分。

（三）完善绩效评价制度，为绩效工资分配提供依据

要打破将薪酬与人才帽子简单挂钩的做法，实施以岗位绩效工资为主体的薪酬激励制度和以贡献为依据的绩效分配制度。加大部门绩效和个人绩效评定结果对部门和个人收入与晋升的影响，绩效优秀的科技人才更可能获得专业技术职务晋升和更高等级的工资，从而强化绩效对科技人才收入分配的影响。各用人单位要进一步完善绩效评价制度，有效的绩效评价制度不但能够为收入分配提供依据，传递干与不干不一样、干多干少不一样的收入分配理念，还能够为科技人才评价提供有效支撑。人才评价应该以绩效评价为核心，这样才能激发科技人才在本职工作上的创新，而不是陷入唯论文写材料的怪圈中。

（四）根据不同类型科技人才的特点实施差异化薪酬制度

高校和科研院所需要对二级单位进行充分授权，使其根据自身不同的战略目标，建立符合自身特色的人员队伍结构。在绩效奖励和二次分配的过程中，加大二级单位的自主权，使其根据重点战略和学科特点，对不同类型科技人才进行分类考核和设置差异化的薪酬体系。比如，高校可以设置教学型、科研型、教学科研型等不同岗位序列，实施有针对性的考核和薪酬管理。科研院所可以根据单位特点，设置基础研究、应用研究、成果转化和技术服务等不同岗位序列，实施差异化的人才评价和薪酬方案。与此同时，建立不同序列人才之间的开放互通机制，平衡不同类型人才之间的待遇水平和发展机会，人员可以根据其自身情况与特点申请不同的岗位类别，也可以申请在不同类别的岗位之间进行转换。

（五）建立科研型事业单位的薪酬调查制度

薪酬调查有利于科研型事业单位掌握行业薪酬制度、薪酬结构、薪酬水平，实现科研型事业单位与市场中相关行业、相当职位的薪酬比较，促进薪酬体系的内外部公平。比如，美国大学教授协会（AAUP）、美国学院与大学

协会（AACU）、美国高等院校人事协会（CUPA）等专业协会每年都会开展大学教授的薪酬调查，这为美国大学制定具有竞争力的市场化薪酬体系提供了重要的参考依据。针对我国目前高校和科研院所的薪酬与市场脱节，以及不同层次单位、不同区域、不同人才序列等之间日趋扩大的薪酬差距问题，薪酬调查的开展具有重要意义。我国要积极发挥行业协会作用，持续开展薪酬调查和数据采集，定期发布权威性的薪酬报告，建立科研型事业单位的定期薪酬调查与比较制度。薪酬调查除了有助于形成合理的市场调节机制，也能为主管部门确定事业单位薪酬总额及其动态调整机制提供重要依据。

三、构建有利于科技创新和成果转化的市场化回报机制和长期激励机制

（一）完善知识产权保护和市场化的创新回报机制

要加大对知识产权的保护力度，鼓励构建全国性的知识产权保护、推广和交易的信息化平台，为创新主体的科技创造提供数据资源，向社会推介具有生产应用价值和前景的知识产权成果，加速前沿科技成果的有效转化。要进一步明确科技成果归属认定方法，不以行政权力决定科技成果归属。完善科技人才市场化的创新回报机制，促进科技成果和自主知识产权及时转化，按照科技人才贡献，将科技成果转化收益通过一次性奖励、股权、分红等形式奖励给主要完成人，为创新团队和人才继续进行科技创新提供资金保障。对科技人才在科研创新过程中产出的专利、论文等，要加大宣传和奖励力度，让科技人才的价值创造得到充分认可。

（二）在高校、科研院所和科技人才业绩评价中注重科技成果转化

目前，对高校、科研院所以及科技人才的业绩评价主要集中在学术水平上，忽视了科技成果转化评价。在这种指挥棒下，高校和科研院所自然不会重视科技成果转化工作。要把科技成果转化纳入对高校和科研院所的评价指标中，对科技成果转化好的单位加强宣传和奖励，营造重视科技成果转化和

科研工作社会影响力的良好氛围。建立基础研究、应用研究、成果转化和技术服务等不同类型科技人才的多元化评价新机制。打破唯论文现象，对于常年促进科技成果转化的科技人才，职称晋升可以更多考察其科技成果转化业绩。在职称和岗位设定上，可以为常年促进科技成果转化的科技人才设立产业研究员、科技成果转化工程师、技术咨询工程师等职业发展通道，在身份和待遇上与研究员和教授一样，让业绩突出的科技成果转化人才有为有位。高校应进一步鼓励产学研合作、企业委托项目、中介机构入股、教师创业、科技成果混合所有制等成果转化模式。

（三）探索股权激励、分红、超额利润分享等中长期激励机制

高校、科研院所和国有企业要尽快破除制度性障碍，扩大股权期权、科技分红、项目分红、岗位分红、超额利润分享等长期激励措施的覆盖范围，真正让科技人才与科研单位实现利益共享、风险共担。虽然国家已经出台岗位分红等相关政策多年，但在很多国有企事业单位，岗位分红并没有得到广泛应用。科研型单位要根据国家相关文件精神，让科技人才岗位分红、科技分红等激励政策真正落地。鼓励企业实施超额利润分享计划，从超额利润中提取相应的比例，用于激励在自主创新和成果转化中做出重要贡献的核心科研和管理人员。要适当放宽实施股权激励的企业限制条件，尤其是对科技型企业，要进一步扩大相关激励政策的覆盖范围，加大股权期权、岗位分红、科技分红等长期激励手段的应用力度，进一步激发科技人才的创新创造活力。

（四）加强科技中介服务体系建设，提高科技成果转化效率和水平

科技中介服务机构和成果转化专业人才，是科技成果转化的桥梁和纽带，是提高科技成果转化效率的关键因素。当前，我国科技中介服务机构发育不完善。一方面是科技中介服务机构对于企业需求和高校、科研院所科技成果信息掌握不全面，不能发挥有效的中介作用；另一方面，在促进企业与高校和科研院所对接上，由于专业性不足，科技中介服务机构容易不被双方

信任。要加快科技成果转化服务机构的发展，推动高校、科研院所设立符合自身需求的技术转移机构，推动科技成果向社会有序流动。加快社会化科技成果转化中介机构发展，精准对接和转化科研成果。加强科技成果转化经纪人队伍建设，加大对科技成果转化经纪人的专业能力培训力度，建立经纪人协会，制定行业自律准则和行为规范，使科技中介服务机构真正成为科技成果转化的桥梁。

（五）加强科技成果转化政策法规体系的完善和落实

加快推进科技成果转化，离不开政策法规体系的基础保障，因此需要不断完善促进科技成果转化的政策法规体系。要因地制宜积极跟进落实国家促进科技成果转化有关政策法规，做好各地促进科技成果转化的条例的修订工作。落实好科技创新税收优惠等政策。健全科技创新产品政府优先购买政策，鼓励高新技术产品形成产业。加强高校、科研院所重大科技成果转化收益分配制度的落实监督。加快科技成果使用和收益管理改革，充分释放高校、科研院所促进成果转化的活力，充分调动激发科技人才的成果转化积极性。

四、做好青年科技人才的生活保障和发展激励工作

（一）切实为青年科技人才做好生活保障

要完善针对青年科技人才的薪酬激励机制。只有满足大部分青年科技人才安家立业的保障性需求，才能让青年科技人才心无旁骛地潜心钻研，有充分的时间从事原创性科研工作。科技型单位在制定收入分配政策的时候，要向青年科技人才倾斜，通过收入分配制度改革调动其承担项目的积极性，建立与青年科技人才发展规律相适应的薪酬增长机制，以激励和引导青年科技人才更好地做出贡献。在青年项目中增加对人力资源的直接投入，提高劳务费、人员绩效费占经费总额的比重，同时加强项目绩效考核。加大优秀成果的奖励力度，在关键节点考核通过和项目最终成果优秀的情况下发放科研绩

效奖金。增加成果转化收益，鼓励青年科技人才对科研成果进行孵化或实施成果转让，使其在科技成果转化过程中获得市场化的回报，从而激励更多青年科技人才重视科研和产业发展的结合。另外，科研单位要将能够争取到的社会资源，例如人才公寓、子女教育等向青年科技人才倾斜，切实解决青年科技人才面临的现实困难。

（二）敢于让青年科技人才挑大梁

针对青年科技人才特点，要设立不同层次、不同类型的青年科技人才资助支持计划，扩大资助面，为青年科技人才提供更多的发展机会和更广阔的发展平台。给予青年科技人才更多的信任、更好的帮助、更有力的支持。在一些关键项目中，敢于支持青年科技人才挑大梁、担重任、当主角。破除青年科技人才目前面临的门槛问题，鼓励揭榜挂帅，取消科研项目中不必要的帽子、职称、获奖等限制，破除论资排辈等问题。减少不必要的行政干预，给予青年科技人才更大的科研自主权，营造一个宽松自由的科研环境。尊重科研规律，营造鼓励创新和探索、宽容失败的氛围，允许青年科技人才失败犯错。建立长期导向的青年科技人才评价机制，侧重对科研潜力的考核，不过分强调当下成果考核，加大对青年科技人才成长的长期投入，为青年科技人才创造良好的科研创新氛围。

五、重视科技人才的奖励表彰、职业发展和科技报国志向

（一）优化科技人才奖励表彰体系

奖励表彰的目的不仅是对优秀科技成果进行肯定，更重要的是对科技人才的社会贡献予以承认。要在全社会形成崇尚科技创新、尊重科技人才的价值观和氛围，完善科技人才表彰体系，加大科技人才典型的宣传力度，增强科技人才的荣誉感和自豪感，从而吸引更多的优秀人才投身科研工作。在重视科研表彰的同时，要规范国家级、省部级、地方级等多层次的科技奖励表彰体系。加强对社会和专业学会奖项的管理，使得社会科技奖励成为政

府科技奖励的重要补充。同时，要减少不必要的奖项评比，防止奖项满天飞。要提高各类科技奖项评选的公开透明度，确保科技奖项评选的公正性和权威性。要让各种评比回归荣誉性，正确引导科技人才潜心研究而不是追逐奖项。

（二）完善科技人才职业发展通道

要拓宽科技人才上升通道。有些单位科技人才基数大，面临晋升瓶颈等问题。可以通过内部竞聘和岗位交流等方式，给科技人才提供更多的选择机会。要建立科技人才能上能下机制，促进内部人力资源上下流动，激发人才创新创造活力。适当拉长职业发展通道，给予科技人才更多的向上发展空间。设立科技人才晋升绿色通道，对为国家经济发展和重大战略实施做出突出贡献的科技人才，采取特殊评价办法，建立职称评审和职位晋升的绿色通道。

（三）引导科技人才树立科技报国的远大志向，提高其责任感和使命感

科技力量的竞争是当今世界国与国之间竞争的重要组成部分，要引导广大科技人才树立科技报国的远大志向。在提高科技人才待遇的同时，要加强对科技人才的价值观培育，鼓励科技人才深怀爱国之心、报国之志，激发科技人才的家国情怀，使他们主动担负起时代赋予的使命责任。要鼓励广大科技人才继承和发扬老一辈科学家胸怀祖国、服务人民的优秀品质，心怀"国之大者"，为国分忧、为国解难、为国尽责。科技人才普遍具有较强的使命感和责任感，在保障生活的前提下会更加重视追求自身科研事业成就。因此，要通过多种方式增强对科研工作的价值认可。要对在自主创新关键领域做出重要成绩的基础研究人才、高水平工程师、高技能人才，对大国重器研发和卡脖子技术突破做出贡献的团队进行表彰宣传，增强优秀科技工作者的事业心、成就感和荣誉感。

第 6 章

构建产学研融合的
科技人才自主培养体系

当前，许多国家都重视通过吸引和培养高水平科技人才来提升国家的创新能力。其中，中国和印度等新兴国家被国外一些学者认为是采用人才回流战略来吸引海外人才回国进而提升创新能力（Ragazzi，2014；Khilji，Tarique，Schuler，2015）。中国已进入全面建设社会主义现代化国家的新征程，满足现代化建设的庞大人才需求主要依靠本国培养。而日趋激烈的国际冲突也加剧了国际人才竞争，一些国家实施人才封锁战略，阻碍了正常的国际学术合作和人才交流，使我国高水平人才的自主培养更加紧迫（龚旗煌，2022）。习近平在 2021 年中央人才工作会议中指出，"中国是一个大国，对人才数量、质量、结构的需求是全方位的，满足这样庞大的人才需求必须主要依靠自己培养，提高人才供给自主可控能力"。党的二十大报告提出，要"全面提高人才自主培养质量"，"加快建设国家战略人才力量"。面对复杂的国际形势，在我国全面建设社会主义现代化国家的新征程上，高水平科技自立自强是关键，基础则在于高水平科技人才的自主培养。本章首先对我国科技人才培养的现状和问题进行分析。其次总结科技人才培养的国际经验，并通过实地调研对国内科技人才培养的优秀实践进行提炼。最后就如何构建新时代科技人才自主培养体系提出建议。

第一节　我国科技人才培养的现状与问题分析

《中国科技人才发展报告（2020）》显示，2019 年全国 R&D 人员总量为712.9 万人，相比于 2015 年增长了 30%。此外，"十三五"期间，我国 R&D人员全时当量快速增长，年均增速超过 7%，从 2016 年的 387.8 万人年增至2020 年的 509.2 万人年，连续多年居世界第一。这表明我国科技人才总量不断增加，科技人才规模不断扩大。不过，我国科技人才发展仍存在一些突出问题。

一、高层次科技人才与企业科技人才较为缺乏

我国高层次科技人才较为缺乏，战略科学家、科技领军人才尤为缺

乏，科技人才队伍结构有待优化。我国 R&D 人员中的研究人员（指 R&D 人员中具备中级以上职称或博士学位的人员，主要负责新知识、新工艺等的构想创造或课题项目的主要负责人，以及 R&D 机构的高级管理人员）占比与世界主要创新型发达国家相比仍有较大差距。《中国科技人才发展报告（2020）》指出，全国 R&D 研究人员在 R&D 人员全时当量中的占比仅为43.9%，世界主要经济体该数据都在 50% 以上。为了落实 STEM 战略，培养科学、技术、工程、数学等专业人才，美国出台了《美国 2000 年：教育战略》《美国创新战略》《2030 愿景》等，为 STEM 人才提供充足的发展机会。截至 2019 年，美国 STEM 专业中硕士和博士占比分别为 24% 和 5%，中国相关专业的两项毕业生占比仅为 13% 和 2%（王思霓，2022）。

我国企业中的科技人才存量相对较少。《中国科技人才发展报告（2020）》显示，企业相对来讲吸纳科技人才较少，且增速有所放缓。在美国，在企业从事研发工作的科学家和工程师达到了科技人才总量的 80.8%，英国这一比例是 61.4%。我国当前高学历科技人才主要分布在高校和科研院所等事业单位，作为市场和科技创新主体的企业则非常缺乏这类人才。中国科学技术协会 2016 年的一项调查数据显示，七成以上博士毕业生将高校（49.9%）和科研院所（22.6%）作为就业首选，且最终有 41% 的博士毕业生进入高校工作，20.9% 的博士毕业生进入科研院所工作，进入企业工作的博士毕业生则不足 30%。

二、科技人才培养的产学研合作不够深入

产学研合作不仅是实现高水平科技创新的重要形式，而且是培养和造就高层次科技人才的重要途径。但目前我国产学研合作仍存在一些挑战和问题，学校、科研机构、企业等产学研各方目标不一致，这在很大程度上影响了我国科技人才培养的质量。

第一，我国产学研各方"各自为政"，合作"脱节"。在产学研合作的各主体中，高校和科研院所理论研究能力强、科研水平高，企业则具备产业和资源优势，各方本应是功能互补的关系，但目前看各方因为目标不一致，

缺乏深度合作。同时，高校和科研院所中的科研人员更加关注纵向课题，追求论文、专著、职称等，对于产业实际需求和科技成果具体的应用价值关注不够。且科研人员目前较难在事业单位和企业之间流动，也不利于提升产学研合作的深度与广度。此外，我国产学研合作的相应法律法规还不健全，在实施过程中也存在诸多问题，特别是产学研合作中涉及知识产权的纠纷和案件较多，这些都在一定程度上阻碍了产学研合作的进一步发展。

第二，企业参与产学研合作的形式比较单一，更多追求自身发展的短期成效，而对于科技人才培养等长期性任务往往缺乏足够耐心。有数据表明，就产学研合作而言，无论大企业还是中小企业，我国的表现均与领先国家有明显差距。我国大企业产学研合作强度①（38.2%）低于德、法及北欧等国家，我国的中小企业也较落后（16.5%）。我国产学研合作的形式较为单一，就目前而言，企业与高校或科研院所的学者、研究人员开展一对一的项目合作仍是主要方式。这种方式虽然能较快地解决某个问题或者满足重点需求，但仍旧是一种"浅合作"，项目合作周期较短，机制性不强，难以产生重大创新成果。长期来看，需要发挥领军企业在重大科技项目合作中的牵头作用，这样更有利于科技人才的持续培养。

第三，我国科技人才的培养和生产实践存在一定的脱节，这一问题在工程技术人才培养中更为突出。习近平在 2021 年中央人才工作会议中明确指出，要"实现产学研深度融合，解决工程技术人才培养与生产实践脱节的突出问题"。培养优秀的工程技术人才既要注重理论学习，又要加强工程实践。但是我国高校的工程教育模式较为传统，更加注重理论知识的学习，对于工程实践和创新能力的教育培训相对不足。高校和企业的产学合作主要表现为参观学习、共建实习基地等，学生不能深入参与工程实践中，难以提高工程应用能力。2018 年，一组对全国 22 个省市数百所高校和用人单位的问卷调查数据结果显示，80% 的调查对象认为"当前我国大学生实践能力培养的薄弱之处主要体现在校外实习环节"。因此，未来要深化工程教育改革，调整校企合作模式，促进产学研深度融合，推动人才培养与工程实践的有效结合。

---

① "产学研合作强度"对应一国开展产学研合作的企业占有创新活动的企业总量的比例。

三、应试教育体系不利于培养创新型科技人才

教育是人才培养的重要手段，但我国当前的教育体系还存在一些和创新型科技人才培养不相适应的地方。在基础教育阶段，仍然没有摆脱"应试教育"模式，重视考试技能、答题训练等，强调对知识点的记忆考查，对动手能力和创造力的训练重视不足，一定程度上忽视了青少年个性的发展。职业教育方面，受传统观念影响，社会对职业教育和技能人才的重视程度不高，一定程度上影响了家长和学生的升学选择。此外，我国职业教育的办学质量有待提高，缺乏优质的师资，与经济社会和人才发展需求不吻合。高等教育阶段，也存在一些亟待改进的问题。例如，高校人才培养模式、专业结构和课程设置等不能满足社会和市场需要，对创新型和实践型人才的培养力度较小。很多高校过分重视理论教学，忽视了学生"软技能"、创新思维和实践能力的培养。这些问题都在一定程度上影响了创新型科技人才培养的质量和效果。

四、重大科技项目对青年科技人才培养的载体作用发挥不够

习近平在 2021 年中央人才工作会议上强调，要把培育国家战略人才力量的政策重心放在青年科技人才上，给予青年人才更多的信任、更好的帮助、更有力的支持，支持青年人才挑大梁、当主角。但是目前，我国重大科技项目对青年科技人才培养的载体作用发挥不够。如果青年科技人才没有杰青、优青等人才帽子，或者青年科技人才的导师没有参与到国家重大科技项目攻关中，即便自身很优秀，这些青年科技人才也很难有机会参与这些项目并获得快速成长。

当前对青年科技人才的资助和支持力度不够大。刚刚获得博士学位的青年科技人才较难获得各种课题和资金支持。但是研究表明，很多重大创新成果都是在青年时期取得的，缺乏资助将不利于青年科技人才稳定地开展科学研究，使他们难以产生科技创新成果。此外，青年科技人才在薪酬待遇、住房、子女入学等方面还存在不少实际困难。因此，我国需要扩大对青年科技人才的资助。要优化青年科技人才成长环境，让青年科技人才更加专注于科

研工作，而不是把精力放在课题申报、填表和迎来送往中。

五、选人用人方面的问题不利于优秀人才脱颖而出

习近平在 2021 年中央人才工作会议中强调，"必须积极营造尊重人才、求贤若渴的社会环境，公正平等、竞争择优的制度环境"。培养科技人才需要营造公平公正的选人用人环境，人才发展的核心和关键是使用。坚持在科技创新实践中识别和使用好人才，是最好的人才培养手段。但当前，一些单位在选人用人方面仍存在一些问题，阻碍了优秀人才的脱颖而出。例如，一些用人单位内部存在复杂的人际关系，可能会影响用人的公道正派，并打击科技人才的工作积极性。课题组在访谈中了解到，成功的科技人才往往都是遇到了好的老师、好的项目或者好的领导，这些因素加速了他们的成长。但某种程度上，这些因素是可遇而不可求的。我们需要为科技人才创造更多的展示自己的平台与机会，使他们不需要借助导师或领导的平台，凭自己的努力、能力和业绩就能够脱颖而出。

六、来自问卷调查和座谈会的结论

调查组的一项问卷调查表明，完善科技人才培养方法、加大人才培养经费投入、重视产学研合作是各单位普遍认为需要重视的人才培养措施（见图 6-1）。

在座谈会中，各单位反馈的与科技人才培养相关的问题主要集中在：（1）科技人才的晋升渠道受限，年轻人发展受到制约；（2）科技人才交流和轮岗力度不够；（3）单位在业绩压力之下容易忽视对人才的培养，科技人才培养难度大；（4）目前骨干和中层老龄化，要关注青年人才的使用，使用就是最好的培养。各单位提出的建议主要包括：（1）轮岗需要更深入地开展；（2）促进与海外的交流；（3）把青年人才放到关键岗位上，敢于让年轻人挑大梁；（4）要让科技领军人才师带徒；（5）提高人才培养方法的实用性；（6）建立部门负责制和人才培养机制，将人才培养开发作为领导和部门的考核指标。

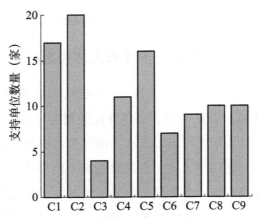

图 6-1　人才培养各方面措施的支持单位数量

注：C1——加大人才培养经费投入；C2——完善科技人才培养方法；C3——加大对理工科学生的培养支持；C4——用人单位加大对科技人才的培养；C5——重视产学研合作；C6——注重使用而不是培养的问题；C7——提高人才培养的国际化程度；C8——通过创新孵化器和科技项目来培养人才；C9——通过科研博士后制度培养人才。

第二节　科技人才培养的国际经验与国内实践

一、科技人才培养的国际经验总结

在全球科技革命深入发展的大背景下，各国综合国力竞争归根到底是科技人才的竞争，特别是科技人才培养的竞争。本节首先对科技人才培养的国际经验进行简要总结。

（一）重视青少年的个性发展和科学兴趣培养

尽管世界各国的教育理念不尽相同，教育方式也多种多样，但总体来说，重视青少年的个性发展和科学兴趣的培养是创新型发达国家教育的一大特点。在美国，从学校到父母，都鼓励青少年独立思考，做自己喜欢做的事情，追寻自己的人生理想和目标。此外，科学兴趣的培养也必不可少。美国一些顶尖高校与科学机构会主办科学节，通过演讲、辩论、展览、工作坊、研讨会等形式展示科学、技术、工程、艺术和数学（STEAM）领域的前沿成果。对于青少年来说，可以参加科学节的比赛，比赛选题非常自由，重在通过参与来培养对科学的兴趣。科学节的开展也很好地培养了青少年的科技思维，普及了科学知识，激发了青少年对于科学的兴趣和热爱。日本十分强调教育的基础性作用，把从小培养学生的创造性作为基本国策。日本 2004 年出台的《关于科学技术相关人才培养与使用的意见》，要求从基础教育抓起，组织科技馆、博物馆、天文馆等参观活动，并邀请科学家来校举办讲座，以提高学生对自然科学的兴趣。

（二）重视基础研究投入和基础研究人才培养

在基础研究领域，美国政府加大预算投入，保证资金充足。美国国家科学基金会也会对一些个人或机构进行持续性的资助，以帮助实现突破性创新。美国科技型企业也是基础研究投入的重要力量。美国企业的内部研发团队能够通过与高校和科研院所的合作，推动基础研究和原始创新，同时促进成果转化和产业升级。此外，美国设立了国家实验室，通过稳定支持和竞争择优的方式资助基础研究人才。美国国家实验室拥有来自世界各地的顶尖基础研究人才，其依靠政府的资金资助与第三方机构的合作管理，始终保持人才和技术的强大竞争力。日本设有学术振兴会，是日本政府支持基础研究的最大基金组织，其主要任务是培养研究人员，通过学术交流与合作等方式推动日本学术发展。学术振兴会设立专门的开拓未来型的学术研究基金，从日本大学和研究机构中公开甄选有可能成为支撑未来日本经济产业发展的技术的基础研究计划，并对研究者提供强有力的资金资助。

（三）坚持教育优先发展

世界创新型发达国家都将教育作为科技人才培养的重要方式。美国、德国、法国、英国、荷兰、瑞士、芬兰和日本都非常重视教育在创新型国家建设中的基础性支撑作用，都坚持教育优先发展。比如，英国在 2008 年出台了《创新国家》战略计划，指出了创新、人才和知识投入的重要性，并确保不断增加教育投入。此外，英国建立高等教育创新基金，并制订了一些计划，以增强高等教育部门的科研活力与稳定性，同时促进大学科研成果转化。以色列政府坚持教育优先发展的理念，对教育的支出非常高。以色列义务教育年限为 12 年，是世界上为数不多的将学前教育纳入义务教育的国家。自 20 世纪 90 年代后期起，其高等教育经历了快速发展并进入普及化阶段。2015 年全国财政性教育经费支出占 GDP 的 6%，同年以色列政府对高等院校学生的开支达到每名学生每年 11 003 美元，且呈逐年递增趋势（张凤娟，徐甜甜，宣勇，2020）。新加坡一直重视国民教育，教育投资的增长速度总体上快于国民生产总值的增长速度。在新加坡政府的财政预算中，教育经费往往位居前列。[①]

芬兰将教育置于优先发展的战略地位，95% 以上的学校为公立学校，实行教育免费政策，教育支出占 GDP 比重高达 7.5%，远超世界平均水平。[②] 早在 20 世纪 60 年代，芬兰就已开始实行从幼儿园到大学的全免费义务教育，"让所有国民接受尽可能好的教育"是芬兰国家治理中的一个重要导向。芬兰极其重视师资质量，要求基础教育教师须是高学历的研究型人才。芬兰《赫尔辛基邮报》的调查显示，芬兰年轻人最向往的职业就是教师。在德国、瑞士、荷兰、芬兰等国家的教育体系中，综合性大学、应用科技大学、职业学院等不同类型的教育定位清晰、分工明确。综合性大学一般负责研究型人才培养。应用科技大学对很多中小企业的科研帮助较大，而且推动了很多科研成果的商业化，也培养了高水平的工程师队伍。职业学院则是现代"匠人"的摇篮，专门培养实用型高技能人才和职业人才。

（四）重视人才培养中的校企合作和产教融合

企业是人才培养的重要载体，校企合作则是科技人才培养的重要方式。德国实行双元制的教育体系，学生既在职业学校学习基础理论与专业知识，又同时在企业接受技能培训。德国的双元制职业教育体系覆盖众多职业，培养了大量专业化的高技能人才。德国有很多应用科技大学，十分重视企业参

---

① Education Statistics Digest . ［2024-04-17］. https://www.moe.gov.sg/about-us/publications/education-statistics-digest.

② 芬兰：多管齐下实施国家创新驱动战略 . 广东科技，2017（2）.

与学校人才培养、科学研究和教学管理等工作，如校企联合制订人才培养方案和开发课程模块，企业兼职教师承担大量实践教学任务，企业向学生提供实习和毕业设计岗位，共同指导学生毕业设计等。这些都为科技人才队伍建设提供了良好支撑。英国学徒制则强调寓学于工，产教融合。到 2014 年，学徒制已遍及全英 46 个行业领域。近几年来，高等学徒制人才培养项目也不断推出，已形成数量庞大的"项目群"。相关调查显示，高等学徒制正成为英国企业界人才引进中重点关注的对象。

（五）注重科研博士后制度对青年科技人才的培养

大力培养青年科技人才已经成为世界创新型发达国家的共识，除了教育，科研博士后制度也对科技人才培养起到重要作用。美国是博士后制度的发源地，博士后制度也为美国高校和科研机构的人才培养、科技创新提供了重要人才支撑。美国的高校和科研机构有着统一的博士后办公室和全国博士后协会，它们不仅了解博士后的需求，也保证了博士后政策和项目的有效执行。美国针对博士后的聘用和管理有明确的政策规定，且能为其提供公平的薪酬和福利。美国的《公平劳动标准法》提高了美国非豁免员工的最低年薪标准，否则，雇用机构须向这些员工支付加班工资，这实际上保证了科研博士后这个群体的最低工资标准。此外，博士后项目为青年科技人才提供了大量成长机会，青年科技人才可以作为核心力量参与博士后导师的前沿项目，发表更多的科技成果，为自己今后的职业发展奠定更高的起点。

二、科技人才培养的国内优秀实践调研

为更好地了解我国科技人才培养的优秀实践，课题组对国内一些典型的科技型企事业单位进行了调研，对这些单位的人力资源负责人、科技管理者和一线科技人才代表进行了深入访谈。这些单位都有较强的科技创新能力，具有多项国家级重大研究成果，对科技人才的培养体系相对比较完善。研究方法和研究过程见第 4 章。

（一）A企业的科技人才培养实践

A企业的简介和访谈过程见第4章。A企业的科技人才培养实践要点如下。

1.注重通过岗位轮换等培养科技人才的专业能力

A企业注重通过岗位轮换培养科技人才的专业能力。对研发和工程技术人才来说，了解企业的研发、工程、生产全过程是非常重要的。如果前端的研发人才不了解产品的实质，就无法去做引领性的技术研发，甚至会给下游工艺生产增添麻烦。所以，A企业通过建立岗位轮换机制，加强技术人员岗位轮换、交流，特别是贴近产品的技术人员和设计人员，通过实践积累经验，能够加深对岗位工作的体会，提升技能水平。访谈中，A企业的一位高级工程师认为，"企业多岗位历练机制做得很好，通过这种轮换机制，能够加快技术人员的成长，这一点在贴近产品的技术人员和设计人员身上体现得尤为明显……能更准确地把握产品设计过程中的哪些设计是有用的，哪些设计是没有用的。岗位轮换对我们产品从设计层次开展的一些优化起到了很大作用"。

此外，A企业注重加强诊断工程师队伍和内部设计师队伍的交流互动，从一线的实际问题出发，反作用于设计体系和工艺体系的提升。企业中的诊断工程师，大部分时间处于车辆生产使用一线，工程实践中有什么问题，都可以在第一时间发现，及时处置并给予反馈。A企业的一位科技管理者认为，专业能力培养，还是要通过岗位实践或者工作实践，这样会快一些。加强诊断工程师队伍和内部设计师队伍的交流互动，不仅可以让随车人员知道这个车在运行过程中可能会出现哪些问题，而且可以促进产品的设计开发。

2.多方式强化科技人才培训

A企业重视搭建科技人才培训体系，多方式强化人才培训，提升培训效果。第一，A企业经常邀请集团内的首席科学家、技术专家，通过讲座、技术交流会、座谈会等形式进行培训。第二，重视外部交流，包括和国内外著名高校、企业开展技术交流，让技术人员在行业相关的顶级高校学习，加强他们对前沿理论、基础理论、新工艺新方法的学习，开拓科技人才的视野和思路。第三，数字化转型培训。A 企业的一位科技管理者说，"近年来我们着手推进数字化转型工作，每年在华中科技大学开展多期数字化转型培训。我们围绕工业互联网布局、数字化领导力、数字化管理、数字化技术推动力和数字化技能操作力等，培养了大量人才"。

3.重视科研团队建设和内部知识分享

A 企业注重科研团队建设和内部知识分享。对于科技人才来讲，需要有共享协作、自由高效的团队氛围去驱动他们进行自我提升和创新创造。在项目团队中，一定要有团队协作性。A 企业的一位科技管理者说，"科技创新和搞管理不太一样。科技创新更需要共享协作的氛围……对于产品来讲，它跟某一个研发单元不一样，不是靠简简单单的个人英雄主义，它更强调协作性，更强调的是集体主义的、团体作业的方式"。在 A 企业，技术部门通常有技术例会，可以让科技人才随时交流工作中遇到的新情况，共同研讨解决方案，技术人才可以从这种团队研讨中学习到很多解决实际问题的技巧和技术方案。

课题组对访谈资料进行了编码，结果如表 6-1 所示。

表 6-1　A 企业访谈资料编码示例（科技人才培养）

访谈资料	开放式编码：贴标签
能力的培养还是要通过岗位实践或者工作实践，这样会快一些。所以这几年我们公司也会加大岗位轮换力度。像我们的诊断工程师，有好多是在各个车辆段上随车，车上如果出现问题，他们会及时处置或者是反馈（a5）。我们还加强诊断工程师队伍和设计师队伍的交流互动。随车人员知道车在运行过程中可能会出现哪些问题，反过来对它的设计实际上也能起到促进作用（了解实际问题能促进设计研发），所以这能更好地帮助科技人才成长（a6）……集团会组织科学家、首席技术专家来培训我们（a78）。我们还会把科技人才派到德国去，让科技人才在国内顶尖的工科类院校进行前沿基础科学理论、新工艺新知识新方法的学习，开拓科技人才的视野和思路，促进我们内部学科建设，包括科技创新能力的提高（a79）。另外一个就是对研发技术人员的培训，我们每年会在西南交通大学开展研发技术、轨道交通技术专业培训，比如说在轨道交通行业在高校有哪些科研成果转化了，等等……在我的印象中，像我们这种一般是不同专业	a5：通过岗位轮换和工作实践培养能力 a6：加强诊断工程师和设计师的交流互动 a78：邀请首席技术专家等进行培训 a79：到国内外顶尖高校等交流学习 a108：项目团队有例会用于工作交流

续表

访谈资料	开放式编码：贴标签
之间进行配合，可能需要通过例会这个方式去实现。另外就是日常工作有新的变化，随时去交流（a108）。我们组织过类似于上学的时候老师组织的研讨会，我可能会讲讲我的专业的东西，也可能换一个专业的人来讲一讲，这样对整个项目，大家会有一个更广泛的了解，而不是局限于自己的那一小块（a109）……我觉得科技人才一定要深入一线，不能闷在办公室里，拍一拍脑袋决定应该做什么（a110）。科技人才应该投入项目过程，应该完整地在一个团队里面，经历所有的过程，包括与人相处（a111）……对自己成长帮助比较大的，我觉得有两个方面：一个是关于项目，从技术能力的提升来讲，融入项目还是比较重要的（a112）；另一个是和团队的交融，做成一件事的话，应该靠的是一个团队的力量（a113）。一个人不可能把所有的事情都干完，那么在培养的时候应该从团队合作这个角度去培训。	a109：定期组织研讨会进行工作和专业上的分享交流，拓展思维 a110：深入一线实践锻炼 a111：融入团队，积累经验 a112：融入项目，提升技术能力 a113：培养团队合作能力

（二）B 企业的科技人才培养实践

B 企业的简介和访谈过程见第 4 章。B 企业的科技人才培养实践要点如下。

1. 实行师带徒制度培养科技人才

B 企业实行师带徒制度。毕业生入职后会统一签订导师培养协议，通过双向选择给每人配备一名导师，开展为期三年的培养计划，并针对不同的人群开发不同的培养项目。第一年是见习年，主要是跟着导师去做一些工作，这一年会要求徒弟在生产单位见习一到两个季度，然后去施工现场、生产现场待一到两个季度。这两个服务现场加起来最起码半年，然后再到设计研发单位去做设计工作。第二年是成长年，主攻一个研究方向，开展深入性的研究。第三年是成果年，会将新员工分成不同的功能型团队，大概 10 人一组，其中包括不同专业的人。团队要自主寻找课题，自己立项并攻克一些难题，取得成果。在前三年的成长过程中，首先，导师会根据徒弟基本情况为其制定学习规划，并定期监督验收学习成果，从专业角度进行点评，帮助徒弟找到进一步发展的方向。其次，导师会针对徒弟日常工作中的问题进行具体指导，帮助解决技术难题。再次，导师和徒弟要定期向专家委员会进行汇报答辩，接受专家评审。最后，导师之间交流分享带徒经验，帮助提升培养效果。

2. 重视问题导向的技术分享和研讨

B 企业设有技术交流小课堂，定期开展技术研讨，分享技术难点和解决办法。此外，开展大师讲堂，每年邀请外部技术专家给技术人员授课，讲解前沿科技理论和重难点工程问题，开拓技术人员视野。同时，各领域技术骨干和外部专家定期针对重大项目中的问题进行研讨交流，共同攻克技术难题。

3. 通过内训师和技术传承库实现技术传承

B 企业注重建立技术传承体系。首先是通过完善内训师管理制度，选取优秀的科技人才进行内部知识分享，让知识在企业内部流动起来。其次是利用专家委员会和技术委员会建立质量管理体系、发布技术规范，让科技人才可以在技术传承库中找到技术指导文件和问题解决办法，减少信息搜索成本，提高培养效率。比如，B 企业的一位高级工程师提到，要把库建好，要把技术体系建好，例如做一件事情，要知道有哪些文件、哪些技术资料可以提供指导。

课题组对访谈资料进行了编码，结果如表 6-2 所示。

表 6-2　B 企业访谈资料编码示例（科技人才培养）

访谈资料	开放式编码：贴标签
我们有小课堂，分享技术难点以及怎么解决，这种是不定时的，反正是每周两天，寻找时间，进行这种技术的研讨（b76）。我们每年有外送的培训，也有请导师过来讲一讲的。我们还有一些外部的专家，以兼职的形式，也会定期邀请他们过来给我们的技术人员上课（b77）。还有就是，遇见重大的科研项目基本上各个领域的骨干都要参与进去，有什么问题大家一起讨论，一起成长，包括外部的专家也是一起讨论的（b78）……第一年的话我们会让他在生产单位见习一到两个季度，然后去施工现场、生产现场待一到两个季度。这两个服务现场最起码待半年（b88）。然后到我们设计研发单位去做设计工作，去做基本的画图工作。这是第一年，每个徒弟会有一个业务导师（b89）。第二年是成长年，主攻一个方向，比如你想做结构，就去做结构，比如一个重大的部件，跟着去进一步做系统的整体的设计。第三年是成果年。因为我们每年进的人比较多，50 个人左	b76：组织技术研讨会，分享交流技术难点和解决办法 b77：邀请外部技术专家给技术人员授课 b78：各领域技术骨干和外部专家共同研讨重大项目中的问题 b88：深入服务现场 b89：导师进行业务指导

续表

访谈资料	开放式编码：贴标签
右，我们会分成几个小组，十个人一个小组，而且这十个人是不同专业的人，混合到一块儿去，打破人员的专业限制。所以这个小组是一个功能型团队（b90）。让小组找课题，找我们目前存在的一些难题，自己立项攻克（b91）……我们有一些科技人才进入一些技术委员会，比如结构委员会、控制委员会，进入委员会之后，我们想推一些这种高层次人才、拔尖人才，会给他一定的课题，他自己也可以去找课题（b92）。然后通过课题的形式，通过往外推荐的形式，去加快他们个人的成长（b93），提升其在这个行业的知名度……要想科技人才成长得快，要把库建好，把技术体系做好，要让科技人才知道有哪些文件、哪些技术资料。这个体系是非常重要的（b146）。现在我们在制定技术规范（b147）。	b90：由不同专业人才组建团队 b91：自主寻找并攻克难题 b92：给予参与课题的机会 b93：给予向外推荐的机会 b146：建立技术体系，做好技术传承 b147：制定技术规范

（三）C 研究院的科技人才培养实践

C 研究院的简介和访谈过程见第 4 章。C 研究院的科技人才培养实践要点如下。

1. 为科技人才成长提供项目和创新平台

科技人才的成长需要平台，平台能为人才提供项目和资源。C 研究院围绕单位的技术发展路线，通过搭建实验平台、成立专业技术团队等方式，设置四级人才成长机制，即首席科带、核心骨干、科技骨干、一般科技人员，形成与项目团队相呼应的人才培养机制。C 研究院明确专业技术方向，把人配齐，搭建团队，如果遇到一个型号项目，可以从不同部门抽调技术人员。项目结束后这个技术方向会保留，从专业方向和项目成长两个方向保障技术人才培养的长效性。此外，C 研究院积极开展多个国家级创新平台的重组运营，联合国内顶尖高校成立国家级实验室，为人才成长搭建创新平台。

2. 推动知识共享，建立内部技术体系

C 研究院实施了知识创新驱动、知识积累共享工程。一方面，C 研究院加快企业数字化、信息化变革，推动知识积累共享。C 研究院的一位高级工程师说，"我们也实施了知识创新驱动、知识积累共享工程，这主要是加快我们研究院的数字化变革。信息化是研究院的发展方向，所以我们也在抓紧推进"。另一方面，C 研究院加快构建高水平的自立自强的科学技术体系，系统总结提炼了包括前沿创新技术、基础理论方法和基础支撑技术在内的多项关键技术，做好知识共享和技术传承，引领未来技术发展和人才培养。

课题组对访谈资料进行了编码，结果如表 6-3 所示。

表 6-3　C 研究院访谈资料编码示例（科技人才培养）

访谈资料	开放式编码：贴标签
构建成长平台，让人才干得成……其实就是咱们在学校里的一些研究室（c69）……如果有一个型号项目，我们抽出来人去做，这个技术方向会一直保留着，个人的发展不会随着这个项目结束而消亡，人才培养一直在进行，我们也出过很优秀的人才（c70）。院士就是一个例子，他把基础研究看得非常重要，所以说平台很关键，你必须给人才一个持续的培养平台（c71）……因为人才成长需要有平台，平台需要国家的资源，所以我们跟 ×× 大学成立了很多的国家级实验室……我们目前已经参与到 ×× 大学 ×××（c72）……我们也实施了知识创新驱动、知识积累共享工程（c73），这主要是加快我们研究院的数字化变革。信息化是研究院的发展方向，所以我们也在抓紧推进。此外，研究院加快构建高水平的自立自强的科学技术体系，系统总结了包括前沿创新技术、基础理论方法和基础支撑技术在内关键技术。这些关键技术能够引领我们的未来成长（c74）。我们还开辟成长的渠道让人才走出去，通过留学、进修、访问和项目合作等关键性举措加速人才成长（c75）。	c69：搭建实验室平台 c70：以稳定的技术方向保证人才持续发展 c71：提供稳定可持续的培养平台 c72：和高校联合成立国家级实验室，搭建成长平台 c73：推动知识积累共享 c74：总结提炼关键技术，引领人才成长 c75：推动交流和项目合作等

（四）D 研究所的科技人才培养实践

D 研究所的简介和访谈过程见第 4 章。D 研究所的科技人才培养实践要点如下。

1. 建立科研人员培养导师制度

D 研究所为年轻的科研人员分配了专业的导师，导师能够为科研人员提供个性化的指导和培养，并帮助科研人员在进行科研的过程中不断进步。对年轻科研人员而言，由于没有太多的实践经验，因此有导师的指导和帮助能够让他们更加快速地成长。D 研究所鼓励导师和年轻科研人员之间建立密切的合作关系，为年轻人提供实践经验、科研思路和学术指导。良好关系的建立是导师和科研人员之间实现合作的基础，并且在一定程度上降低了科研人员的工作压力，创造了良好的学术氛围。D 研究所的导师们会鼓励年轻科研人员参与国际学术交流和合作，拓宽他们的视野和学术圈子。导师可以利用自己的人脉关系帮助年轻科研人员建立一定的学术圈，促进他们在全球科学界的交流和合作。

课题组对访谈资料进行了编码，结果如表 6-4 所示。

表 6-4　D 研究所访谈资料编码示例 1（科技人才培养）

访谈资料	开放式编码：贴标签
导师制度在我们研究所起到了关键作用，导师与年轻科研人员建立了密切的合作关系，提供专业指导和方向指导，以确保这些科研人员研究的方向是国家需要的，这样就能填补不足（d1）……作为导师，我非常关注与年轻科研人员之间建立密切的合作关系，分享我的科研经验和思路。我努力指导他们的工作，并鼓励他们进行创新性的研究（d7）……我们研究所也会提供给科研人员参与国际学术交流和项目合作的机会，与国际上的同行进行互动并分享他们的成果，这有助于扩大他们的视野，促进他们在全球科学界的交流和合作（d9）。	d1：给年轻人分配导师 d7：建立密切合作关系 d9：参加国际交流合作

2. 组织各种培训，帮助科研人员提升专业能力和形成国际化视野

D 研究所会定期组织专业培训，内容涵盖从基础到前沿的科学知识，以及科研方法、实验技术和学术写作等方面，这些培训能够培养科研人员的专业能力。此外，D 研究所会定期邀请国内外专家和学者开展讲座和建立工作坊，分享前沿的知识和技术。通过这些形式的学术活动，能够帮助科研人员拓宽眼界，尤其是国外的一些医疗技术需要面对面地交流，通过实际操作进行观看和指导。最后，D 研究所非常注重科研人员的实验操作，引进了很多先进的设备，并为科研人员提供专门的实验室培训，让科研人员熟悉或掌握先进的实验技术和设备。

课题组对访谈资料进行了编码，结果如表 6-5 所示。

表 6-5　D 研究所访谈资料编码示例 2（科技人才培养）

访谈资料	开放式编码：贴标签
我们所里会定期组织科研方法、实验技术和学术写作等专业培训。这些培训涵盖从基础到前沿的科学知识等，帮助科研人员不断提升专业能力和科学素养（d5）……我们所积极邀请国内外专家和学者开展讲座和建立工作坊。这些学术活动为科研人员提供了与顶尖专家交流的机会，让他们了解最新的科研进展和技术趋势（d12）……研究所积极为科研人员提供实验室培训，让他们熟悉或掌握先进的实验技术和设备，这有助于他们在科研实践中更加独立和高效地进行实验工作（d15）。	d5：定期组织培训 d12：开展讲座和建立工作坊 d15：提供实验室培训

3. 提供更多的科研项目参与的机会

D 研究所为科研人员提供了更多的项目参与的机会。尤其是对于年轻的科研人员而言，如果仅仅靠自己，并没有太多的机会接触到重大项目。D 研究所有组织地给科研人员提供了参与大型项目的机会，以更好地锻炼青年人员，使他们快速成长。另外，D 研究所鼓励科研人员自主申请国家级和地方级科研项目，以培养他们独立申报、思考和管理科研项目的能力。D 研究所还提供了参与跨学科和合作性研究项目的机会，培养科研人员的相互协作能力和跨学科交流能力。不同学科间的合作和交流，有助于给他们带来启发和创新。

课题组对访谈资料进行了编码，结果如表 6-6 所示。

表 6-6　D 研究所访谈资料编码示例 3（科技人才培养）

访谈资料	开放式编码：贴标签
我们研究所会为年轻的科研人员提供参与大型科研项目的机会，他们在项目中承担重要的科研任务，与团队成员通过紧密的合作不断积累宝贵的经验和提高能力（d20）……我们会积极鼓励大家申请国家级和地方级科研项目，通过独立申报和管理科研项目，他们培养了独立思考、团队管理和科研策划的能力（d21）……当然，非常鼓励科研人员参与跨学科和合作性研究项目……这些项目要求科研人员之间有不同的学科背景，这培养了他们的团队协作能力和跨学科交流能力（d24）……年轻科研人员刚进来的时候需要有自己的职业发展规划，然后我们按照他的规划进行培养……但是如果过几年觉得这个方向不太顺利，可以申请及时调整方向，并且重新组建科研团队（d25）。	d20：为年轻人提供参与大型科研项目的机会 d21：培养自主申报和管理科研项目的能力 d24：培养跨学科合作能力 d25：研究方向可以动态调整

（五）E 研究所的科技人才培养实践

E 研究所的简介和访谈过程见第 4 章。E 研究所的科技人才培养实践要点如下。

1. 通过提供启动项目支持让青年人才获得锻炼机会

E 研究所对于人才的培养，除了提供较好的基础设施以外，还会给予青年人才大量的项目进行锻炼。研究所重视通过科研项目来培养人才的独立研究能力。科研人员负责某个项目的时候，需要面面俱到地去想很多事情，投入大量的精力，这就会促进科研人员自身的成长。青年人才在刚起步的阶段，往往无法通过自己的资源获取更多的项目，而研究所提供的项目支持不仅能够锻炼和培养青年人才完成项目的能力，还能使青年人才从中获取相应的报酬。这些锻炼的机会在一定程度上有助于培养研究所的青年人才，让他们能够发挥自己的创新价值。

课题组对访谈资料进行了编码，结果如表 6－7 所示。

表 6－7　E 研究所访谈资料编码示例 1（科技人才培养）

访谈资料	开放式编码：贴标签
如果平台没有建立起来的话，是很难开展工作的。我们行业比较需要一些设备，虽然设备的门槛没有那么高，但是比如电子和微电子，他们所里面的仪器就非常大，所以青年人才在启动的时候需要平台上的帮助，我们会提供给他们需要的设备，从而去发挥他们的价值（e1）……我们会多给年轻人一些项目让他们去做，看看他们有什么需求，需要什么样的项目（e7）。	e1：提供设备支持 e7：提供项目锻炼机会

2. 强调人才培养的国际化

E 研究所在人才培养的过程中杜绝了闭门造车模式，会鼓励一部分科研人员到海外从事博士后研究，然后回到研究所继续进行创新性活动。通过在海外的科研博士后经历，可以拓宽人才的国际视野，让他们获得的知识更加多元化，更有利于提高创新能力。此外，研究所还会提供给科研人员出去参加国际会议的机会，通过与国外相关领域的专家进行交流，科研人员可以掌握比较前沿的内容，不仅对自己的创新有帮助，也能带来研究所国际化氛围的提升。

课题组对访谈资料进行了编码，结果如表 6 - 8 所示。

表 6 - 8　E 研究所访谈资料编码示例 2（科技人才培养）

访谈资料	开放式编码：贴标签
我们所里有些是留学美国的，我们会派一些博士过去做博士后研究。像物理专业，需要做两个博士后才能拿到教职，去美国做博士后的话，相当于一个中转过程（e13）……应当多阅读一些国际文献，努力拓宽国际视野（e14）。所里支持我们多参加国际会议，这样就能够了解国际上最前沿的内容，比如一些算法的追踪，这对人才培养是非常有帮助的（e15）。	e13：去美国做博士后研究 e14：阅读国际文献 e15：支持参加国际会议

3. 重视科研团队梯队建设和导师的传帮带

E 研究所在人才培养上强调科研人员之间的合作共赢。通过不同领域科研人员之间的相互合作，能够发现交叉领域中的突破点。通过海外博士和本土博士之间的合作，能够为科研人员提供新的科研思路。E 研究所在人才培养中鼓励整个团队朝着一个方向去做，通过每个团队追踪不同研究焦点的培养方式，形成了科研深入化和方向专一化的人才培养特点。此外，导师在培养人才的科研能力方面也起到非常重要的作用。导师不仅在具体的科研问题上能够提供指导，还能在整个科研大方向上起到重要的引领作用。另外，E 研究所为科研人员提供了相对稳定的科研环境，建立了相对有梯度的科研团队，发挥了科研团队知识的连带作用。E 研究所也考虑给予青年人才一部分带学生的机会。青年人才带学生的模式，能够培养青年人才指导学生的能力，并且青年人才由于相对较为容易产生创新成果，因此也适合指导学生。

课题组对访谈资料进行了编码，结果如表 6 - 9 所示。

表 6 - 9　E 研究所访谈资料编码示例 3（科技人才培养）

访谈资料	开放式编码：贴标签
所里会强调海外人才和本土人才的互补，比如在撰写一些文章的时候，海外人才能够很好地帮助本土人才，从而启发本土人才进行科研。但是在进行重大项目的时候，本土人才也能够给海外人才一些建议，所以能够起到互补的作用（e15）……我们的培养经验就是让科研人员能够朝着一个方向一直做下去，然后聚焦一	e15：合作共赢

续表

访谈资料	开放式编码：贴标签
个点。比如在智慧医疗这方面，确实能够总结出来比较核心的痛点，在交叉研究的时候，我们也会迅速理解医生的想法（e16）……很多东西也都是跟着导师做的，导师对人才的培养起了很大的作用（e19）……整个团队也要有梯度，设置不同年龄段的人帮助我们去做一些事情（e21）……另外也很注重培养科研人员独当一面的能力（e23）。年轻人相对更容易出科研成果，所以实际上年轻人带学生是很管用的（e35）。	e16：专注于一个方向 e19：导师的帮助 e21：人员梯队 e23：独当一面的能力 e35：青年人才带学生

（六）G 高校、H 高校计算机专业对青年教师和学生的培养实践

G 高校是全国最早设立计算机专业的高校之一。该校计算机科学学科在全球位居前列。近年来，该校计算机学院牵头承担了多项国家自然科学基金重大项目、重点项目以及其他项目。

H 高校在计算机科学与技术领域具有悠久的历史，陆续获得多个计算机领域博士学位授予权等，形成了相关领域国内领先的研究力量。

以两所高校的计算机领域为例，二者对青年教师和学生的培养实践要点如下。

1. 对青年教师的培养

整体上，高校对青年教师的培养，和企业以及科研院所对青年科技人才的培养存在较大的差异。企业和科研院所通常会针对一个大项目整合各种资源，也会给青年科技人才配备导师。我们的调研发现，高校教师更多的还是依靠从事独立的研究来获得成长。比如，G 高校主要是通过鼓励青年教师申请国家自然科学基金（青年项目）、发表高水平论文，让人才自己慢慢成长起来。在晋升中，青年教师需要独立主持过国家级项目，这是一个很重要的评价指标，这就意味着青年教师如果只是参与到一个大项目中而没有自己的项目，其实是不能晋升的。因此，尽管 G 高校计算机学院也会安排一些资深的教授来指导青年教师申报课题，但从根本上说还是各做各的，并没有把青年教师组织起来去完成一个大项目。

H 高校也没有给青年教师安排导师，那些偏理论研究的教师也是各做各的项目，但是 H 高校的个别老教授有偏重工程类的大项目，因此也有一些青年教师跟着老教授一起做项目，老教授也通过学术会议为青年教师建立了学术交流圈。H 高校在人才考核和评价上，不仅看学术情况，也看教师们解决实际问题的能力，一些应用型的技术成果可以作为职称评审的成果。因此，这种评价上的变化引导青年教师在发论文的同时，较为注重对自身实践能力的培养。

总体来看，高校中的青年教师基本上是通过独立做项目的过程，培养了自身从事科研工作的能力。对从事基础研究而言，这种成长模式也许是合适的，可能也是有效率的。但是，对于国家的一些大型科技攻关项目，尤其是那些能够解决当前卡脖子问题的项目而言，高校教师的这种"个体户"模式较难实现科技上的创新和突破。企业中比较常见的以大型项目为依托培养科技人才的模式，在我们调研的这两所高校计算机专业中都没有看到。

2. 对学生的培养

高校对于学生的培养，总体上是"课堂学习＋科研项目"的模式，但是不同学校也存在一定差异。在 G 高校，本科生很难有机会接触到一个完整的项目，相对而言学生的科研经历不是很丰富。青年教师作为重要的科研力量，往往有动机去带学生，也有更多的精力和创新性的想法去指导学生。但是，目前就 G 高校而言，青年教师在进入院系后直接带学生的机会并不多。H 高校从整体来看，对于学生的培养更加市场化和以实践为导向。比如，H 高校的学生选择导师的方式比较市场化，按照实践领域和理论领域的区分，学生们可以根据自己未来的发展需求选择导师，这样从导师那学到的知识就可以直接对接企业实践或自己今后的深造。

课题组对访谈资料进行了编码，结果如表 6－10 和表 6－11 所示。

表 6－10　G 高校访谈资料编码示例（科技人才培养）

访谈资料	开放式编码：贴标签
我们这边不配备资深的导师，主要是给钱让青年教师自己慢慢成长……也有固定的启动经费（g1）……对于海	g1：无导师带领

续表

访谈资料	开放式编码：贴标签
归人才，申请基金的时候会给一些培训，会请院长和副院长做讲座一对一指导（g2）……我们不像企业，都是自己干自己的，申请项目更多是自己弄，因为参与的大项目在考核上也不算（g3）……像是海外回来的，对国内的项目申请情况和职业发展情况不了解，不注重奖项的申请，就会在职业发展道路上吃亏，也很少有前辈告诉他们怎么去做（g4）……学生没有什么科研项目可以做，很难有机会参与一个完整的科研项目（g7）……对学生的培养，青年教师没有起到很大的作用，我比较幸运，带了两个学生（g9）。	g2：海归人才培训 g3：独立做项目 g4：缺少经验分享 g7：学生科研机会少 g9：青年教师带学生机会少

表6-11　H高校访谈资料编码示例（科技人才培养）

访谈资料	开放式编码：贴标签
如果想做的话，教授会带着我们一起做项目……反正年轻教师基本上都会进入大导师的团队（h10）……我们偏工程，需要合作做大项目，但是偏理论的话，自己搞效率更高一点（h11）……年轻教师很愿意参加这些项目，虽然没有直接的报酬，但是有项目交流会可以参加，无形中提升了自己的价值（h12）……对教师的培养不仅仅看他们的论文，也看这个教师实际解决企业问题的能力，所以很多教师开始接企业的项目，培养了自己的实践能力（h13）……我们的学生都是自愿找导师的，导师带的学生的数量也算在成果内，如果很多的学生找你当导师，那就说明你的成果比较好（h14）……分不同的研究领域，我比较偏重理论研究，主要就带学生搞学术。有的教师偏重实践，学生可以跟着导师做项目，后期去企业可以直接用这些东西（h16）。	h10：教授带领 h11：偏工程需分领域协作 h12：学术交流圈 h13：与实践相结合的培养目标 h14：市场化选导师 h16：学生能力培养

（七）来自调研案例的启示

1.项目、导师、团队共同促进科技人才成长

调研表明，项目、导师和团队是科技人才培养与成长的三大支柱，三者相互促进，缺一不可。团队是项目开展的具体单元，团队成员团结协作可以推动项目高质高效地完成。导师往往是团队主要负责人或者项目主要负责人，可以在团队合作以及项目开展过程中引领方向，提供多方面的指导，避免走弯路。三者在共同发挥作用的过程中，会让科技人才获得丰富的发展机

会，也能更快地提升个人能力，进而更好地促进科技人才成长。

2. 项目历练和深入一线实践锻炼是科技人才培养的重要手段

调研案例表明，项目历练是科技人才培养和成长过程中必须经历的环节。科技人才通过项目历练，不断克服项目中的困难，可以提升自己的独立科研能力和项目管理能力，也可以获得更多成长的机会。调研案例还表明，深入一线实践锻炼是科技人才成长的必经之路。要通过多岗位轮换制度给科技人才提供深入现场的机会，让科技人才了解现实问题，增加科研和产品经验，增强对技术上的难点与要点的理解和把握，从而更好地提升个人专业能力。

3. 重视导师制或师带徒制度在科技人才培养中的作用

调研案例表明，科技型单位普遍建立了导师制或师带徒制度，作为快速提升青年科技人才专业能力的主要手段。访谈中，科技人才也普遍表示导师是自己成长过程中最为重要的因素。因此，要大力推广师带徒制度，逐步强化导师责任，实施师带徒激励，适当地将师带徒和绩效管理、职位晋升等挂钩。作为导师，不仅要帮助徒弟把握大的发展方向，而且要对其工作中的难题提供具体指导，帮助其快速完成角色转换，提升工作能力。企业内部要做好知识管理工程，建立技术体系。对企业已有的关键技术和知识架构进行梳理总结，发布技术规范和指导文件，明确工作方法、工作流程和评价标准，为科技人才参与项目和开展工作提供方法指导。

4. 加强团队内部的问题研讨和知识分享

调研表明，团队是科技人才培养和成长的基本单元，也是其能力提升的重要保障。团队中的优秀成员可以起到榜样作用，成为科技人才学习追赶的对象，促使其不断提升个人能力。团结合作不仅能提高工作效率，而且有利于科技人才个人在其中通过完成工作提高个人能力。一些单位内部的技术团队通过技术例会和研讨，可以让科技人才随时交流工作中遇到的新情况，共同研讨解决方案，技术人才可以从这种团队研讨中快速学到很多解决实际问题的技巧。同时，要培养科技人才的团队合作精神，以多种形式促进知识在企业内部和团队内部的共享传播，提升科技人才知识的深度和广度，促进知识的转化与应用，加快创新创造的步伐。

5. 企业可以通过牵头开展产学研合作培养应用型科技人才

企业具有工程示范应用快、项目推行能力强等优势。调研案例表明，一些企业主动加强了同行业顶级高校和科研院所的合作，把企业的产品创新优势和高校、科研院所的理论创新优势相结合。企业会经常邀请外部专家通过讲座、座谈等多种形式，完善科技人才的知识结构，启发内部科技人才的思维，开拓其视野。企业还通过建立技术实验室和研发中心等平台，充分依托科研课题和项目，实现对科技人才的培养，也让青年科技人才获得更多的成长机会。在国家大力强调企业作为科技创新主体的今天，企业应该在科技人才培养中发挥更大的作用。

6. 科技人才成长的阻碍因素

调研也发现当前科技人才在成长过程中存在一些阻碍因素。第一，导师和项目机会具有偶然性。部分科技人才可以遇到好导师和好项目，从而加快成长，但是很多科技人才无法获得这种机会，从而影响自己的成长速度。第二，科研项目流程烦琐，降低了工作效率。据部分科技人才反映，科研项目申报、审批、汇报流程较长，会占用大量时间和精力，从而影响自己进行创新创造，不利于自己的成长。第三，科技人才晋升的竞争压力较大。科技人才在达到一定层次后，竞争压力很大，难以跨越晋升障碍。第四，工作和项目经费自由度较低。部分科技人才反映工作中自由度较为缺乏，影响自己创新创造，且项目经费被限制在项目范围内，自主性较低，影响资源的获取和使用。

第三节　对构建新时代科技人才自主培养体系的建议

习近平在 2021 年中央人才工作会议上明确指出，要"加快建设国家战略人才力量"，具体为大力培养使用战略科学家，打造大批一流科技领军人才和创新团队，造就规模宏大的青年科技人才队伍，培养大批卓越工程师。高校特别是"双一流"高校要瞄准市场需求，发挥基础研究和理论创新优势，充分利用高水平师资和实验室平台，构建科技人才培养高地。科研院所要更多承担或组织重大科研项目的攻关工作，推动共性技术的研发与应用。企业要把握市场发展方向，发挥产业和资源优势，推动创新要素集聚，加强和高校与科研院所的合作，为科技人才的培养提供更广阔的发展平台和项目资源。习近平还强调，"要围绕国家重点领域、重点产业，组织产学研协同攻关，在重大科研任务中培养人才"。结合党的二十大报告和 2021 年中央人才工作会议精神，针对我国科技人才培养中存在的不足，我们对构建新时代科技人才自主培养体系提出如下建议。

一、发挥领军企业在应用型科技人才产学研合作培养中的主导作用

领军企业拥有极大的产业和资源优势，既是科技创新的主体，也是人才培养与开发的主体。要发挥科技领军企业的"国家队"作用，形成企业牵头的产学研合作机制，在紧密合作的基础上推动科技创新和人才培养。

第一，发挥领军企业在人才产学研合作培养中的主导作用。为落实STEM 战略，培养科学、技术、工程、数学方面的人才，一些美国大公司主动跟大学建立紧密联系，以各种产学研合作方式推动大学里有潜力的理工科学生成长。我国领军企业可以通过项目合作、师资共享、平台共建等多种方式提高与同行业高校、科研院所产学研合作的深度与广度，同时以此作为人才培养的载体，发现并培养一批掌握关键核心技术、拥有较强创新能力的科技领军人才与创新团队，让企业真正成为科技人才培养的摇篮。鼓励支持企业围绕重点产业和国家重大战略需求牵头成立创新平台，加快集聚创新资源，建设科技人才培养高地。我国可以围绕电子信息、航空航天、新材料、高技术服务、新能源与节能、资源与环境等国家重点科技领域布局创新研发平台，如联合研发中心、技术创新联盟、产业孵化园、产业研究院等，促进信息互通、供需对接、资源共享、优势互补，强化企业对产业发展的引领作用，推动产业链、创新链和人才链的融合。企业要积极加强同行业内顶尖高校与科研院所的合作，牵头成立国家级重点实验室等高水平研发机构，加快

吸引、集聚各类创新要素，包括高校和科研院所的高层次人才要素，将各类创新要素深度融合，共同支撑产业发展、技术创新和人才培养。

第二，鼓励支持企业牵头申报国家重点科技项目，做好产学研协同攻关，让科技人才在重大科技项目历练中成长。企业要不断利用自身产业资源优势，持续提高科技创新引领力。鼓励企业积极联合高校和科研院所，联合申报国家级科研项目和重大课题，组织推动科技攻关，发挥好企业在牵引重大产业需求和协调各方资源等方面的积极作用。企业要积极响应党中央和国家号召，利用揭榜挂帅等方式在信息技术、先进制造与自动化、新材料等重点科技领域设立重大攻关项目，推动关键核心技术的自主可控和创新，促进科技成果转化。同时，依托项目，让科技人才得到更多的锻炼机会，让优秀人才脱颖而出。

第三，强化校企合作，提升学生工程实践能力。工程教育是国家人才战略发展中的关键一环，我国自 2010 年实施"卓越工程师教育培养计划"以来，已经有 200 余所高校和 6 000 余家企业参与工程技术人才的培养实践[①]，工程教育规模较大。但当前工程人才的培养质量仍然有待提高。习近平在2021 年中央人才工作会议中指出，"高校要深化工程教育改革，加大理工科人才培养分量，探索实行高校和企业联合培养高素质复合型工科人才的有效机制"。培养卓越工程师，必须调动高校和企业两方面的积极性，构建项目引领的实习实践培养模式。高校要发挥基础研究和理论创新优势，企业要把培养环节前移，双方共同设计产学研合作的人才培养目标和培养方案，从培养计划、课程设置、教学方式、资源配置等方面着手，让学生前期在高校接受工程理论教育，中后期前往企业进行实习锻炼，解决工程一线实际问题。通过促进校企联动、产教融合，努力建设一支技术创新能力突出、善于解决复杂工程问题的高水平工程师队伍。

鼓励支持高校与企业联合搭建校内外实践基地，根据企业需求确定培养方向，加强工程教育与工程实践之间的有效联动。一方面，要积极搭建校内

① 卓越工程师如何造就．（2022－02－21）［2024－04－17］．https://new.qq.com/rain/a/20220221A08AT300.

实验平台,为学生提供动手机会,使教学内容紧贴工程实际。在具体教学中,可以结合课程内容,引入前沿工程实践案例和问题,引导学生深入思考,大胆假设,同时利用校内的工程实验平台进行验证,让学生有一个完整的学中做、做中学的学习经历,提升学生的创新思维、工程意识、实践能力和专业素养。另一方面,高校可以围绕重点产业,同企业联合建立校外实践基地,增加实践操作训练,让学生亲自参与技术研发过程,进一步提升学生的工程实践和创新能力。

二、发挥高校在创新型科技人才培养中的基础性作用

高校作为高等教育的实施者,要发挥科技人才培养的基础性作用,全方位谋划基础学科人才培养,更加重视培养学生的科学精神、创新能力、批判性思维。要建设一批基础学科培养基地,吸引最优秀的学生立志投身基础研究。要建立交叉学科发展引导机制,培养高水平复合型人才。

第一,加大对理工科学生培养的投入力度,全面提高人才培养质量。要建设一批 STEM 学科人才培养基地,发挥高校在我国科技人才培养中的基础性作用。要进一步优化科技人才培养模式,更加重视学生科学精神、批判性思维、创新能力、实践能力的培养,要相信我国高校能够培养出大师和顶尖科技人才。高校要围绕新一代信息技术、航空航天、新材料、新能源、集成电路、高端制造等国家重点产业和重点科技领域需求,加大对创新型科技人才的培养力度,吸引优秀的学生投身科技研究事业。要实施基础研究人才专项培养机制,长期支持一批在自然科学领域取得突出成绩且具有明显创新潜力的青年人才。理工科的本科生培养要注重将教学与科研和工程实践相结合,完善优秀理工科本科生硕博连读和直博培养模式。高校要围绕国家产业需求,探索成立交叉学科专项研究院,打通学科间的壁垒,构建数理基础课、专业教育课、创新训练课等相结合的课程体系,培养高水平复合型科技人才,满足交叉学科人才发展需求。推动国内高校之间的人才交流合作与师资共享,让一流高校的优秀师资和教育资源能够惠及更多的普通高校和学生,提升我国高校在科技人才培养中的基础性作用。

第二，发挥好高校在产学研合作中的理论创新优势。高校具有教育属性，而且在理论研究方面处于领先地位，是产学研协同创新和人才培养的重要载体。要积极推动高校和科研院所科技资源的开放程度。例如，通过专家讲座、技术沙龙等方式帮助企业了解相关科技领域的最新成果和发展趋势，帮助企业更好地把握科技创新和人才培养方向，提高企业青年科技人才的理论水平。鼓励高校和科研院所的科研人员积极参与和企业的产学研合作项目，并将实践中获得的知识用于教学和人才培养。促进企业等用人单位和高校等人才培养单位之间的师资交流，联合指导学生进行校内学习和校外实践。校企双方通过资源共享、优势互补，共同建设起一支理论水平高、实践能力强的导师团队，不断提升人才培养质量。

第三，完善人才选拔机制，推动基础教育和高等教育相衔接。我国有着很多具有创新潜质的青少年，从基础教育到高等教育阶段却有很多极具创新潜质的学生无法通过高考分数进入高水平大学，而这将对创新型基础研究人才的选拔培养造成不利影响，难以牵引中小学教育向创新人才培养倾斜。为此，要积极完善创新型基础研究人才的选拔机制，推动基础教育和高等教育相衔接。国家层面，我们实施了一系列针对创新型基础研究人才的选拔培养计划，例如"基础学科拔尖学生培养试验计划""强基计划""英才计划"等，取得了一定成效，积累了一些经验。要继续规范选拔流程，探索建立绿色培养通道，对极少数在特定基础学科领域有突出天赋、单科特别优秀的考生开辟破格录取途径，为这些具有较强创新潜质的青少年提供优质学习机会。要强化基础教育和高等教育的有效衔接，在全过程中培养创新型基础研究人才。一方面，可以研究设计贯通式课程培养方案，增加科技类体验课程，激发中小学生的科技兴趣，培养其科学素养。另一方面，可以探索利用课题研究等方式联合培养有创新潜质的中小学生。中小学根据高校的人才培养需求改进教育方式，强调综合素质提升。同时开展相应课题研究，探索制定更加合理的人才选拔培养标准，助力创新型基础研究人才选拔工作。

三、依托重大科研项目与创新平台，在创新一线主战场培养高层次科技人才和创新团队

从新中国成立初期的"两弹一星"，到 21 世纪以神舟飞船和探月工程为代表的航空航天科技、"蛟龙号"载人潜水艇……诸多科技成果都印证了国家重大科研项目和重大工程实践是科技人才快速成长并脱颖而出的重要渠道。习近平在 2021 年中央人才工作会议上强调，要"围绕国家重点领域、重点产业，组织产学研协同攻关，在重大科研任务中培养人才"。科技领军人才和创新团队的培养必须依托大平台、大项目，要让科技人才深入科技创新主战场，深入基层实践一线，在国家重大科技任务和科技创新主力军中成长起来。

第一，加快科技创新平台建设，集聚创新资源，为科技人才提供成长的沃土。科技创新平台不仅能够加快关键核心技术攻关，而且能为科技人才培养提供强大支撑。一方面，科技创新平台可以吸引行业内的顶尖技术和人才资源，为科技人才提供交流学习的机会，开拓其视野。另一方面，科技创新平台建设可以给科技人才提供更多的外部合作和项目历练的机会，使其能够不断在科研实践中提升自我。我国要围绕新一代信息技术、生物医药、航空航天、新材料、新能源、先进制造与自动化等重点领域，深入推进国家级重点实验室、省级重点实验室和企业创新平台建设，加快建设以企业为依托的高水平研发平台。通过平台集聚大批的高层次科技人才，以重大科技攻关项目为载体，提高科技人才培养质量。

第二，以重大项目为依托，注重在创新主战场培养和使用人才。项目是培养造就高层次科技人才的重要载体。科技人才通过项目历练，不断克服项目中的困难，不仅可以积累产品和技术研发经验，还可以获得更多外部资源和成长机会。要围绕战略新兴产业，通过多种方式提供丰富的项目机会，让优秀科技人才脱颖而出。国家层面，要围绕关键核心技术领域，设立重大专项和大批青年课题。在国家重大项目的开展中，鼓励从全国范围内选拔优秀

的青年科技人才参与到项目中来，使其可以得到快速成长，形成创新团队和人才梯队。要继续完善揭榜挂帅制度，把当前迫切需要的关键核心技术研发项目张榜公示，不考虑资质、不设置门槛，让真正有本事的人来揭榜。用人主体要坚持"人才都是干出来的"的培养原则，把潜力突出的青年科技人才放到多个项目中进行锻炼。

第三，完善企业等用人单位内部的科技人才培养模式。高校培养的科技人才是"毛坯"，最终需要企业等用人主体的打磨。加强一线岗位实践和基层锻炼，是科技人才成长的必经之路。要完善企业内部的科技人才培养体系，通过传帮带、岗位轮换和参与项目等方式给科技人才提供更多深入现场的机会，增强科技人才对技术难点与要点的理解和把握。研发和创新团队是企业科技人才培养和成长的重要单元。团队中的科技领军人才可以起到榜样作用，带动更多科技人才共同成长。团队成员间的合作，不仅能提高研发效率，而且有利于团队中的科技人才在完成工作的过程中增加彼此的互动与学习机会，从而提高个人专业技术的全面性。团队成员间可以通过技术例会、分享、研讨等方式促进知识技术的共享和交流，提升各自理论知识的深度和广度，补足各自技术能力中的短板。企业内部要做好知识管理，对企业已有的关键技术和知识架构进行梳理总结，发布技术规范和指导文件，为科技人才提供方法和经验指导。同时要通过内部讲师、技术研讨会等多种形式促进知识在企业内部的共享传播，促进知识的转化与应用，加快创新创造的步伐。拓宽和拉长科技人才职业发展通道，给予科技人才更大的职业发展空间。

四、重视青年科技人才培养，推动建立青年科技人才培养导师制

习近平在2021年中央人才工作会议上强调，"青年人才是国家战略人才力量的源头活水……要把培育国家战略人才力量的政策重心放在青年科技人才上……支持青年人才挑大梁、当主角"。因此，我们要进一步加大对青年科技人才培养的支持力度，让青年科技人才有更多的机会快速成长。

第一，加大对青年科技人才的支持力度。青年科技人才较难获得各种课

题和资金支持，但是研究表明，很多重大创新成果都是在青年时期完成的。因此，在国家政策层面，需要对青年科技人才的培养模式进行优化，尽可能扩大资助面，出台多层次青年科技人才资助计划，而不是只有获得人才帽子的青年科技人才才能获得资助。要降低项目申报的门槛，让青年科技人才可以获得更多的成长机会。简化科技项目申报和经费管理流程，让青年科技人才更加专注于科研，而不是把精力放在课题申报、填表和迎来送往中。鼓励企业根据技术创新需求，设立研发基金，降低对学历和职称的要求，用揭榜挂帅方式，让优秀青年人才有更多的主持项目的机会。

第二，推动构建青年科技人才培养导师制。导师制或者说师带徒，是广泛应用于国内外各行各业的人才培养方式。导师不仅可以引领青年人才在正确的专业方向上深入挖掘，而且会通过言传身教，帮助青年科技人才树立科学严谨、求真务实的工作态度和作风。很多科技型单位经过多年发展，培养了一大批技术专家和科研骨干，这些专家、骨干经历了一次次重大技术攻关，总结了大量的科研实践经验，是担任导师的最佳人选。用人主体要逐步强化导师责任，定期考核师带徒效果，将师带徒和绩效管理、职务晋升等挂钩。

第三，要不断给青年科技人才压担子，让其在历练中得到成长。用人单位要通过压担子的方式，促进青年科技人才快速成长。一方面，要在日常工作的安排和分配中增加具有挑战性的任务，给予青年科技人才一定的压力，培养其思考和解决问题的能力。另一方面，要秉持使用就是最好的培养的理念，敢于让青年科技人才在科技攻关项目中挑大梁、当主角，让青年科技人才在实践锻炼中提升创新能力。

五、强化基础教育对中小学生科学兴趣的培养

尽管世界各国的教育理念不尽相同，教育方式也多种多样，但总体来说，都重视青少年的个性发展，从小培养学生的创造性。但当前我国基础教育一定程度上还存在唯分数的现象，许多中小学生把大量时间用在考试科目上，而忽视了对科技创新兴趣的培养，这不利于我国科技人才后备队伍的建

设。因此，要优化基础教育模式，重视中小学生科学兴趣的培养。

第一，积极开展青少年科技教育活动，培养青少年的科学兴趣。中小学要积极组织开展科技展览、科普讲座、科技夏令营、参观科技馆等多种形式的活动，培养中小学生对自然科学的好奇心。通过讲述科学家故事、普及科学知识等，激发中小学生对科技工作的兴趣。鼓励支持中小学每年举办科学节，由各顶尖高校与科学机构联合主办，通过演讲、比赛、展览、研讨会等多种形式展示科技领域的前沿发展成果，开拓青少年的科技思维。积极开展"科学家进校园"系列活动，主动引导优秀的高中生报考理工科专业，扩大我国的科技人才后备军队伍。

第二，继续素质教育改革，关注学生综合素质提升。要完善以全面提高学生素质为目标的课程体系，在完成基础教育课程任务基础上，调整课程结构，强化对科学和实践类课程的课时要求，强调创新能力、动手能力和问题解决能力的培养，引导基础教育走出知识本位，更加关注学生成长过程和综合素质提升。积极利用"强基计划"等基础研究人才选拔培养计划，根据人才需求，在高考招生阶段明确选考科目范围，体现基础研究导向。要强化基础教育和高等教育、职业教育的有效衔接，引导形成社会各界对各类型教育地位平等的共识，根据学生兴趣和特长，给予更加有针对性的培养，打造我国的创新型基础研究人才、高水平工程师和高技能人才队伍的战略后备军。

六、树立开放的人才培养理念，坚持科技人才培养的全球视野

历史一再证明，封闭固守无法培养出具有世界顶尖水平的科技人才。只有坚持共享开放、交流借鉴，才能在纷繁复杂的国际形势下占得人才培养的先机。

第一，做到国际顶尖人才引进和国内高水平人才培养相结合。要以开放的胸怀吸引全球范围内的顶尖人才。习近平在2021年中央人才工作会议上指出，"坚持聚天下英才而用之。这是做好人才工作的基本要求……必须实行更加积极、更加开放、更加有效的人才引进政策，用好全球创新资源"。因此，要持续优化我国海外人才引进工作，在精准引进科技领军人才的同

时，积极发挥领军人才的示范和带动作用，通过建立国际化的高水平创新团队，带动我国更多的青年科技人才成长。

第二，持续加强科技人才培养的国际交流与合作。人才自主培养，绝对不能故步自封、自我隔绝。课题组在调研中了解到，很多科技人才是有国外学习或交流经历的，这些经历都对他们的个人成长起到了重要的推动作用。例如，一位高级工程师说，"我成长过程中的一个重大节点就是去德国进行项目交流。因为我们要做新的技术方向，这是一个新的业务板块……那个时候公司里边没有团队也没有人做这方面的研究……我们在德国外派三年确实不容易，但这个过程中有付出就有收获"。一位科技人才也提到，"我去英国访学了一年，通过在科学界跟国外高层次老师和院校进行了广泛的交流合作，开阔了视野"。因此，培养科技人才要坚持全球视野和世界一流标准。要结合新形势，持续加强科技人才培养的国际交流与合作，使更多全球智慧资源、创新要素为我所用。国家层面，要持续推进国际人才交流项目，在全国范围内选拔推荐优秀科技人才前往国外进行访学交流和项目合作。鼓励支持广大科技人才紧跟世界科技发展大势，根据国家发展需求，选择自己的研究领域，多出关键性科技成果。企业、高校、科研院所等人才培养主体要主动加强同世界一流高校和一流企业的联系与合作，通过项目合作、技术交流、学术访问、学术论坛等多种方式为科技人才提供更多的国际交流机会。

七、通过营造更加公平公正的选人用人环境来培养人

使用就是最好的培养。但当前，一些单位在选人用人方面仍存在一定程度的不公平，一些青年科技人才因为遇不到伯乐而得不到培养和锻炼的机会。为更好地培养科技人才，需要营造更加公平公正的选人用人环境，扩大视野选人才，坚持业绩能力导向，减少人际关系的干扰，让更多有潜力的优秀人才得到锻炼机会。

优化项目团队的遴选机制。一些重大科技项目立项，应该通过机制设计，让不同的优秀团队都有机会参与竞争，能陈述自己的技术路线和团队优势，对各团队的方案设计、以往经历、人员组成等进行评价，要尽量去掉项

目遴选中的人际关系因素，确保科技资源能真正投入优秀的项目团队中。鼓励通过揭榜挂帅等多种方式，让更多优秀人才有机会获得主持和参与项目的经历，通过项目实践和历练，培养造就一流科技领军人才和创新团队，培养具有国际竞争力的青年科技人才后备军。

第 7 章

政府放权松绑与营造更加
强烈的科技创新氛围

体制和文化是科技创新的土壤。习近平在 2021 年中央人才工作会议中强调，当务之急是要根据需要和实际向用人主体充分授权，真授权、授到位。行政部门应该下放的权力都要下放，用人单位可以自己决定的事情都应该由用人单位决定。要积极为人才松绑，要遵循人才成长规律和科研规律，进一步破除官本位、行政化的传统思维，不能简单套用行政管理的办法对待科研工作，不能像管行政干部那样管科研人才。要在全社会坚持营造识才爱才敬才用才的环境，营造大胆创新、勇于创新、包容创新的良好氛围。

整体而言，我国社会仍然存在比较突出的官本位文化，人才创新活动也经常受到束缚。我国迫切需要打破官本位文化，同时加快推进人才管理体制改革，在全社会合力营造崇尚科学、尊重人才、尊重创造、开放包容的科技创新氛围，为科技创新工作创造丰沃的社会土壤。本章首先分析官本位文化等对我国科技创新事业的制约，在此基础上提出打破官本位文化与营造更加强烈的科技创新氛围的建议。其次就如何优化我国的人才治理体系、推进政府人才管理体制改革进行了研究。最后对创新型企业如何通过人才管理推动技术创新进行了总结，希望能为我国企业打造组织内部的创新生态、发挥好科技创新主体作用带来启发。

第一节　打破官本位文化与营造强烈的科技创新氛围

一、官本位文化等制约了我国科技创新事业

（一）中国社会的官本位文化是科技创新的最大障碍

科技创新是我国全面建设社会主义现代化国家的主要推动力。多年来，我国在科技领域已经取得了巨大的进步，但具有世界性开创意义的科技成就还不多。这固然有我国近代以来科技基础比较薄弱的历史原因，但是传统的官本位思想才是真正束缚中国科技创新的枷锁。对于中国传统官僚政治是否阻碍了近代中国科技进步这一问题，王亚南和李约瑟基于辩证思维和唯物史观，给出了一致的肯定回答。虽然在历史上，以科举制为核心的官僚制使人

才相对平等地获得了出头的机会，但"学而优则仕"的社会文化也随之形成，做官被认为是读书人出人头地、光耀门楣最好的选择，科技创新却不为统治者和读书人所重视。社会以是否为官、官职大小、官阶高低为标尺来衡量人们的社会地位和人生价值。直到今天，官本位文化依然渗透于我国社会的各个方面。

　　一直居高不下的"考公热"是官本位文化在当今社会的一个反映。据统计①，截至2022年10月24日17：30，2022年公务员国考共有202.6万人报名，较上年同期增长51.4万人；有183.8万人通过审核，较上年同期增长43.5万人。2022国考平均竞争比为59：1，最热职位为西藏自治区邮政管理局阿里地区邮政管理局一级主任科员及以下一职，竞争比为20 813：1。根据《清华大学2021年毕业生就业质量报告》，清华大学2021年共计579人进入党政机关工作，占同年毕业生所签就业单位的15.8%，其中本科生34人，硕士生384人，博士生161人。根据北京市朝阳区2022年公务员拟录用人员名单，某街道的城市管理执法岗由一位北京大学物理学院博士成功应聘。无独有偶，2020年杭州余杭区的招聘录用名单也一度引起热议，其中许多街道基层岗位录取的是清华大学、北京大学的硕士或博士，涉及环境科学与工程、计算机技术等学科领域。这些例子表明，公务员仍是许多名校毕业生就业的热门选择。相比之下，尽管我国企业特别需要高层次的科技人才，但名校博士到企业中从事技术研发工作的较少。这些现象都说明我国当前的官本位文化还是非常突出的，报考公务员甚至已经成为部分理工科硕士博士的最优职业选择。另外一个值得深思的现象是，在高校和科研院所，许多青年研究人员都向往当校长、所长、院长，在科技创造力最强的时候千方百计去做行政工作。可以说，官本位文化如果不打破，我国科技创新事业很难实现跨越式发展。

　　官本位文化还容易催生官僚主义和形式主义，限制科技人才的批判思维和创新精神。课题组曾经对中国科学院科技人才进行了问卷调查，有超过

---

① 2022国考202.6万人报名 最热门职位"两万里挑一".（2021－10－24）[2024－02－26]. https://baijiahao.baidu.com/s?id=1714511962931930817&wfr=spider&for=pc.

1/3 的被调查者认为繁重的事务性工作、突出的官本位文化以及烦琐的科研管理流程显著地抑制了人才创新的活力。在我国一些科研院所，管理部门权力意识浓厚、服务意识薄弱，导致科研人员不愿甚至"害怕"与管理者和管理部门打交道。与此同时，许多科研活动，小到项目立项，大到职称评审，行政领导往往具有很大的发言权，容易造成"外行指挥内行"。更重要的是，官本位文化容易形成以行政权力为核心的观念，强调一致和服从，阻碍学术研究上的百家争鸣和自由探索，由此限制了科技人才的批判思维和创新精神。如果一个科研机构官本位文化严重，就会导致大家不敢对担任行政职务的研究人员的学术观点提出质疑，往往是领导一说话，大家都不吭声了，结果是谁权力大谁就是学术权威。根据 2020 年中国科协创新战略研究院相关调查结果，近半数（49%）科技工作者认为近年来中国科技界缺乏百家争鸣的学术争论氛围；而在学术会议中，学术"大腕"对所讨论的问题发言定调后，只有 17.2% 的科技工作者表示敢于争论。

（二）科研管理行政化制约了科技人才的创新活力

在对科技人才创新活动的管理上，制度层面仍存在比较明显的行政化倾向。长期以来，我们习惯用党政机关组织模式来管理各类科研单位，把对党政领导干部的管理办法，简单地套用到科研机构中的专业技术人才身上。这种管理方式虽然简单明了，但极不利于调动科研人员的积极性，而且进一步强化了官本位思想。另外，我国承担科学研究和技术攻关任务的大部分高校和科研院所属于事业单位，各主管部门对这些科研型事业单位的管理和对作为政府行政职能延伸的行政型事业单位的管理并无差别，把用于约束公务员行为的行政规则套用到科技人才身上。大部分高校和科研院所对课题经费过度严格的程序化管理，导致科技人才的很多时间都花在了严格的财务报销和各种表格填写上。一些单位甚至存在行政权力导致学术资源分配不公的现象，行政职务高的课题经费多，科技奖项也多，没有行政职务的科技人才甚至申请不到项目和资助，不能真正独立地从事科学研究。这些问题和现象，如不加以改进，会导致更多的优秀人才选择行政职务而非立志于科技创新。

2018 年，习近平在两院院士大会上讲道："要尊重科研规律，尊重科研管理规律，尊重科研人员意见。""不能让繁文缛节把科学家的手脚捆死了，不能让无穷的报表和审批把科学家的精力耽误了！""把人的创造性活动从不合理的经费管理、人才评价等体制中解放出来。"同年 12 月 6 日，李克强在国家科技领导小组第一次全体会议上指出，科研管理不能等同于行政管理，要尊重其自身规律，核心是要以科研人员为本。两位国家领导人讲话的核心都是尊重科研管理自身的规律。科学研究活动往往是创造性、开拓性的，具有高度的不确定性和非常规性，而且与科技人才的能动性和创造性的激发息息相关。这些特征使得科研管理需要有别于行政管理，不能不尊重科研规律而采用行政管理方式来管理科研。

习近平在 2021 年中央人才工作会议上强调，"要遵循人才成长规律和科研规律，进一步破除'官本位'、行政化的传统思维，不能简单套用行政管理的办法对待科研工作，不能像管行政干部那样管科研人才。要完善人才管理制度，做到人才为本、信任人才、尊重人才、善待人才、包容人才。要赋予科学家更大技术路线决定权、更大经费支配权、更大资源调度权……要深化科研经费管理改革，落实让经费为人的创造性活动服务的理念。"只有把中央精神真正落实到日常的科研管理中，才能最大限度地激发广大科技人才的创新创造活力。

（三）缺乏宽容失败的文化导致科技人才很少有试错的空间

科技创新活动存在周期长、风险高等特性。一项重大科技创新成果的诞生甚至可能需要经历几代科学家的努力，其间必然会经历不计其数的失败与重来。以青蒿素的发现为例，屠呦呦及其课题组在经历了数年大海捞针般的研究、进行了 191 次实验后才发现了青蒿素提取物。居里夫人在坚定了放射性物质的研究道路后，用了近四年时间从沥青矿渣中提炼出了约 0.1 克的纯净镭盐，又在长达八年反复的提炼实验后才成功分离出了纯镭。

我国社会需要进一步形成鼓励科技人才积极探索的氛围，需要提高对科技人才创新试错的包容度。2017 年第四次全国科技工作者状况调查数据显示，在全国 4.8 万被访谈科技工作者中，52% 认为科技人才的积极性创造性没有得到充分发挥，47.6% 认为创新文化建设相对薄弱。尽管被访谈者认为政府为营造创新环境出台了诸多政策措施，但在营造宽容失败、学术独立、挑战学术权威氛围上仍需更多努力。2014 年，习近平在中国科学院第十七次院士大会、中国工程院第十二次院士大会上的讲话中明确提出，"要在全社会积极营造鼓励大胆创新、勇于创新、包容创新的良好氛围，既要重视成功，更要宽容失败"。2016 年，习近平在全国科技创新大会、两院院士大会、中国科协第九次全国代表大会上的讲话再次强调要"鼓励创新、宽容失败"。习近平在 2021 年中央人才工作会议中也提出要"在全社会营造鼓励大胆创新、勇于创新、包容创新的良好氛围"。但现实中，我国各单位"鼓励创新、宽容失败"的制度和氛围并未真正形成，这导致科技人才不敢大胆试错，倾向于选择保守的技术路线。

（四）全社会对科技创新和科学精神的宣传力度不够

弘扬科学精神是培育创新文化土壤的必要条件。科学精神以求真求实和开拓创新为核心，涵盖了批判质疑、无私奉献和淡泊名利等方面。近年来，我国学术界的一些人学风稍显浮躁，对科学精神的弘扬不够，部分科技工作者的科学精神逐渐淡化。一些学者只选择短平快的项目，求速度，求数量，避开周期长、风险大的项目；一味追求发表论文的数量、刊物的档次，把追求人才帽子作为科研的终极目标。调查表明，近年来科学家的职业声望有所下降。第十次中国公民科学素质调查显示，科学家的职业声望（48.6%）明显低于教师（55.5%）和医生（52.4%）；社会公众对子女从事科学家职业的期望（32.7%）也明显低于教师（51.1%）和医生（52.1%）。

当前，全社会对我国的科技创新和科学精神的宣传力度不够，很多科技新闻宣传事实上不但没有打破反而强化了官本位文化。各类媒体需要更加积极地报道我国重点产业和科技前沿领域的创新活动，需要加大宣传胸怀国之大者的著名科学家的贡献，大力宣传科技创新对我国高质量发展的重要性，引导优秀青少年从小树立科学理想。当前，科学和创新精神在我国基础教育中的体现不足，科学家在教材以及课堂中没有足够的身影，科学课堂和科学知识教育也没有得到足够的重视，难以真正激发青少年对科学事业的兴趣和热情。

（五）政府人才管理职能转变有待完善，一些用人单位缺乏优秀人才脱颖而出的机制

激发人才创新活力，首先必须破除体制性障碍。《关于深化人才发展体制机制改革的意见》等文件已经出台很长时间，这些文件都提出要充分发挥市场在人才资源配置中的决定性作用，加快转变政府人才管理职能，保障和落实用人主体自主权，推动人才管理部门简政放权，消除对用人主体的过度干预。但事实上，一些政府部门在人才工作中的边界并不清晰，甚至管了一些不应该管的事，市场在人才资源配置中的决定性作用发挥不够。比如一些地方政府热衷于评奖，导致行政权力在科技和学术评价中起主要作用。政府在人才宏观规划、政策法规制定、公共服务、监督保障等方面可以更好地发挥作用，但是微观层面的人才管理活动应该交给用人主体自主完成，政府过多的干预会降低资源配置效率。

人才发展的各项政策和制度，最终都要依靠各级组织和各级干部的落实和执行。在微观单位中，领导干部尤其是一把手很大程度上决定了一个单位的人才发展环境，也是人才政策和制度执行效果的最大影响因素。以人才项目评选为例，如果一个单位把真正优秀的人才推荐上来，这对广大人才而言就有了激励效果；可如果一个单位把业绩一般但和领导关系好的人推荐上来，这就打击了其他人才的积极性。因此，一个单位及其领导干部在选人用人、考核激励上是否公道正派，决定了用人主体的人才使用效率和人才活力的激发。当前，一些单位在用人上不够公道正派，真正优秀的人才不能脱颖而出，不但打击了广大人才创新的积极性，更不利于科技创新氛围的形成。

二、打破官本位文化与营造更加强烈的科技创新氛围的建议

（一）国家创新体系要以市场为主导，注重发挥企业的创新主体作用

国家创新体系是一个以国家为单位的创新制度框架，以促进有关知识

的创造、储存、应用与转移（Metcalfe，1995）。国家创新体系覆盖参与科技创新的各机构各要素，包括公司、大学、研究院、要素禀赋、金融系统、政府政策、文化传统等（Nelson，2013）。从当前世界主要发达国家的创新体系看，市场和企业在创新体系中发挥着最为重要的作用。

美国作为世界上最发达的创新型国家之一，其科技研发和高科技产业发展对经济发展起到了至关重要的作用。美国国家创新体系突出了以市场为导向。美国国家创新体系主要由私营企业、大学、科研机构及科技中介服务机构等组成。美国政府在创新体系中主要发挥辅助、协调和监管作用，政府主导的重大创新比较少，主要依靠市场化的商业机构，比如马斯克创办的SpaceX 以私营企业身份负责整个星链计划的研发和实施。企业、科研机构根据市场需求推进创新产品的产业化。研究开发、中介服务、风险投资和企业以市场为纽带结合在一起，处于良性的互动与合作状态。美国这种以市场为主导的国家创新体系，使创新资源配置合理，投入产出的效率高。

德国创新系统中最具特色的是其产学研合作组织，比如世界闻名的弗劳恩霍夫协会。虽然该协会是在政府支持下建立的，但法律上是独立社团，属于民办的非营利科研机构（高然，2019）。弗劳恩霍夫协会的科研人员包含德国合作院校的教授与参与实习的学生，科研团队中既有核心的资深科研人员，也有具有一定流动性的合同制科研人员。协会的科研人员为企业客户完成了诸多科研开发项目。因为弗劳恩霍夫协会面向企业合作的特性，它常常会要求人员常驻企业内部开发项目，这种人才共享机制本质上保障了创新人才的培养和转移。此外，下属各研究所的主要负责人通常都是合作高校中的全职教授，这一方面保障了研究所的人才供给，另一方面也为大学的基础科研提供了一个直接面向客户的实践平台。

日本是后进赶超先进的典型国家，其形成了以企业为主体的国家创新体系。自第二次世界大战之后，日本走过了从贸易立国到技术立国再到科技创新立国的发展道路。相应地，日本也从战后初期的吸收型、模仿型技术发展路径，逐步发展为追赶型，最终成为领先型的创新型国家。在日本长期的赶超过程中，企业一直是技术创新的主体，市场机制是配置创新资源的主要方式。在日本，几乎所有大中型企业都有自己的研发机构，并且与大学和科研机构开展了广泛的合作，这大大促进了研发成果的转化。有资料表明，日本企业所提供的 R&D 经费一直占全国 R&D 经费总量的 60% 以上。企业是技术创新的主体，这正是日本企业能够不断提升技术竞争优势，并迅速将研究成果转化为在国际市场中具有竞争力的产品的重要原因（张晓凤，谢辉，魏勃，2015）。

吴敬琏（2002）提出，政府在发展高科技产业中的作用是"牵牛鼻子，而不是抬牛腿"，只有建立充满活力的新体制，才能真正做到自主创新，实现经济增长方式的转变，最终建成创新型国家。技术设定了经济发展可能达到的高度，但它实际能达到的高度则由制度体系决定，人力资本积累的过程必须与政府创造良好创新环境和有利于技术进步的制度相结合，否则就会出现"苏联现象"。苏联虽在当时拥有世界上规模最为宏大的官办教育体系及科研体系，但其全要素生产率很低。"苏联现象"的出现正是由于其教育体系和科研体系虽然宏大，但体制却十分僵硬和封闭，不利于创新人才的培养和发展。中国的国家创新体系是在从计划经济向社会主义市场经济转型过程中完善的，构建我国国家创新体系要始终铭记"苏联现象"的教训。

我国国家创新体系建设的实践早已有之，《国家中长期科学和技术发展规划纲要（2006—2020 年）》正式提出了建设中国特色国家创新体系的战略。2012 年，中共中央、国务院印发了《关于深化科技体制改革加快国家创新体系建设的意见》。2016 年，《"十三五"国家科技创新规划》提出建设高效协同国家创新体系的目标。2017 年，党的十九大报告再次强调要加强国家创新体系建设，"强化战略科技力量"，"深化科技体制改革，建立以企业为主体、市场为导向、产学研深度融合的技术创新体系，加强对中小企业创新的支持，促进科技成果转化"。2020 年党的十九届五中全会通过的《中共中央关于制定国民经济和社会发展第十四个五年规划和二〇三五年远景目标的建议》提出，要坚持创新在我国现代化建设全局中的核心地位，把科技自立自强作为国家发展的战略支撑，深入实施创新驱动发展战略，完善国家创新体系，加快建设科技强国。

　　根据《中共中央关于制定国民经济和社会发展第十四个五年规划和二〇三五年远景目标的建议》的描述，我国国家创新体系建设的要点主要包括四个部分：

　　（1）强化国家战略科技力量。制定科技强国行动纲要，健全社会主义市场经济条件下新型举国体制，打好关键核心技术攻坚战，提高创新链整体效能。加强基础研究、注重原始创新，优化学科布局和研发布局，推进学科交叉融合，完善共性基础技术供给体系。瞄准人工智能、量子信息、集成电路、生命健康、脑科学、生物育种、空天科技、深地深海等前沿领域，实施一批具有前瞻性、战略性的国家重大科技项目。制定实施战略性科学计划和科学工程，推进科研院所、高校、企业科研力量优化配置和资源共享。推进国家实验室建设，重组国家重点实验室体系。布局建设综合性国家科学中心和区域性创新高地，支持北京、上海、粤港澳大湾区形成国际科技创新中心。构建国家科研论文和科技信息高端交流平台。

　　（2）提升企业技术创新能力。强化企业创新主体地位，促进各类创新要素向企业集聚。推进产学研深度融合，支持企业牵头组建创新联合体，承担国家重大科技项目。发挥企业家在技术创新中的重要作用，鼓励企业加大研发投入，对企业投入基础研究实行税收优惠。发挥大企业引领支撑作用，支持创新型中小微企业成长为创新重要发源地，加强共性技术平台建设，推动产业链上中下游、大中小企业融通创新。

　　（3）激发人才创新活力。贯彻尊重劳动、尊重知识、尊重人才、尊重创造方针，深化人才发展体制机制改革，全方位培养、引进、用好人才，造就更多国际一流的科技领军人才和创新团队，培养具有国际竞争力的青年科技人才后备军。健全以创新能力、质量、实效、贡献为导向的科技人才评价体系。加强学风建设，坚守学术诚信。深化院士制度改革。健全创新激励和保障机制，构建充分体现知识、技术等创新要素价值的收益分配机制，完善科研人员职务发明成果权益分享机制。加强创新型、应用型、技能型人才培养，实施知识更新工程、技能提升行动，壮大高水平工程师和高技能人才队伍。支持发展高水平研究型大学，加强基础研究人才培养。实行更加开放的人才政策，构筑集聚国内外优秀人才的科研创新高地。

（4）完善科技创新体制机制。深入推进科技体制改革，完善国家科技治理体系，优化国家科技规划体系和运行机制，推动重点领域项目、基地、人才、资金一体化配置。改进科技项目组织管理方式，实行揭榜挂帅等制度。完善科技评价机制，优化科技奖励项目。加快科研院所改革，扩大科研自主权。加强知识产权保护，大幅提高科技成果转移转化成效。加大研发投入，健全政府投入为主、社会多渠道投入机制，加大对基础前沿研究支持。完善金融支持创新体系，促进新技术产业化规模化应用。弘扬科学精神和工匠精神，加强科普工作，营造崇尚创新的社会氛围。健全科技伦理体系。促进科技开放合作，研究设立面向全球的科学研究基金。

根据权威文件的表述，可以看出，中国国家创新体系建设既要发挥新型举国体制的优势，打好关键核心技术攻坚战，攻克卡脖子技术，又要强化企业创新主体地位，通过优化国家科技规划体系和运行机制，推动重点领域项目、基地、人才、资金一体化配置，促进各类创新要素向企业集聚，提高举国体制产生的重大科技成果转移转化成效。我国的技术创新体系一定要坚持以市场为导向，脱离市场的技术创新难以转化为新质生产力。政府主导的创新活动可能会受到行政体制机制的限制，一方面不利于科研效率提升，另一方面还可能滋生官本位弊病，不利于创新氛围的形成。因此，只有在市场主导下，各主体利益得以协调统一，真正发挥企业的创新主体作用，才能避免科研资源配置和科研成果转化效率低下以及官本位文化等问题，才能真正在全社会形成科技创新氛围，才能更好地发挥科技创新对经济高质量发展的驱动作用。

（二）完善科技创新要素市场，围绕市场和产业构建产学研合作体系

1. 构建一体化科技创新要素市场

创新要素市场的构建涉及政府、金融机构、企业、科研机构和中介组织。政府的主要职能是负责创新要素市场的宏观管理和监督，维护正常的市场秩序；金融机构主要为创新活动提供资金支持；企业和科研机构是科技创新活动的主体，决定着创新的发展方向和创新成果的应用等；中介组织是联

系各类创新主体的桥梁，为各类组织提供重要的信息和服务，加强彼此间的合作沟通，促进科技成果的转移转化。这些市场主体对于科技创新及其成果转化至关重要，缺一不可。

创新要素包括资金、人力资本、技术以及其他要素。各要素市场之间需要协同发展，在统一的运作机制下，形成一种全面协同效应，从而使系统实现各要素市场单独所无法实现的全面协同效应，发挥创新市场体系的整体功能。一方面，要通过市场机制促进各类要素流动和资源配置，发挥市场机制在要素交易、创新承接、成果转化、产业链重构中的主导作用。另一方面，要以流动性促进要素空间合理聚集，构建创新的空间扩散格局，实现创新资源合理配置和创新主体空间布局优化，提高创新型领军机构的辐射带动作用。要促进市场上科技服务机构良性发展，发挥科技服务机构在创新资源整合和创新成果转化上的积极作用。

2. 基于市场和产业构建产学研合作体系

目前我国高校、科研院所在人才、技术、信息、研究设备等方面集中了大量的创新资源，但是存在与市场脱节的现象。基于市场和产业构建产学研合作机制，可以使创新技术和市场需求密切地联系在一起，打破产学研合作的体制限制，促进各方合作动机的提升，并提高科技成果转化效率。近年来，我国一些高校就深化产学研合作、促进科技成果转化出台了系列改革举措，包括明确科技成果作价投资，对其中的净收益按学校、成果完成人分别为30%、70%的比例进行分配，大大提高了高校和科研院所科技人才的科技成果转化意识。

市场主导的产学研合作机制需要突出科技型领军企业的主导作用，通过建立产学研联盟，形成优势互补、协同创新、利益共享的稳定、高效的科技创新联合体，提升企业自主创新能力，并提升我国的产业核心竞争力。从当前来看，为提升重点领域和关键产业的技术创新能力，需要采取一定举措来促进领军企业、高等院校和科研院所在战略层面形成协同创新的合作模式。对具有明确市场应用前景的科技项目，要从过去由科研院所牵头逐步调整为由核心企业牵头，高等院校和科研院所共同参与，在合理分工的基础上加强协同技术攻关，同时发挥领军企业的产业和市场资源优势，提高产学研合作成果的转化效率。

（三）深化科技领域"放管服"，破除体制机制官本位桎梏

2016 年 1 月发布的《国务院办公厅关于优化学术环境的指导意见》中明确提出，"消除科研院所管理中存在的'行政化'和'官本位'弊端"，"减少对科研创新和学术活动的直接干预"，"不得动辄用行政化'参公管理'约束科学家"。2018 年 7 月，《国务院关于优化科研管理提升科研绩效若干措施的通知》明确指出，推进科技领域"放管服"改革，建立完善以信任为前提的科研管理机制，按照能放尽放的要求赋予科研人员更大的人财物自主支配权，减轻科研人员负担，充分释放创新活力。该通知对科研项目和经费管理、评价激励制度、科研项目绩效评价、分级责任担当机制、科研管理改革试点等方面都提出了详细的要求，全面推进了科技创新人才的解缚松绑。2019 年，科技部、财政部联合印发《关于进一步优化国家重点研发计划项目和资金管理的通知》，提出 12 项具体要求。

"放"是指简放政权。政府要将科技创新活动的自主权交还给科技创新主体，精简行政管理。政府要切实解决科技工作者反映的科研管理中表格多、报销繁、牌子多、流程手续冗杂等实际问题，使科技工作者减少在科研本身以外的琐事上耗费的时间和精力，从而能够心无旁骛地进行科技创新。针对科研项目申报、立项、过程管理和评审等环节，梳理整合现有各类表格的作用功能，对重复冗余的表格进行有效合并或者删减。政府要完善以信任为前提的科研管理机制，进一步给科研人员"松绑"，调动科研人员的积极性。

"管"是指政府规范科技管理事项。为真正保障科研经费的使用，使科研经费用到实处，政府需要规范项目资金管理，强化项目承担单位法人责任。项目承担单位要认真落实国家有关政策规定，按照权责一致的要求，强化自我约束，规范财务支出行为，保障资金的使用安全规范有效。在科研项目评审阶段，政府需要加强项目绩效管理，合理设定科技计划和项目绩效目标，强化科研绩效评价应用。鼓励科研单位积极开展科学研究，通过加强绩

效考核引导科研单位产出标志性的科技成果。为保证评审效果，政府需要同专业的第三方评审机构或专家组协同开展评审。让第三方参与政府管理服务，能够使科技资源得到合理配置，提升资源使用效率。

"服"是指政府提升科技服务意识，创新科技服务方式，促进科技管理服务优质高效，为科研人员潜心研究营造良好环境。在传统行政性服务的基础上，结合信息化手段，大力推进"互联网＋放管服"改革，依托信息化平台有效提升科技创新管理水平和科技服务效率。政府要面向科技研发人员推进科技数据开放与信息公开，通过"大数据＋政务服务"的形式，让科技公共服务更主动、更精准、更智能。要加强信息化网络和信息资源共享建设，完善科技项目管理平台，实行项目申报、项目评审、项目验收、项目后期监管等各个环节信息化管理，提高服务的便捷性和高效性。

（四）弘扬科学精神，加强科技创新文化建设

在 2021 年 5 月 28 日两院院士大会、中国科协第十次全国代表大会上，习近平进一步强调："要在全社会营造尊重劳动、尊重知识、尊重人才、尊重创造的环境，形成崇尚科学的风尚，让更多的青少年心怀科学梦想、树立创新志向。"课题组在对科技型企事业单位人力资源负责人开展的一项调查中发现，广泛宣传科技政策、创新成果及模范典型，加强青少年科技创新教育实践等被认为是营造创新氛围的关键举措（见图 7－1）。

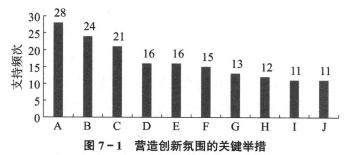

图 7－1　营造创新氛围的关键举措

注：A——广泛宣传科技政策、创新成果及模范典型；B——完善创新人才评价机制；C——加强青少年科技创新教育实践；D——强化科研诚信教育；E——健全创新容错机制；F——建设宣传尊重创新的社会价值观；G——建立市场化的人才收入分配制度；H——完善知识产权制度；I——推进全民科普工作；J——加大市场在资源配置中的作用。

弘扬科学精神需要全社会各主体共同参与，而科技工作者首先要身体力行。开展科学精神教育，强化科技界的使命担当。继续深入开展科学道德和学风建设宣讲教育活动、学风传承活动，发挥顶尖科学家的模范作用，让更多科技工作者、高校师生接受熏陶。同时，严格监督学术不端行为，形成学风自律机制，并加强科研诚信教育和不端行为监督处罚力度。引导媒体和公共文化基础设施弘扬科学精神，对重要科技内容和优秀科技工作者要进行及时的报道。加强公共文化基础设施免费开放的力度，在科技馆、博物馆、图书馆等设施内增设科学精神和科普相关内容，加强全社会公众对科学精神的理解。要重视新媒体、自媒体等网络平台，对不同群体进行有针对性的科普教育和科技指导，向大众传播科学精神。

要进一步宣传优秀科学家，通过专题采访等形式积极宣传基础研究领军人才、高水平工程师、高技能人才的先进事迹和成长历程，用他们的切身经历鼓舞更多有志青年献身科学。在宣传中着力加强科学精神与人文精神的融合，加强科学普及，提高全社会公众的科学素养。建立更加宽容的科研环境，鼓励科技人才向"无人区"突破，形成崇尚创新、宽容失败、支持探索、鼓励冒尖的创新文化氛围。

加强针对青少年的学科精神和科普宣传，注重青少年科技新苗科学兴趣的培养和科学潜质的挖掘。开放各类科技资源，提高中小学教师的基本素质和指导能力，为青少年科技教育工作奠定良好的资源基础，积极开展青少年科技教育活动。面向全国中小学学生，积极开展科技展览、科普讲座、科技考察夏令营、科学家见面会、科技创新比赛等形式的活动，激发青少年对科学的兴趣。大力开展"科学家进校园"系列活动，通过讲述科学家故事、普及科学知识，激发中小学生对科技的兴趣。引导更多优秀的高中生在报考专业时选择理工科，立志于前瞻性基础研究，奠定科技后备人才队伍基础。

第二节　人才治理体系优化与政府人才管理体制改革

创新需要人才支撑，高效的人才治理体系是落实人才强国战略的必然要求。市场、政府和用人主体是我国人才治理体系的重要组成部分，三者在人才发展、人才评价和人才资源配置等活动中的职责和角色，决定了人才治理体系的基本内容和效能。习近平在 2021 年中央人才工作会议上提出，"当务之急是要根据需要和实际向用人主体充分授权，真授、授到位。行政部门应该下放的权力都要下放，用人单位可以自己决定的事情都应该由用人单位决定，发挥用人主体在人才培养、引进、使用中的积极作用"。政府只有进一步放权松绑，充分发挥市场对人才资源配置的决定性作用，才能着力发挥用人主体的作用和激发人才的创新活力。

一、我国人才治理体系的探索变革与阶段特点

改革开放以来，我国人才治理体系经历了由计划式治理到党管人才框架下的分工赋权式治理和统筹协调式治理的过程，对推动全国人才发展和人才队伍建设产生了很大的作用。在孙锐和吴江（2021）提出的治理体系框架的基础上，本书将改革开放后我国人才治理模式分为三个主要阶段（见表 7 - 1）。

表 7 - 1　我国人才治理模式的三个主要阶段

治理模式	时间段	主要权责部门	重要事件	基本特征	主要成效
计划式治理模式	1978—2010 年	科技部门、人事部门	提出"尊重知识、尊重人才"理念；推动人才流动、分类人事管理和专家制度等基础制度建设	治理责任集中于少数单一职能部门；统一的计划式、干部化、管理型治理模式	知识分子获得重大解放，科技干部得到重视；建立起统一的计划式强管控治理雏形
分工赋权式治理模式	2010—2016 年	中央人才工作协调小组	提出"四个尊重"理念；明确"党管人才"原则和人才强国国家级战略，出台人才规划，形成基于战略规划的人才工作分工体系	战略导向、任务导向的部门分工赋权型、参与式治理部署；政府主导型分治模式	治理理念、功能、内容、规则得到发展和体系化；形成了立体化分工式治理图景和制度安排

续表

治理模式	时间段	主要权责部门	重要事件	基本特征	主要成效
统筹协调式治理模式	2016年至今	中央深改委（组）、人才工作协调小组及成员单位	提出"聚天下英才而用之"、构建具有全球竞争力的人才制度体系；出台《关于深化人才发展体制机制改革的意见》及很多项重大改革举措	强调放权松绑，发挥市场决定作用；党管人才框架下跨部门"牵头-配合"协同（协调）治理模式	治理体系内部横向和纵向协调性得到增强；人才发展分类治理开始破题，社会治理主题得到认可和探索

尽管从文件梳理上，我国人才治理体系体现出了从计划式治理模式到统筹协调式治理模式的发展演变，但是在模式的实际落地上，市场在人才发展和人才资源配置中的作用发挥不够。2016年中共中央印发的《关于深化人才发展体制机制改革的意见》指出，人才工作要突出市场导向，要加快转变政府人才管理职能，保障和落实用人主体自主权，推动人才管理部门简政放权。但事实上，在不少地方，市场主体没有发挥应有的作用。因此，未来一段时间，我国需要把完善人才治理体系作为落实人才强国战略的重要内容，充分发挥市场对人才资源配置的决定性作用，这样才能营造更加浓厚的科技创新氛围。

二、树立科学的政府人才工作业绩观，引导政府在人才管理上简政放权

（一）清晰界定政府在人才管理中的职能和边界

当前一些政府部门在人才工作中的职能并不清晰，甚至管了一些不应该管的事，大部分地方的人才工作都是政府在主导，市场和用人主体没有发挥应有的作用。比如一些政府热衷于引进各种戴帽子的高层次人才，但并不关心人才和用人单位的匹配度以及人才引进后的使用效果，这就导致引进后的人才在用人单位的作用没有充分发挥；一些地方政府喜欢主导人才评价和评

奖活动，用行政权力来评价人才、分配资源，不但降低了资源配置效率，还导致一些人才不能专心于科研。

因此，首先需要明确界定政府人才工作的职责边界。有的事应该交给市场做。当前市场在人才资源配置中的决定性作用发挥得不够，人才工作的市场化程度仍然有待提高。尽管近年来我国强调不断优化人才管理体制机制，但政府在人才的引、育、用、留、评等多个环节中仍然放权不够，市场用人主体的参与度普遍不高，这种情况不利于着力发挥用人主体的作用。

课题组认为，要推动政府人才管理职能向优化人才发展环境、提供优质公共服务、维护社会公平正义等宏观方向转变。政府要优化人才发展环境，包括在全社会营造尊重人才、尊重创新创造、鼓励探索、公开平等、竞争择优的环境。政府要提供优质公共服务，既包括对用人单位的公共服务，也包括对人才的公共服务。优质公共服务要符合人才发展的客观规律，有利于人才的引进、培养、使用、流动和保障等。政府要在国家创新体系顶层设计、人才发展体制机制改革的系统协调、政策法规制定、监督保障、人才政策和人才资金的效果评估、知识产权保护、国家级战略科学家的引进与培养、国际大科学计划和大科学工程、卡脖子技术突破等方面发挥更加重要的作用（苏中兴，2022）。政府还应该维护社会公平正义，包括公平公正的人事人才政策与制度体系、人事人才基本公共服务的均等化，以及人事人才政策实施过程中对各类人才的公平对待等。

但是，在微观层面的人才引进、评价、激励等活动中，应该让用人主体发挥决定性作用，政府过多的干预会扰乱市场对人才价值创造的评价。要尽量减少政府主导的人才评价和科技评奖活动，过多的奖项评比会助长科研的浮躁之风，不利于科技人才潜心于科研工作。有的评比不能做到客观公正，获奖者缺乏让人信服的科技成绩，反而影响了更多优秀人才的积极性。同样需要警惕的是，各级政府在科技和人才评价中起过多作用，容易滋生官本位文化。当前我国各地的人才政策、人才奖项和人才基金种类繁多，需要评估这些人才政策的实际效果，看政策在实践中是否激发了广大科技人才的创新活力。人才管理部门要重视人才政策的落实、评估、反馈和改进。政府要做到有所为与有所不为（见表 7 - 2）。只有让市场在人才评价和人才资源配置中起决定性作用，才能真正营造更加浓厚的科技创新氛围。因此，人才管理部门要有相应的理念转变，对人才工作的业绩评价也需要有所创新。

表 7 - 2　政府的有所为与有所不为

政府不做或少做	政府要做
主导科研活动，干涉学术评价 行政权力在科技资源配置中起主要作用 设立各种人才基金进行科技资源分配 公务员考试突出名校生 各种科技评奖活动 越来越多的人才帽子 人才引进中不看能力看帽子 代替用人主体进行人才引进、评价和激励	国家创新体系的顶层设计 体制机制改革的系统协调 优化人才发展环境 人才宏观规划 人才政策法规制定、评估与改进 提供优质的人力资源公共服务 监督保障人才政策落地 简政放权、减少行政审批 国家级战略科学家引进与培养 国际大科学计划和大科学工程 组织卡脖子技术攻关

（二）通过科学的政府人才工作业绩考核引导政府简政放权

对政府部门的业绩考核在引导政府部门正确履职方面能够发挥重要作用。我国在污染治理、脱贫攻坚等重大专项任务的完成中，都是通过考核层层压实责任，这为政府深化人才管理体制改革提供了借鉴。尽管《关于深化人才发展体制机制改革的意见》等文件已经出台多年，但一些地方政府的人才管理职能转变不尽如人意。各地人才政策、人才评价、人才奖项、人才基金种类繁多。一些地方政府习惯把出台多少人才政策当政绩，不那么重视人才政策的落实、评估和改进。这种现象和缺乏科学的人才工作业绩评价体系有很大关系。

随着政府人才管理职能的转变，对政府部门的人才工作业绩评价也要有所创新。各级政府要树立科学的人才工作业绩观。在人才引进、培养、使用、激励等微观层面的管理工作上，要充分发挥用人主体的积极性和能动性。不是政府管得越多就越有成绩，凡是市场机制能够充分发挥作用的，要尽量减少政府干预。不能简单地把政策当政绩，要看各项政策在实践中是否激发了人才的创新活力。不是引进戴帽人才就是业绩，而要看人才有没有发挥预期作用，带动事业发展。要学会做减法，不能简单地认为出台更多的人才政策就是政绩，有时取消一项不合理的政策比出台一项新政策更重要。

事实上，有些过时的人才政策已经成为制约人才市场化流动和科技创新活力的障碍。要引导政府加快人才管理职能转变，就需要我们创新对政府人才工作的业绩评价体系，通过科学的评价指标和评价方式，引导政府有所为有所不为，将政府人才工作重点转向人才宏观管理、公共服务、环境优化、人才政策效果评估与改进等方面，人才引进、培养、使用、激励等微观层面的管理工作要充分发挥用人主体的作用。

三、用人单位要发挥主观能动性，切实履行好用人主体责任

用人单位是人才治理体系的重要组成部分，是各项人才政策的具体执行者。人才都是依托用人单位开展工作的，激发人才的创新活力，仅仅有政府层面的人才政策是不够的，还需要各用人单位把人才政策执行好。习近平在2021年中央人才工作会议上指出，"用人主体要发挥主观能动性，增强服务意识和保障能力，建立有效的自我约束和外部监督机制，确保下放的权限接得住、用得好。用人单位要切实履行好主体责任，用不好授权、履责不到位的要问责"。高校和科研院所容纳了大部分的科技人才，政府要进一步保障和落实高校、科研院所等单位的用人自主权，稳妥推进事业单位管理改革，扩大高校和科研院所自主权，督促科技人才集中的用人单位把各项人才政策落实好、执行好。

（一）落实高校用人自主权

高校是我国科技人才汇集的地方，承担着培养我国现代化建设所需的各类人才的重任。随着我国经济体制改革和政治体制改革的深入推进，高校办学自主权、用人自主权也不断扩大，现代大学制度建设稳步推进。但是一些调研表明，在目前我国高等教育"三级办学、两级管理、以省为主"的发展路径下，部属、省属、市属高校用人自主权存在事实上的递减问题，一些地

方政府对高等教育规律和人才成长规律把握不足，管理方式方法不适应高校人才队伍建设需要。我国需要推进高校人才管理方式转变，按照政事分开、管办评分离的原则，正确处理政府、高校和社会的关系，推动政府放权与监管相结合、学校自主与自律相结合，构筑政府宏观指导、学校自主管理、行业协调约束、社会参与评价，有效保障高校用人自主权的体制机制。

坚持和完善党委领导下的校长负责制。进一步明晰党委与校长的职责范围，积极探索把党委的集体领导与高校专业化办学管理制度有机结合的途径。完善高校治理结构，建立高校内部不同主体之间具有可操作性的民主参与和协调机制，为高校自律提供制度基础。高校要结合大学章程的制定和实施，明确人才管理的决策、执行和监督、服务等职责关系，理顺人才治理结构。进一步理清高校行政系统与学术系统之间的关系，明晰两者之间的权力边界与功能定位，解决"双肩挑"问题，行政领导（学校、学院、职能部门领导）不再兼任学术委员会等学术组织成员，转变为同级学术组织的召集人和联系人，不具有表决权；在担任行政职务期间，不申报管理岗位之外的科研课题和学术奖项。改进高校的编制管理和岗位管理模式，出台体现高校特色的编制参考标准，建立根据办学需要调整编制的弹性管理模式，取消岗位总量和结构比例限制，实行岗位总量动态调整、结构比例分类指导。完善高校内部的人才评价和激励方式，打破唯论文唯帽子现象，加大人才评价的同行评价、市场评价和社会评价力度，坚持人才评价的长期导向和实绩导向。推动建立符合高校高层次人才特点的薪酬管理体系，加大对重大原始创新和科技成果转化的激励力度，引导高校人才团队关注社会和国家发展的重大需求。

（二）保障科研型事业单位用人自主权

改革开放以来，推进落实科研院所用人自主权一直是国家科技体制和事业单位人事制度改革的重要任务，国家也出台了一系列科研单位去行政化、落实科研院所管理自主权的重大改革举措。但同时，作为事业单位的重要组成部分，科研院所人事管理一直需要遵循国家统一的事业单位人事管理制度框架。由于事业单位分类改革有待深化，全国统一的事业单位管理人事政策和制度并没有充分区分科研型事业单位和行政性事业单位，也无法体现不同类型科研院所的定位和学科特点，以及地区差异和学科发展差异等，导致科技体制改革中提出的一些涉及科研院所用人自主权的举措很难落到实处。事实上，大一统的干部管理、编制管理、工资管理等人事制度反而制约了一些科研院所的事业发展。例如，科研院所领导干部的选拔任用基本参照《党政领导干部选拔任用工作条例》的规定，选拔方式和选拔任用的范围受到较多限制，聘用一个外籍科学家担任负责人会产生很多管理上的不便。同时，一些主管部门对科研院所的岗位聘用等管理规定导致科研院所无法引进需要的核心人才。科研院所内部管理的机关化、行政化色彩也比较浓厚，不利于激发科技人才的创新创造活力。由政府主管部门统一制定并组织实施的职称评审制度也在一定程度上制约了科研院所人才评价和聘用的自主权。

建议在完善相应法律法规的基础上，进一步加大主管部门对科研院所的放权松绑的力度，保障科研院所发挥好用人主体作用。建立健全科研院所管理制度，强化政府主管部门对科研院所的目标管理，减少对科研院所运行中的过程管理和人事干预。主管部门发挥好宏观管理和监督作用，重点关注科研院所的发展目标、重点科研任务是否符合国家需要和机构自身的战略定位，以及人才管理各环节的程序、标准设定是否公正公平，落实科研院所在人才引进、聘用、考核、薪酬等方面的自主权。加大科研院所去行政化的力度，推进科研院所领导人员由干部管理到职业管理的转变，放宽专业技术职称、干部任职经历、国籍、任职资格等要求，拓宽科研院所选人用人范围，健全外籍人才引进和使用办法，探索实施由科研院所根据学科发展需要直接选聘副职领导人员的办法。落实科研院所人员激励自主权。改革完善科研院所的工资制度，增强科研院所绩效工资管理自主权，由科研院所自主决定科研人员绩效考核方式和绩效工资标准。保障高层次人才合理的福利待遇，允许科研院所设立特殊人才岗位，为特殊人才提供有竞争力的薪酬。

（三）用人主体要建立自我约束机制和外部监督机制

在各类用人主体中，企业的运作最为市场化，可以通过市场机制激发人才活力。在确保用人单位履行好用人主体责任方面，企业的一些做法同样值得借鉴。企业集团总部在给各二级单位充分授权的同时，会实施严格的绩效考核与管理，并把对各单位人均效能等考核的结果与用人单位的薪酬总额、能上能下制度紧密挂钩，这就促使用人主体有压力和动力用好上级部门下放的权限，提高用人效能。尽管高校、科研院所等用人主体和企业有所不同，不像企业那样面临市场竞争的压力，但每个单位同样有自己的事业发展目标。因此，主管部门在向事业单位等用人主体充分授权的同时，要加强对用人主体的目标管理与绩效考核，以发展目标考核为导向促使用人主体用好授权、用活人才。用人主体要建立有效的自我约束机制和外部监督机制，确保下放的权限接得住、用得好。上级部门可以不定期对事业单位等用人主体进行人事审计，及时发现和纠正用人主体在选人用人方面存在的问题，监督用人单位切实履行好主体责任，用不好授权、履责不到位的要问责。

各项人才政策最终都要依靠用人单位来落实和执行。要强化对用人单位的领导干部考核与管理，发挥好领导干部在人才发展方面的作用。中央多次强调，改革一定要抓住领导干部这个关键少数，如果领导干部在公道正派上出了问题，再好的制度也难以落实。人才发展的各项政策和制度，最终都要依靠各级组织和各级干部的落实和执行。在各微观单位，领导干部尤其是一把手在很大程度上决定了一个单位的人才发展环境，也是各项人才政策和制度执行效果的最大影响因素。一个单位在选人用人、考核激励上是否公道正派，决定了一个单位的人才配置效率和人才活力的激发。如果用人单位在人才推荐、选拔、评价、激励等方面不能做到公道正派，那么再好的人才政策也不能有效激发人才的创新活力。因此，加强对用人单位领导干部的考核与管理，督促领导干部在本单位的选人用人上更加公道正派，这是用人单位切实履行好主体责任的重要保障。

四、做好加强党的领导和推进本职工作创新的有机融合

党管人才是党和国家人才工作的根本原则。构建新时代人才治理体系，

要坚持党管人才原则，坚持围绕中心、服务大局，管宏观、管政策、管协调、管服务，探索党管人才规律，不断改进党管人才方式方法。要让党管人才原则在不同类型组织中结合实际进行细化落地，以更好地激发人才的创新活力。

要发挥好基层党支部在团结人才、激发人才创新活力方面的堡垒作用。要根据政府机关、国有企业、科研院所、高校、社区等不同类型党支部的特点研究党支部建设的具体措施。基层单位的党建工作必须结合实际，不搞形式主义，既要加强党的领导，又要推进本职工作创新。对那些耗费大量时间精力搞形式却不利于激发人才创新活力的行为要坚决给予纠正。要畅通基层党员自下而上的意见反馈途径，在实践中总结和改进基层党支部建设，更好地发挥党支部对广大人才的政治引领和创新激发的堡垒作用。

党管人才是激发广大人才创新活力的重要保障，其目的是更好地激发而不是削弱人才的创新活力。当前，有些单位没有准确领会党管人才的精神，没有深入思考如何结合实际在不同层级、不同类型党组织和用人单位中去落实党管人才。有的基层单位以党管人才的名义强化了一把手的个人领导，但是又不能做到公道正派，结果导致选人用人科学性下降。有的单位用党管干部的思路来实现党管人才，没有考虑干部和人才在工作内容和价值创造上的差别，结果降低了人才的创新活力。有的单位甚至因为简单套用、机械模仿带来了新时期的形式主义和官僚主义。

习近平指出，形式主义、官僚主义同我们党的性质宗旨和优良作风格格不入，是我们党的大敌、人民的大敌，并多次强调各级领导干部要身体力行纠正形式主义、官僚主义。我们需要警惕新时期的形式主义、官僚主义对人才创新的束缚，不要让形式主义、官僚主义成为我国建设人才强国、科技强国的拦路虎。要把是否有利于激发人才的创新创造活力，是否有利于人才专心于本职工作创新，是否有利于人才更好地投身于社会主义现代化建设事业作为评价各组织、各单位党管人才成效的重要依据。鼓励不同类型的单位结合实际探索党管人才原则的具体实现形式。

第三节　打造用人主体的创新生态
——来自创新型企业的启示

2020 年党的十九届五中全会通过的《中共中央关于制定国民经济和社会发展第十四个五年规划和二〇三五年远景目标的建议》提出，"强化企业创新主体地位，促进各类创新要素向企业集聚。推进产学研深度融合，支持企业牵头组建创新联合体，承担国家重大科技项目……发挥大企业引领支撑作用，支持创新型中小微企业成长为创新重要发源地"。2022 年党的二十大报告再次强调，要"强化企业科技创新主体地位，发挥科技型骨干企业引领支撑作用"。因此，科技型企业在我国科技创新事业和高质量发展中会扮演越来越重要的角色。企业作为最重要的用人主体和创新主体，需要打造组织内部的创新文化和创新生态，这样既有利于激发企业科技人才的创新活力，也有助于社会整体创新氛围的形成。本节研究总结世界级科技型企业创新导向的相关管理实践，希望对我国用人主体打造组织内部的创新生态和文化带来启发和借鉴。

一、用鼓励创新、宽容失败的组织文化引导员工创新

（一）以冒险精神和献身精神刺激员工的颠覆性创新

那些实现颠覆性创新的世界级企业都具备两种精神：冒险精神和献身精神。冒险精神的主要表现是制定一个明确的、具有高度挑战性的目标。所有的企业都有自己的使命愿景和发展目标，但是卓越的企业更善于用高风险的、艰巨的目标作为强有力的机制来刺激技术进步。

特斯拉为极客工程师确立了高难度的目标，马斯克每次创业都是从 0 到 1 颠覆式的创新，很自然地，极客工程师愿意加入他的团队去改变世界。只有冒险而没有献身精神，一切目标和创新都是空谈。特斯拉极客文化的内涵是：一旦加盟特斯拉，就做好准备将自己的时间和能量都奉献于共同创造美好未来——加快人类向可持续交通的转变。

波音早期 4/5 的业务需求来自美国空军，当时民航市场占据主导地位的是道格拉斯的螺旋桨飞机。波音决定以喷气式客机进军民航市场的时候遭到了各大航空公司的质疑，但是波音"敢于冒险、崇尚突破"的精神使得其做出了大胆的决定：致力于成为民航飞机市场领导厂商。决定进行波音 747 巨无霸喷气式客机计划时，这种飞机还没有被市场广泛接受，销量没有达到预期，波音受到了严重的打击，3 年期间总共裁员 8.6 万人，但最终还是甘冒风险、采取行动，没有在舒适安全的领域止步不前。

（二）建立利于创新的容错纠错文化和机制

世界级创新型企业都具备宽容失败的文化，给予创新者鼓励和保障。创新活动存在风险和不确定性，需要允许失败，鼓励创新者从失败中学习，且经历失败反思后仍能保持积极进取精神。SpaceX 一度遭遇挫折与失败。由于不惧怕失败，也不会害怕担责，SpaceX 总是能从失败案例中快速吸取教训，并为下一次发射积累宝贵的经验财富。这种容错文化和机制的存在，对在关键技术领域实现颠覆性创新意义非凡。

3M 致力于营造容忍失败的创新氛围。创新人员失败后，一般情况下薪金、待遇，甚至晋升都不会受到影响，使得员工愿为创新冒险，而无后顾之忧。公司隔离胶带产品开发时，经历了多次失败。每次失败后，研发人员得到的不是打击，而是鼓励与支持。正是在公司宽容失败的文化鼓舞下，研发人员反复试验，最终隔离胶带成功上市，并很快成为公司的核心产品。

在强生，公司认为失败是创造生机勃发的新技术所必须付出的基本代价，公司鼓励个人首创，容许员工试验新构想。

二、构建有利于创新的小团队工作和决策机制

（一）通过小团队工作模式激发科技创新

世界级创新型企业普遍通过小团队工作模式来激发科技创新。小团队的负责人可以清楚地了解团队中发生的每一件事，并可以为成员提供实际的帮

助和支持，可以快速做出决策。小团队可以针对变化、反馈而快速调整，实现敏捷开发和迭代开发。洛克希德·马丁、波音、联合技术公司、亚马逊、SpaceX、3M 等均存在小团队创新模式，小团队成为组织创新的重要来源。

洛克希德·马丁公司内部的臭鼬工厂，以一种独立的方式运作，摆脱臃肿组织的诸多束缚，是公司创新灵魂的象征。臭鼬工厂严格控制项目相关人数规模，使用数量少但极为优秀的人，警惕官僚主义对组织效率的不利影响。同时，项目经理拥有项目的全部管理权，有足够权限做出快速的技术和管理决策，不用向上级领导汇报。这种简单快捷的小团队模式更能激发员工的创造热情，推动技术上的突破。

在 SpaceX 的各个小团队中，团队主管都是亲自进行指导部署，并同大家一起参与各个开发设计阶段，这种深度参与加快了工作进度并提高了工作质量。正是这种"小而精"的团队，使得 SpaceX 能够在一个又一个领域中取得重大突破。

联合技术公司在发挥小团队的作用中同样让人印象深刻。联合技术研究中心作为联合技术公司的研究部门，其研发技术能为各个业务部门所利用。然而，每个业务部门在技术需求上都存在差异，联合技术研究中心难以满足这些特殊的需求。于是，各个业务部门中出现了技术小团队，所有工程师可以在各个小团队内自由流动，不同工程师的优势得到有效组合，更好地服务于具体的技术项目。

亚马逊内部也"孵化"了大量创业团队，团队可以在设计和实施中做出一切决策，并且对结果负责。

3M 公司员工可以随时自愿组织成立新的产品开发小组，成员可以来自公司内部的不同专业和职能部门。为开发新产品，开发小组有权使用公司的各种技术资源。

我们通过研究发现，世界级创新型企业普遍重视建立小团队内部的信息共享机制，从而大大提高团队和员工的工作效率。腾讯的各种团队几乎每天早上都会开例行晨会，晨会并不会花费太多时间，大家讲一下自己昨天的工作及今天要完成的工作，同时将自己在工作之中遇到的问题与团队之中的其他成员进行交流，来讨论确定具体的解决方案，保证信息高效透明地传递。腾讯的每个团队都有自己的"进度墙"，实时更新团队成员的工作进度。这种方式可以让团队中的每一个成员随时了解产品的进度，是一种十分高效的工作方法。另外，腾讯有强大的项目信息管理工具，腾讯敏捷协作平台（Tencent agile product development，TAPD）是产品信息池，其中的信息可以分为待开发、已开发、已发布以及售后类信息，后者如用户反馈和产品漏洞信息。团队成员不仅可以看到现阶段和历史需求，还能够预测产品将来的发展方向，这种高效的信息系统给腾讯带来了巨大的工作效率提升。

（二）扁平化的组织结构与充分授权机制

世界级创新型企业大多采取扁平化的组织结构。腾讯、字节跳动、小米等国内创新型企业在组织结构上都采取了扁平化的团队管理模式。例如，小米的研发团队一直采用扁平化结构，没有复杂的层级。每个团队一般不超过10 人，每一位工程师都能够申请成为主管。在扁平化团队中，没有了层级制度，员工就不用"盯着职位"，可以全身心地投入产品的开发中。小米既没有关键绩效指标，也没有严格的层级制度，有的只是集中的战略和灵活快速响应的研发团队。这种扁平化的团队开发模式弱化了层级结构，同时调动了研发团队的创新积极性。

鉴于科技创新工作岗位特点，对科研团队充分授权，能够激发团队和成员的创新活力。通过研究可发现，世界级创新型企业大多向技术团队充分授权。洛克希德·马丁的臭鼬工厂为项目成员提供了很大的权限，从而有利于尽快实现技术上的突破。臭鼬工厂是一个决策者直接领导的独立部门，领导层可以迅速做出主要的技术决定，不需要向上级部门汇报，洛克希德·马丁的管理层也很少对这些决定说不。如此一来，就可以节省很多不必要的时间，整个工作过程也不会受到其他部门的干扰，流程简单而高效，因此臭鼬工厂成为大量技术创新的孵化地。

阿米巴经营是日本著名企业家稻盛和夫为实现京瓷的经营理念而独创的经营管理手法，其实质也是通过小团队激发创新活力。阿米巴经营把公司划分为许多独立的阿米巴小团队，对每一个小团队实行赋权管理，就是充分授权，这样可以激发每个员工的创业热情，挖掘员工的企业家精神。在阿米巴经营模式中，员工可以有很多机会做一个小团队的领导人，这种充分授权的团队工作模式大大激发了团队和员工的积极性，从而促使企业更好地实现经营目标。

三、营造自由开放的工作氛围，让研发人员不为繁文缛节所束缚

为了激发创新，世界级创新型企业往往给员工很多自由行动的空间，员工的思想和活动较少受到限制。3M原董事长麦克奈特就曾表示，"给大家自由，并且鼓励大家自主行动一定会造成错误，但是从长期来看，如果管理层独裁，告诉下属应该怎么做事，会造成毁灭性的影响，会扼杀首创精神。如果想要成长，一定要有具有首创精神的人"。

世界级创新型企业让研发人员摆脱大量事务性工作和不必要的监督，让他们有更多时间从事创新活动。洛克希德·马丁公司在营造自由的工作环境方面颇具经验。在臭鼬工厂，科研人员被给予最大限度地脱离事务性工作的自由，不为冗长的会议文件和繁文缛节所束缚。作为臭鼬工厂的创始人之一，凯利·约翰逊明确要求把报告限制在20页以内，把会议规模限制在15人以内。在这种自由环境下，研发人员摆脱了官僚体制条条框框的束缚，更有动力攻克技术难关。臭鼬工厂的自由还体现在对员工研究方向的充分尊重上，员工可以根据项目价值以及个人喜好来选择研究方向，从事自己喜欢的工作。

美国贝尔实验室为科研人员营造了宽松舒适的环境，他们的每一层"领导"，都是这个领域被认可的技术人才。上下级的关系是非常平等的同事关系。上级也不会随意干预下级的研究项目。每位科研人员可以根据自己的研究兴趣和特长选择研究项目，创新的成果也体现了科研人员的价值，这些都为贝尔实验室的成功提供了条件。

联合技术公司努力为研发人员创造自由宽松的工作环境。在弹性工作制下，研发人员可以选择合适的时间、合适的地方工作，同时，研发人员拥有

意见表达权，而意见的自由表达有助于创新。

3M 公司鼓励员工积极探索新技术领域并且投入合理的费用。在 3M 公司，每个员工都有 15% 的工作时间可以用在自己感兴趣的技术项目或创新计划上，甚至可以申请基金作为研发费用，不管这个项目能否马上带来直接效益。

四、培育有利于科技创新的主人翁精神和建言文化，开展员工调查

（一）使员工主动参与企业管理

研究发现，世界级创新型企业普遍重视培养员工参与企业管理的主人翁精神。腾讯鼓励员工发挥主人翁作用，参与公司发展，为员工提供有效的民主管理渠道、搭建畅通的沟通平台，保障员工的权利。每年年底举行的员工大会是腾讯最重要的年度盛会。在会上，领导向员工传递公司战略、业务布局与管理思路，并对在业务、技术、管理等方面取得卓越成绩的团队进行表彰，以感谢它们为腾讯做出的贡献。小米的员工不盲目跟随老板，通过真真切切的"参与感"获得自驱力。在每周的更新版本中，用户票选的最受欢迎的更新程序所对应的开发工程师会收获"爆米花"奖。在小米，无论是员工还是用户，都是"品牌打造者"。企业需要让员工感受到他有能力也有权力让组织环境变得更好。

在波音，员工参与的相关原则被写进公司章程之中，波音的高管必须按规定邀请员工参与公司的经营管理决策。从波音公司章程的制定大会到车间管理大会，都能看到波音员工的身影，他们积极发言，为公司的发展献计献策。这种企业文化极大地增强了员工工作的积极性，使他们更主动地投身于工作。波音将其成功归于全员参与，波音认为全员参与的意义远远大于协作，员工的命运由自己决定。员工推选自己的领导，决定自己更喜欢做哪个项目甚至是采用哪种方式确定工资数额。

西门子在员工参与管理方面的实践也十分出色。在公司治理层面，西门子遵从德国企业的共同治理模式，采取管委会、监事会制度，在监事会中既

有股东监事，也有员工监事，保证员工利益。在企业的日常管理实践中，西门子采用员工配股计划、月度投资计划、利润分享计划和股票奖励计划等激励措施鼓励员工直接参与企业管理。在企业文化层面，西门子提出了主人翁精神，希望员工能够分享公司的成功，大大激发了员工的企业认同感。除了上述案例，世界级创新型企业都十分重视员工参与管理，例如谷歌提出"让员工塑造自己的工作和公司"，进一步激发员工的主人翁精神，真正实现企业和员工的共同发展。

（二）建立可行有效的员工建言渠道

面对激烈的市场竞争，员工的创新性想法和建言对推动企业创新十分重要。研究发现，世界级创新型企业都十分重视企业内部员工建言机制的建设。互联网时代，企业可以充分利用社交网络与员工进行实时互动，鼓励员工积极建言。比如，华为有心声社区，腾讯有内部问答社区——乐问，等等。腾讯员工可以选择实名或匿名提问，回答者则必须实名，以此鼓励负责任的回答。2019 年，员工平均每周会在乐问上提出 400 个新问题，并产生大约 2 000 个回答，这成为腾讯吸引员工建言的重要渠道。海尔集团下属的青岛雷神科技股份有限公司人力资源部每年会进行员工意见调查，内容涵盖工作环境、领导力、团队合作和尊重、授权、客户/质量关注等领域。

员工建言需要企业内部建言奖励机制的鼓励和推动。员工建言作为一种"挑战现状"的行为，是员工为了提出组织问题、改善组织现状而主动做出的行为，不属于员工的职责和义务，因而建言的产生就需要足够的主动性。而且，当员工对组织问题和制度提出意见时，相当于不认可组织现有的规定和决策，这很可能会挑战领导的权威，因此建言对员工来说具有一定风险性。只有在企业内部建立通畅的员工建言机制，并在公司层面对员工的有效建言建立奖励机制，才能消除员工的顾虑并调动员工的建言积极性。

丰田曾提出创意功夫提案制度，对每条员工建议设置 500 日元到 20万日元不等的奖金，优秀建言者的头像会被永久贴上丰田公司的"光荣走廊"。结果，丰田公司在 40 年间收到了超过 2 000 万个提案，其中 99% 被采纳。丰田的创意功夫提案制度强调领导者的参与和问题的精细化。领导者要对员工进行培训，告诉他们什么是真正的问题。鼓励员工提出具有较强的可行性的问题，员工不需要面对"怎样增收减支"之类的宏观问题，而是思考"机器之间隔几米能使操作者少走路""左手应该拿工具还是拿加工半成品"等实操问题。丰田的建言激励机制带来了海量提案，推动了企业的技术创新和管理优化。

（三）通过员工满意度或幸福感调查改进公司管理

研究发现，世界级创新型企业大多重视通过员工满意度或幸福感调查来改进公司管理。谷歌十分重视员工幸福感调查，谷歌的员工幸福感调查十分细致，这也跟谷歌重视员工工作体验的企业文化相一致。谷歌在进行员工幸福感调查之后，会对其结果进行分析，并针对员工反映的问题快速行动，解决问题。这样的做法让谷歌员工极大地感受到谷歌以员工为本的管理思想，有助于培养员工对企业的认同感和归属感，增强员工对企业的向心力。

通过员工满意度调查，可以从另外一个角度来审视企业的经营、管理、组织和领导等方面的状况，帮助企业发现问题。腾讯在员工满意度调查方面也十分出色，腾讯每年都有员工满意度调查，把员工满意度调查作为检验公司管理的重要方法，以及倾听员工声音的重要渠道。员工满意度调查的关键在于调查之后的分析和问题解决，腾讯后续会在不同层面对问题进行拆解和分析，解决员工满意度调查中暴露的问题。部门层面也会研讨解决自己部门员工满意度调查里反映的问题。

为了能留住人才，波音为员工营造了一个安全、健康、环保的工作环境，让员工感受到工作的舒适。通过员工满意度调查以及其他形式的精神奖励，波音留住了大批人才。波音认为只有员工对在波音的工作满意了，才会愿意留下为波音效劳。波音的员工满意度调查涉及 12 个方面，包括对合作伙伴的满意程度、是否有机会提升自己的技能、工作环境是否能促使自己高效地工作等。

五、重视科技人才的职业发展和激励机制建设

（一）重视职业发展通道和任职资格体系建设

世界级创新型企业十分重视科技人才的成长和发展，以及打造职业生涯稳步上升的空间。我们通过研究发现，这些企业大多采用多通道并行的职业发展通道设计。比如在华为，专业序列和管理序列并重。通过完善技术通道，华为努力建设一支强大的技术及业务专家队伍，牵引优秀员工在擅长的领域追求卓越、不断精深，形成在核心业务能力上长期投入和持续积累的组织氛围，以避免由于职业发展通道的单一而出现"官导向"和千军万马挤独木桥的现象。

在波音的员工发展通道管理中，公司专门针对科研人员的职业发展做了阶段划分，并对这些阶段的晋升条件与标准做了详细规定，引入量化方式来解决公平与公正的问题。微软设计了"双轨式"职业发展通道，无论技术人员还是管理人员，都有两条可供选择的职业发展通道：一方面，优秀技术员工可以在管理通道上发展，即公司在技术部门建立正规的升迁途径，认可那些技术熟练的研发人员并使他们承担管理工作；另一方面，表现突出的管理人员也可以尝试开发自己的技术潜力。当然，这种转换需要员工在某一特定领域积累了几年经验之后才能申请。无论在哪条发展通道，微软都赋予每个人平等的发展机会，并提供各种资源，帮助员工最大限度地发挥自己的潜能。

京东设计了三条职业发展通道：操作序列、专业序列和管理序列。京东的这几个职业发展通道之间是相通的。操作序列的员工在经过一定的实践和进修后，可以晋升到专业序列或管理序列。专业序列员工通过领导力进阶具备管理素质和能力，只要经过京东内部严格的考评，就能够转到管理序列。腾讯实行的则是管理发展与专业发展双通道体系。员工可以根据自身优势，结合公司的人才培养计划来选择专业发展通道或管理发展通道。员工在专业发展通道上发展，可以获得与管理通道同样的认可和回报。为保证管理人员

从事管理岗位工作的同时能够不断提升自身专业能力，当员工晋升为基层管理者或核心骨干后，必须同时选择另一类职位，作为其专业发展通道，即有两条职业发展通道。

研究发现，建立畅通的内部流动机制是世界一流企业的共同选择。内部流动可以为员工提供发挥潜能和显示才干的平等机会，为人才脱颖而出创造条件。索尼的"内部跳槽"式的人才流动是要给人才创造可持续发展的机遇。索尼公司定期出版内部小报，刊登各部门的"求人广告"，员工可以自由而且秘密地前去应征，他们的上级无权阻止。另外，公司原则上每隔两年便让员工调换一次工作，特别是对于精力旺盛、干劲十足的员工，不是让他们被动地等待工作变动，而是主动给他们施展才能的机会。这种发掘才智的新颖人事管理制度为索尼公司年轻员工提供了一个施展才能的广阔天地。有能力的员工大都能找到自己比较满意的岗位，而且人事部门还可以从中发现一些部下频频"外流"的上级所存在的问题，以便及时采取对策。

腾讯的活水计划也是内部流动机制的典范。通过活水计划可让员工明白"个人基于职业发展提出的应聘、转岗"是公司大力支持的方向。通过定期盘点，公司明确需要重点发展和投入的战略级产品，并通过 Linkshow 平台帮助这些产品更好地吸引人才。此外，还会向员工推送"内部招聘专案"邮件，向目标受众传播公司重点产品、项目的人才需求信息，吸引感兴趣的内部员工应聘。

（二）基于价值创造的差异化薪酬和中长期激励

世界级创新型企业普遍实施了基于价值创造的差异化薪酬制度，有利于真正激发人才活力。华为强调按贡献支付薪酬。华为把员工分为奋斗者和普通劳动者，奋斗者会付出更多，也有更多机会成为公司的管理人员并享受股权收益，而普通劳动者只能得到正常劳动报酬。股权分配的依据是可持续性贡献、才能、品德和所承担的风险。股权分配向核心层和中坚层倾斜，同时要求股权结构保持动态合理性。研究表明，世界级创新型企业还广泛使用期权激励、限制性股票和虚拟股票等长期激励方式，让员工与股东之间形成风险共担与利益共享机制。华为实施时间单位计划（time unit plan，TUP），即一种虚拟股票或分红机制，以丰富长期激励手段。该机制采取的是"递延＋递增"的分配方案，员工可以享受递延分红和增值收益，以5年为期限，每年享有不同的分红收益。第5年除了享受分红收益外，还有一次性的增值收益。此外，世界级创新型企业还采用了合伙人制度、项目跟投、超额利润分享等长期激励。

随着员工对福利保障方面的关注度逐渐提高，福利保障体系在员工激励中的作用逐渐提升。福利保障体系建设体现了企业人文关怀，可以增强员工幸福感，提高员工忠诚度，有效提升企业的雇主品牌，对企业吸引留住人才起到至关重要作用。例如，安居计划是腾讯的一个王牌福利计划，设计初衷是公司来帮基层员工尽快拥有第一套住房。员工申请贷款不需要任何担保。再比如，美国海军研究实验室为实验室人员提供免费停车补贴、内部巴士服务、运动休闲俱乐部、联邦信贷金融服务等；劳伦斯伯克利国家实验室为员工提供儿童托管服务，细致的福利涵盖了几乎从员工个人到家庭成员。

（三）通过荣誉激励增强员工的使命感和自豪感

世界级创新型企业普遍重视荣誉体系的建设，肯定员工的价值，这不仅能够激发员工的工作积极性，还可以为员工搭建一个成长和发展的平台，让他们感受到公司对他们的重视与尊重，为持续发展和保持工作热情提供动力。这些企业的荣誉体系的一大特点是荣誉奖项种类多样，覆盖面很广。华为人力资源部下设荣誉部，负责华为荣誉体系的管理，其主要职责有荣誉奖项设置、荣誉评选流程与方法监督、荣誉奖项颁发、荣誉审计等。华为一年一度的市场部晚会，往往一多半的时间用来发奖。具体的奖项有战略项目奖、最佳销售项目奖、竞争优胜奖、战略竞争奖、区域能力提升奖、最佳专业职称奖、优秀行政服务奖、最佳机关支撑奖、优秀效果经营奖、优秀代表处奖等。而且，华为内部的网站上有一个栏目，叫荣誉殿堂。在这里面，华为会把各类获奖信息、各种优秀事迹记录下来，供大家随时查阅和学习。任正非本人也非常重视荣誉奖项，很多荣誉奖项的奖牌和奖杯都是任正非亲自确定设计方案，并亲自颁发的。

（四）重视沟通与发展的绩效管理理念

世界级创新型企业重视员工充分参与绩效目标的制定。好的绩效目标不仅要反映组织战略，也要体现员工意志。上下级之间要相互沟通，包括定什么样的目标，凭借现有资源和能力是否可以达到目标，目标的挑战性有多大。谷歌的目标设定需要公司员工参与。不仅有年度目标与关键成果（OKR），还有季度 OKR。季度 OKR 一旦确定就不会轻易改变，年度 OKR 统领全年工作，但并非固定不变，可以在年度中进行调整。设定目标时要求在管理者与员工直接充分沟通后达成共识，没有达成共识的目标不能算作目标。

世界级创新型企业强调绩效目标的公开透明，部分企业还做到了让员工了解他人的绩效目标，以更好激励员工完成工作。谷歌所有员工的绩效目标都是全公司公开的。公司先设好 OKR，放到自己的资料库里面，每个人都能看到。紧接着公司总裁、部门经理、公司员工自上而下设定自己的 OKR。OKR 的透明制度一方面可以促进公开公平，另一方面也给每位同事提供了更好的学习对象，激励大家在工作中迎接更大的挑战和严格要求自己。在字节跳动，大家的 OKR 是公开的，即使是入职第一天的员工，也可以直接看到张一鸣的 OKR。字节跳动副总裁曾说："有非常多的跨部门合作，'开会坐在一起却不认识对方是谁'的情况很常见，我经常的做法是，拿起手机，打开他的（飞书）头像，看一眼他的 OKR，半分钟就知道他的主要职责和工作重点是什么了。"

这些企业还强调考核结果信息的公开，重视与员工的绩效反馈沟通。在三星，考核结果是公开的。为了让绩效考核更为员工所接受，三星还会在公布结果之前先与本人进行协商。早在 20 年前，对于公开考核结果的实施方案，三星内部有过不少争论。有人认为如果公开考核结果，会有员工对评价结果不满、对上级不满。但是，实际结果显示，考核结果的透明使员工对于组织更为信任。公开考核结果的前提是考核程序透明和领导做到公平公正。

领导者出于考核结果将要公开的考虑，会更加慎重、客观地评价员工，而被考核者也必须慎重对待每项考核。

世界级创新型企业普遍注重员工个人能力提高和发展，进而促进整个组织绩效目标的达成和提升。微软、亚马逊、IBM、西门子、联想、腾讯等企业都通过系统化的全流程绩效管理，强化各级管理者促进员工成长的责任和义务，帮助员工认识自己的强弱项，制订员工能力发展计划，并在实际工作中加强对员工的培养和指导。以西门子为例，经理人员和员工之间随时可以进行谈话，并且这种谈话在整年中持续进行，并在年终形成员工对话表格。对话内容涉及员工职能及责任范围、业绩回顾及未达到预期结果的原因分析、潜能预测、未来任务及目标设定、员工完成目前及未来任务的能力评估、员工本人对职业发展的看法、双方共同商定的发展措施等等。

世界级创新型企业对人才进行评价时主要强调其对公司的贡献，论文和学历等并不是重要的考虑因素。例如，在波音，马克·凯（Mark Kay）的机械工程学位是自费读夜大获得的，他加入波音研究与技术部的平台系统技术团队后从事生物燃油前沿技术研究，由于取得显著成绩晋升为副技术研究员。塔尼·西斯科（Tanni Sisco）的机械工程本科学位也是在职获得的，他因带领团队针对787总装线开发出领先的组装流程而被评为副技术研究员，该流程减少了飞机组装时间，提高了波音在制造组装流程方面的竞争优势。特斯拉也不强调学历，没有学士学位不会成为进入特斯拉工作的障碍。马斯克在推特上是这么说的：不需要博士学位，我也不在乎你是否高中毕业。虽然马斯克强调教育背景无关紧要，但所有候选人都必须通过核心编码测试。马斯克正在寻找那些对人工智能有"深刻理解"的人。

六、创新构想落地实施的组织保障机制

在很多倒下的大公司中，从来都不缺乏洞察机会和发现创新的员工，但是很多员工提出的想法都没有变成决策和行动，甚至很多好的创新点在刚开始被提出的时候就被否定和打击。比如，柯达发明了第一台数码相机，却错过了数码相机市场；诺基亚内部一直有团队在研究智能手机，但终究还是在

智能手机时代被远远甩在后面。而那些世界级创新型企业往往能够通过改进组织机制让创新不断涌现和实现，促进组织向前发展。

企业需要视自身情况加大对创新研发的资金投入力度。例如，提高创新研发投入在企业总投入中所占的比重，在企业内部设立用于科技创新的众创基金；开辟多渠道的资金支持，通过政府以及社会组织等的相关项目从外部导入部分经费，保障和支持科技创新项目的落地；注重科技创新人才人力资本的价值体现，加大对选育人才的投入，增强企业吸引高素质高水平创新人才的能力，促进专业所需的优秀创新人才的流入，形成尊重知识、尊重人才的企业氛围。

企业要根据自身发展现状及未来发展需求搭建创新平台。科技企业在寻找科技成果来源、加大科技成果市场化力度的过程中，应结合自身所处行业、自身发展现状与科技创新要求，构建包括投资基金、孵化器、创新服务、创新管理在内的创新平台，促进"创新＋创业＋产业"联动发展。具体包括设立产业孵化投资基金、众创基金等基金平台，专项投资科技创新业务，加大科技创新力度；搭建科技管理中心、科技研发中心、技术创新中心、内部技术研发机构、校企联合机构、企业孵化器和创业投资平台、双创平台、内外结合的开放式创新平台、科技创新管理平台等，为内外部科技人才提供创新平台，充分激发科技人才创新创业活力。

在工作环境方面，企业要营造舒适开放的工作场域。简洁干净、光线明亮的办公环境有助于员工保持心情的轻松愉悦，提高员工的思维活跃度以及工作满意度，从而利于创新的灵感产生；开放灵活的办公布局能够增进员工之间的交流分享，可以促进员工积极接受和获取信息，提升创新团队以及组织的协作效率；非工作用的休闲区域，如茶水间、健身房等场所，能够在高压的创新工作中制造精神缓冲，调节工作气氛，并能通过非正式对话促进员工之间的信任建立，从而表现为正式工作场所中更加默契高效的分工协作。可见工作环境的优化是企业构建创新文化的一项重要工作。

一些企业和组织通过建立完善的创新体系和机制来促进创新成果的转化落地。美国国家航空航天局的喷气推进实验室（JPL）就是一个很好的例子。

JPL 一直运行着一个叫作"创新熔炉"的体系。在 2013 年，为了进一步发挥创新熔炉的效能，JPL 建立了所谓的 A 组架构。A 组最特别的任务，就是把忽然闪现的灵感真正变成有意义的任务构想。总体来说，A 组主要负责关注科学研究、生成任务概念、可行性研究等方面的工作。举例来说，如果一名研究人员打算争取一个任务立项来达成自己的科学目标，他可以在 A 组架构内提出这样的问题：在我本人的学科领域内，可以发起什么样的创新任务？我的科学目标可以通过哪些途径来实现？怎样才能更便宜？只要把这些想法提供给创新熔炉体系，就可以立刻进入程序。首先确定有关研究应该由 JPL 的哪个办公室或者美国国家航空航天局的哪个部门出资，然后由发起人、出资部门和创新熔炉管理办公室召开会议，研究相关创新任务的背景、目标、团队、时间框架、报告内容、经费需求等，然后给出研究计划，包括研究人员名单、研究方法、进度、预算、最终报告要求，由出资部门代表、研究者代表、A 组项目经理和负责人共同审查通过。正式研究可能持续 2 ~ 3 个月，形成最终报告后，交给 A 组负责人审查。A 组工作完成之后，移交给 X 组，来进行更加具体的任务设计。

七、总结与启发

通过对世界级创新型企业进行研究，课题组发现这些企业在推动企业技术创新上是有共性的，希望总结的这些特点能够为我国各类科技创新主体和用人主体带来一些启发。

（1）这些企业普遍用冒险精神和献身精神来激励员工的颠覆性技术创新，并且建立了有利于创新的容错文化和机制，使得科技人才敢于探索和创新；

（2）这些企业在组织设计上都采用了扁平化的组织结构与充分授权机制，尤其重视通过小团队工作模式来激发科技创新；

（3）这些企业内部都营造了自由开放的工作氛围，同时强调简化管理流程，让科技人才不为繁文缛节所束缚，把更多有效时间用在研发上；

（4）这些企业都培育了有利于科技创新的主人翁精神和建言文化，建立了可行有效的员工建言渠道，通过员工满意度或幸福感调查改进公司管理，员工有充足的表达意见和建议的渠道；

（5）这些企业都重视科技人才的职业发展通道和任职资格体系建设，让科技人才在自己擅长的领域追求技术上的卓越，而不是把行政职务作为对科技人才的激励；

（6）这些企业都实行了基于价值创造的差异化薪酬和中长期激励，以及全面的福利保障计划，能够保障科技人才安心于研发工作，并通过创造技术、知识等创新要素获得足额回报；

（7）这些企业都注重通过荣誉管理增强员工的使命感和自豪感，让科技人才感受到自己因为科技创新而得到来自企业和社会的高度认可；

（8）这些企业都营造舒适开放的工作现场，都重视沟通与发展的绩效管理理念，都建立了完善的内部创新体系和机制来促进创新的转化落地。

这些世界级创新型企业打造组织内部创新生态的管理实践和经验，对我国通过人才管理体制机制改革更好地发挥用人主体的作用具有重要的启发和借鉴意义。企业是我国经济发展、科技创新、人才培养和人才使用的主体。只有培育出成千上万的掌握核心技术的科技型企业，我国的人才强国战略和科技强国战略才能最终实现，我国第二个百年奋斗目标——建成社会主义现代化强国才能真正实现。

参考文献

白春礼．加速科技成果转化 推动科技供给侧改革．学习时报，2017－02－10．

包海波，盛世豪．美国专利制度创新及其影响．科研管理，2003（4）．

鲍威，田明周，陈得春．新形势下海外高端人才的归国意愿及其影响因素．高等教育研究，2021（2）．

曹建召．日本韩国高等教育制度的差异．考试与招生，2019（3）．

曹姣．我国地方政府高层次人才政策及其效应研究．武汉：华中科技大学，2019．

曹馨予，王艾琴，林子晔，等．院士数据盘点：获评"最强大脑"有多难？．中国科学报，2019－11－27．

陈德勇．新加坡的"分流教育"．光明日报，2003－08－21．

陈劲，吴欣桐．大国创新．北京：中国人民大学出版社，2021．

陈劲．关于构建新型国家创新体系的思考．中国科学院院刊，2018（5）．

陈涓，许小华．以色列的科技与人才政策成效及其借鉴．福建教育学院学报，2019（4）．

陈丽君，金铭．从管理到治理：构建多元共治式人才治理体系．中国人才，2021（1）．

陈强，殷之璇．德国科技领域的"三评"实践及其启示．德国研究，2021（1）．

陈晓东．芬兰的"国家创新体系"．（2018－01－04）[2024－02－27].https://www.sohu.com/a/214802398_99940061.

陈晓贤，凌伟．构建新时代人才发展治理体系的思考．中国人才，2021（8）．

陈振汉，厉以宁．工业区位理论．北京：人民出版社，1982．

程家怡．瑞典科技与创新体系的现状与演进过程．全球科技经济瞭望，2016（7）．

程如烟，黄军英．英国产学研合作的经验、教训及对我国的启示．科技管理研究，2007（9）．

党战略．不求所有、但求所用：做好新常态下海外人才引进工作．劳动保障世界，2015（28）．

邓子立．德国科技人才开发和评价的国际经验与启示．中国人事科学，2020（8）．

丁斐平，楼鹏影，许丽．中外移民管理体制比较研究．上海公安高等专科学校学报，2019（1）．

董阳．别让科研人员陷入"疲劳战消耗战"．光明日报，2022－04－07．

段黎萍，于珈，张志刚，等．美国科研环境联合委员会成立背景及使命浅析．全球科技经济瞭望，2021（12）．

范平花．美国博士后制度研究．汕头：汕头大学，2006．

方晓东，董瑜，金瑛，等．法国科技评价发展及其对中国的启示：基于 CoNRS 和 HCéRES 评价指标的案例研究．世界科技研究与发展，2019（3）．

冯军，路胜利．借鉴德国经验构建"六化"本科应用型人才培养模式．高等工程教育研究，2019（2）．

付丽霞．美国专利制度演进的历史梳理与经验借鉴．中国发明与专利，2018（10）．

高建东．培养抑或用工：我国高校博士后制度的现实与反思．河北师范大学学报（教育科学版），2020（4）．

高兰英，陈昌贵．影响我国留学人员回归的主要原因．教育评论，2000（2）．

高然．关于自主创新时期我国科技社团发展模式的思考：基于弗朗霍夫协会的经验．学会，2019（10）．

高荣伟．我国水资源污染现状及对策分析．资源与人居环境，2018（11）．

高懿．中国科技人才国际流动现状、问题及启示．科技中国，2020（12）．

葛兰，郭潇莹，潘雅．以色列教育体制：现状及挑战．世界教育信息，2015（2）．

葛蕾蕾．我国海外高层次人才引进政策 20 年（2001—2020）：回顾、挑战与展望．福建论坛（人文社会科学版），2021（11）．

葛昀洲，梁枫，赵文华．历史追溯与发展现状：基于对美国企业博士后制度的探究．科技管理研究，2016（12）．

耿燕，张业倩，伍维维．创新系统视角下的科技成果产业化研究：以瑞典为案例．科技管理研究，2019（11）．

龚旗煌．走好新时代高水平人才自主培养之路的思考与实践．国家教育行政学院学报，2022（5）．

顾承卫．新时期我国地方引进海外科技人才政策分析．科研管理，2015（S1）．

顾丹丹，周超．日本引进海外人才政策分析及对我国的启示．商场现代化，2014（25）．

关燕桃．韩国学分银行运行机制及其启示．科教文汇（下旬刊），2017（21）．

郭成．新加坡人才建设经验及对我国的启示．北京教育（高教），2021（2）．

郭芳，石书玲．"人才争夺战"下地方政府人才政策创新路径探析．经营与管理，2020（11）．

国家统计局．中国统计年鉴（2018）．北京：中国统计出版社，2018．

国家统计局．中国统计摘要（2021）．北京：中国统计出版社，2021．

韩永霞．现代学徒制人才培养模式的四国经验及其借鉴．辽宁高职学报，2017（6）．

郝玉明，张爽．完善国外人才引进签证与居留政策：基于国外政策的经验借鉴．中国人力资源社会保障，2020（8）．

何郁冰．产学研协同创新的理论模式．科学学研究，2012（2）．

胡志坚，李哲．支撑现代化经济体系的国家创新体系建设研究．科技中国，2018（9）．

黄海刚．从"国家主义"到"职业主义"：以色列高层次人才吸引的国家战略及其变革．中国科技论坛，2018（2）．

黄菁华，王琛，武陈昊．完善我国技术移民的法律制度研究：基于德国的经验．中国经贸导刊（中），2019（11）．

姬芳芳，吴坚，马早明．反全球化背景下美国留学生教育政策的新变化．比较教育研究，2020（5）．

姬虹．美国技术移民与人才引进机制研究．美国研究，2013（3）．

李恩平，李娇．高科技企业科技人才股权激励的主要形式及特征分析．经济体制改革，2016（2）．

李佳．德国、日本人才资源引入政策对我国的启示．太原：山西师范大学，2013．

李慷，黄辰．我国科研人员工作满意度影响因素的实证分析：基于第四次全国科技工作者状况调查报告．科技导报，2021（10）．

李梅．中国留美学术人才回国意向及其影响因素分析．复旦教育论坛，2017（2）．

李宁，顾玲琍，杨耀武．上海与韩国科技创新人才培养政策的比较研究．科技管理研究，2019（16）．

李其荣，倪志荣．当今世界人才争夺战的最大赢家：美国人才引进战略及对我国的启示．人民论坛·学术前沿，2012（8）．

李文，康乐．21世纪日本诺贝尔奖得主科研过程的特征分析．中国高校科技，2021（6）．

李响，刘兵．面向2035弘扬科学精神：提升科学家的人文教育．中国科技论坛，2020（5）．

李星云．新形势下我国高层次人才引进的思考．江苏行政学院学报，2010（6）．

李秀珍，孙钰．韩国海外人才引进政策的特征与启示．教育学术月刊，2017（6）．

李学明，刘文彬．人才工作体制研究．北京：党建读物出版社，2016.

李彦斌．美国硅谷成功经验的分析和借鉴．科技管理研究，2001（6）．

李昱，王峥，高菲．新型研发机构在产学研深度融合中的作用探析：以瑞士比尔创新园为例．全球科技经济瞭望，2021（1）．

李政毅，何晓斌．新加坡面向创新驱动型经济的人才政策经验与启示．社会政策研究，2019（2）．

李志民．世界主要国家科研与学术体系概览．北京：清华大学出版社，2020.

梁正，李代天．科技创新政策与中国产业发展40年：基于演化创新系统分析框架的若干典型产业研究．科学学与科学技术管理，2018（9）．

廖湘阳，胡颖．美国STEM国际研究生教育规模调控的博弈与激进．研究生教育研究，2023（2）．

林琳．公共政策与海外人才引进：发展中国家及新兴工业经济体的经验比较．华中师范大学学报（人文社会科学版），2013（4）．

凌磊．韩国终身教育改革新动向：基于学分银行制和学位自学考试制度改革分析．现代教育管理，2018（2）．

刘国福.中国引进海外人才法律问题探究.科技进步与对策,2012(1).

刘飒,吴康敏,张虹鸥.中国科技人才评价转向:基于国家创新系统理论视角.科技管理研究,2021(16).

刘太刚,刘开君.科研经费的激励效应与治理对策.中国人事科学,2019(1).

刘鑫.面向2035年原始创新的容错机制构建.中国科技论坛,2020(8).

刘旭,王明姬,王哲,等.美国移民政策改革动向及对我国影响分析.中国经贸导刊,2022(9).

刘萱,王宏伟,等.中国学术环境建设研究报告(2018).北京:清华大学出版社,2019.

刘颖.构建多元化创新科技人才评价体系.中国行政管理,2019(5).

刘云,王雪静.评价改革释放人才创新活力:党的十八大以来科技人才评价制度改革回眸.中国人才,2022(10).

刘长军,吴江.切实解决青年科技人才成长中的实际问题.中国人才,2022(5).

龙晖.海外科技人才引进的策略:精准化引才.重庆社会科学,2017(6).

陆成宽.为科研人员"减负松绑"助科技创新加速向前.科技日报,2022-05-20.

陆元三,唐小桃.基于产教融合的现代学徒制人才培养模式下工匠精神培育.科技资讯,2020(23).

路甬祥.建设面向知识经济时代的国家创新体系.光明日报,1998-02-06.

罗杨.美国技术移民政策综述.华侨华人历史研究,2014(3).

马名杰.新时期国家创新体系建设重在解决三大核心问题.中国科技论坛,2018(9).

马子博,吴鹏.外国人才行政管理体制:现状、问题与改革路径.现代管理科学,2017(4).

门超.人才培养视阈下瑞士现代学徒制的历史脉络、经验考量及启示.南宁职业技术学院学报,2019(1).

苗丹国.新加坡引进国外人才制度与相关政策.中国人才,2011(23).

名杰.新时期国家创新体系建设重在解决三大核心问题.中国科技论坛,2018(9).

倪海东,杨晓波.我国海外高层次人才引进与服务政策协调研究.中国行政管理,

2014（6）.

牛冲槐，唐朝永，芮雪琴.科技型人才聚集环境及聚集效应分析（二）：经济环境对科技型人才聚集效应的影响分析.太原理工大学学报（社会科学版），2007（4）.

潘书才.职业教育校企合作的国际比较及经验借鉴：基于德国、美国、日本三国的分析.常州信息职业技术学院学报，2021（1）.

齐佳伟.英国产学研融合的经验与启示.中国人才，2022（12）.

任福君，刘萱，马健铨.面向2035创新文化建设的进一步思考.科技导报，2021（21）.

荣艳红，傅修远，石惠鑫.德国双元制职业教育立法制度的创制过程与内在特征.职业技术教育，2021（1）.

荣艳红，刘义国.德国双元制职业教育企业方管理结构的起源、特征与功能.清华大学教育研究，2023（2）.

芮绍炜，刘倩铃.青年科技人才成长环境的国别比较与启示.中国科技人才，2022（3）.

沈茂德.英才强国：新加坡教育的国家战略选择.中小学管理，2020（6）.

沈宁.伦敦华人社群的身份认同：从文化遗产与文化记忆的角度分析.民族学刊，2014（3）.

沈智，刘强，盛晓春，等.德国"双元制"职业教育模式剖析与借鉴.江西科学，2021（3）.

宋丰景.努力打造创新创业人才成长发展的良好环境：中关村人才特区建设的实践与思考.第一资源，2012（4）.

宋全成.论欧洲国家的技术移民政策.山东大学学报（哲学社会科学版），2012（3）.

苏中兴."授权""松绑"离不开科学的人才工作业绩观.光明日报，2022-04-10.

孙旭华.美国专利制度的历史发展.北京：中国政法大学，2007.

孙锐，吴江.构建高质量发展阶段的人才发展治理体系：新需求与新思路.理论探讨，2021（4）.

汪小会，张超.法国校企联合培养博士生（CIFRE）项目：历史、现状与启示.学位与研究生教育，2016（7）.

王海燕，张昕妍. 我国科技评价体系改革的困境与对策. 中国软科学，2018（4）.

王辉. 英国高等学徒制人才培养模式勃兴之源探析. 比较教育研究，2015（6）.

王璟瑜. 解读瑞士创新的秘密：以生物科技为例. 科技中国，2016（7）.

王林. 美国科研体制与科研政策对我国的启示：基于对《无尽前沿法案》的解读. 重庆科技学院学报（社会科学版），2022（3）.

王世岳. 大学和企业如何联合培养博士：欧洲四国工业博士培养的比较分析. 教育发展研究，2021（17）.

王顺. 中国城市人才环境综合评价研究. 北京：中国农业大学，2005.

王思覃. 中国青年科技人才培养的历史演进、存在问题与对策建议. 中国青年研究，2022（3）.

王伟进，唐丽霞. 德国双元制职业教育的经验与启示. 中国经济时报，2021－05－31.

王炜，王学慧，刘西涛. 高校科技创新人才激励管理的探求：以组织核心战略为视角. 中国高校科技，2021（8）.

王小青. 资源依赖理论视角下高校院系权力差距原因分析：基于2010—2015年"C9联盟"校领导学科背景的调查. 江苏高教，2018（12）.

王亚南. 中国官僚政治研究. 北京：中国社会科学出版社，1981.

王盈. 美国联邦政府对高校科研人员事务性工作的化解措施. 世界教育信息，2007（3）.

魏浩，耿园. 高端国际人才跨国流动的动因研究：兼论中国吸引高端国际人才的战略. 世界经济与政治论坛，2019（1）.

魏璐，王凤霞. 国外企业孵化器发展经验及对我国的启示. 黑龙江对外经贸，2008（12）.

乌云其其格，袁江洋. 日本科技人才政策的国际化转向. 自然辩证法通讯，2009（3）.

吴江. 人才优先发展战略研究. 北京：党建读物出版社，2015.

吴敬琏. 发展中国高新技术产业制度重于技术. 北京：中国发展出版社，2002.

吴瑞君，陈程．我国海外科技人才回流趋势及引才政策创新研究．北京教育学院学报，2020（4）．

习近平．在中国科学院第二十次院士大会、中国工程院第十五次院士大会、中国科协第十次全国代表大会上的讲话．（2021－05－28）[2021－08－25]．https://www.gov.cn/gongbao/content/2021/content_5616154.htm.

萧鸣政．当前人才评价实践中亟待解决的几个问题．行政论坛，2012（2）．

谢莉花，周静．德国双元制职业教育的校企培养内容及其协调．职业技术教育，2016（4）．

熊鸿儒．我国产学研深度融合的短板和挑战在哪里？．学习与探索，2021（5）．

熊缨，西楠．中加人才引进与流动管理政策的比较研究．中国人力资源开发，2014（13）．

徐峰，范栖银．瑞士中等职业教育发展：现状、挑战及启示．职教论坛，2021（1）．

薛铨．"一带一路"背景下"高精尖缺"人才引进的新形式．产业创新研究，2019（12）．

薛姝，何光喜．科研人员眼中的科技人才评价．中国人才，2021（6）．

闫昊．导师身份对科研人员职业成长的影响研究．北京：北京科技大学，2020.

闫立娜．瑞士现代学徒制研究．大庆：东北石油大学，2019.

阎光才．海外高层次学术人才引进的方略与对策．复旦教育论坛，2011（5）．

杨飞，樊一阳．中外科技评估制度比较研究．科研管理，2016（S1）．

叶延禄．国际视阈下我国人才引进存在的问题分析与思考．科技管理研究，2012（13）．

易继明．美国标准必要专利政策评述．信息通信技术与政策，2023（3）．

余建华．以色列科教兴国战略的特点．西亚非洲，2001（1）．

余玉龙，朱娅妮．主要发达国家科技人才政策进展与动向．科技中国，2022（5）．

曾建勋．"以刊评文"的危害与应对策略研究．编辑学报，2020（4）．

张凤娟，徐甜甜，宣勇．以色列高等教育在国家创新体系中的作用及启示．教育评论，2020（11）．

张惠德，王莉，方岩．论当前移民管理体制构建中的难题破解思路．北京警察学院学报，2019（2）．

张立伟，王珏．我国海外科研人才的需求分析及人才引进对策．科学学研究，2020（8）．

张烁星，杜玺娜．韩国的基本教育制度及其缺陷分析．产业与科技论坛，2010（1）．

张伟良，苏瑞波．以色列："中东硅谷"的科技孵化模式．广东科技，2013（11）．

张樨樨．我国海外人才流失的动因分析．工业技术经济，2009（3）．

张晓凤，谢辉，魏勃．创新型国家建设理论与路径研究．北京：知识产权出版社，2015.

张翼燕，张丽娟，王晓菲，等．世界主要国家青年科技人才政策的新进展．中国科技人才，2021（2）．

赵建华，佘纲正．以色列创新创业教育：体系、路径及特点．创新与创业教育，2018（6）．

赵硕．超级博士后：我国高层次人才培养的新视角．中国科学报，2019－12－18.

郑代良，钟书华．中国高层次人才政策现状、问题与对策．科研管理，2012（9）．

郑军，孙翔宇．法国产学研协同创新的主要模式、特点及启示．教育与教学研究，2018（9）．

郑军，杨岸芷．日本研究型大学拔尖创新人才培养的经验及启示．集美大学学报（教育科学版），2018（6）．

郑小平．国家创新体系研究综述．科学管理研究，2006（4）．

郑永安，崔孝彬．得失之间：新加坡国民教育之解读与剖析．西北工业大学学报（社会科学版），2019（4）．

郑永彪，高洁玉，许睢宁．世界主要发达国家吸引海外人才的政策及启示．科学学研究，2013（2）．

中共中央组织部人才工作局．人才发展机制体制改革：顶层设计．北京：党建读物出版社，2017.

中国国际人才交流与开发研究会，凯业必达（上海）网络有限公司．外籍人才来华就业意愿调查报告．中国知网中国会议数据库．

中国科协调研宣传部，中国科协创新战略研究院．中国科技人力资源发展研究报告

（2018）．北京：清华大学出版社，2020.

中华人民共和国科学技术部．中国科技人才发展报告（2020）．北京：科学技术文献出版社，2021.

周佳峰．新加坡教育分流机制论析及其对我国的启示．长春理工大学学报（社会科学版），2017（2）.

周学馨，曾巧．海外高层次人才治理机制创新研究．领导科学，2019（10）.

周扬．论人才集聚．中外企业家，2011（20）.

朱浩．我国科技人才评价的问题与制度建设：以科技人才生态位为坐标．系统科学学报，2019（1）.

朱清怡，黄西川．基于双因素理论下的高校科技创新人才激励研究．中国教育技术装备，2015（17）.

朱雯，秦炜炜．美国博士后发展的政策、实践与经验：基于全美博士后协会2017年调查报告的分析．黑龙江高教研究，2021（12）.

朱杏珍．人才集聚的动力因素分析：以浙江省为例．社会科学战线，2010（1）.

朱郑州，苏渭珍，王亚沙．我国科技人才评价的问题研究．科技管理研究，2011（15）.

Altbach P G. Comparative Higher Education: Knowledge, the University and Development. Hong Kong: Hong Kong University Press, 1998.

Ammigan R, Veerasamy Y, Cruz N. " Growing from an Acorn to an Oak Tree " : A Thematic Analysis of International Students' Cross‐Cultural Adjustment in the United States. Studies in Higher Education, 2023, 48(4).

Barrientos P.Analysis of International Migration and Its Impacts on Developing Countries.Development Research Working Paper Series, 2007(12).

Cummings W K. Going Overseas for Higher Education: The Asian Experience. Comparative Education Review, 1984, 28(2).

Edquist C. Towards a Holistic Innovation Policy: Can the Swedish National Innovation Council(NIC) be a Role Model? . Research Policy, 2019, 48(4).

Elrick J, Winter E. Managing the National Status Group: Immigration Policy in Germany. International Migration, 2018, 56(4).

Fact Sheet: Biden-Harris Administration Actions to Attract STEM Talent and Strengthen our Economy and Competitiveness. [2022 - 05 - 30]. https://www.whitehouse.gov/briefing-room/statements-releases/2022/01/21/fact-sheet-biden-harris-administration-actions-to-attract-stem-talent-and-strengthen-our-economy-and-competitiveness.

Fields of Study. [2022 - 05 - 30]. https://opendoorsdata.org/data/international-students/fields-of-study/.

Frenzen P D. Economic Cost of Guillain-Barré Syndrome in the United States. Neurology, 2008, 71(1).

Hiltrop.The Quest for the Best:Human Resource Practices to Attract and Retain Talent. European Management Journal,1999,17(4).

Jackson D, Carr S, Edwards M, et al. Exploring the Dynamics of New Zealand's Talent Flow.New Zealand Journal of Psychology, 2005.

Katsumoto S, Bowman N A. Changes in Psychological Well-Being Among International Students in the US: The Role of Interactions with Peers, Faculty, and Staff. Journal of College Student Development, 2021, 62(3).

Khilji S E, Tarique I, Schuler R S. Incorporating the Macro View in Global Talent Management. Human Resource Management Review, 2015, 25(3).

Korber M. Does Vocational Education Give a Labour Market Advantage over the Whole Career? A Comparison of the United Kingdom and Switzerland. Social Inclusion, 2019, 7(3).

Levi L, Ragonis N. Education System in Israel and Its Innovation Strategies. The Education of Innovative Talents, 2015(1).

Lewin A Y, Massini S, Peeters C. Why are Companies Offshoring Innovation? The Emerging Global Race for Talent. Journal of International Business Studies, 2009(40).

Lobel O. Talent Wants to Be Free: Why We Should Learn to Love Leaks, Raids, and Free Riding. Yale University Press, 2013.

Lundvall. National Systems of Innovation: Towards a Theory of Innovation and Interactive Learning. Anthem Press, 2010.

Lundvall. Product Innovation and User-Producer Interaction. Aalborg: Aalborg

University Press, 1985.

Maleku A, Phillips R, Um M Y, et al. The Phenomenon of Spiritual Homelessness in Transnational Spaces Among International Students in the United States. Population, Space and Place, 2022, 28(2).

McMahon M E. Higher Education in a World Market: An Historical Look at the Global Context of International Study. Higher Education, 1992, 24(4).

McNulty Y, Kaveri G. Macro Talent Management in Singapore: An Analysis Based on Local Media //Vaiman V, et al. Macro Talent Management in Emerging and Emergent Markets.Routledge, 2018.

Metcalfe S. The Economic Foundations of Technology Policy: Equilibrium and Evolutionary Perspectives//Handbook of the Economics of Innovation and Technological Change. Oxford: Blackwell, 1995.

Nelson R R. National Innovation Systems: It is // Acs Z. Regional Innovation and Global.Routledge, 2013.

Ragazzi F. A Comparative Analysis of Diaspora Policies. Political Geography, 2014 (41).

Sainburg T. American Postdoctoral Salaries Do Not Account for Growing Disparities in Cost of Living. Research Policy, 2023, 52(3).

Schuler R S, et al. Macro Talent Management Factors in the United States//Collings D, et al. Oxford Handbook of Talent Management.Oxford Press, 2016.

Shapiro J M.Smart Cities: Quality of Life,Productivity,and the Growth Effects of Human Capital.Review of Economics Statistics, 2006(88).

Soete L.The Impact of Technological Innovation on International Trade Patterns:The Evidence Reconsidered.Research Policy, 2006, 16(2).

Solimano A. The International Mobility of Talent: Types, Causes, and Development Impact.Oxford University Press, 2008.

The UK's Future Skills-based Immigration System. [2022-05-30]. https: //assets. publishing.service.gov.uk/government/uploads/system/uploads/attachment_data/file/766465/

The-UKs-future-skills-based-immigration-system-print-ready.pdf.

Woolston C. Huge Variations in US Postdoc Salaries Point to Undervalued Workforce. Nature, 2019.

Zotti A. The Immigration Policy of the United Kingdom: British Exceptionalism and the Renewed Quest for Control//Lucarelli, et al. The EU Migration System of Governance: Justice on the Move. Palgrave Macmillan, 2021.

图书在版编目（CIP）数据

新征程上的人才强国战略研究：关键问题与重点突破 / 苏中兴著 . -- 北京：中国人民大学出版社，2024.5

ISBN 978-7-300-32808-9

Ⅰ. ①新… Ⅱ. ①苏… Ⅲ. ①人才培养 – 研究 – 中国 Ⅳ. ①C964.2

中国国家版本馆 CIP 数据核字（2024）第 094022 号

新征程上的人才强国战略研究——关键问题与重点突破

苏中兴　著

Xinzhengcheng Shang de Rencai Qiangguo Zhanlüe Yanjiu——Guanjian Wenti yu Zhongdian Tupo

出版发行	中国人民大学出版社	
社　　址	北京中关村大街 31 号	**邮政编码**　100080
电　　话	010 – 62511242（总编室）	010 – 62511770（质管部）
	010 – 82501766（邮购部）	010 – 62514148（门市部）
	010 – 62515195（发行公司）	010 – 62515275（盗版举报）
网　　址	http://www.crup.com.cn	
经　　销	新华书店	
印　　刷	固安县铭成印刷有限公司	
开　　本	720 mm×1000 mm　1/16	**版　　次**　2024 年 5 月第 1 版
印　　张	20.5 插页 2	**印　　次**　2024 年 10 月第 3 次印刷
字　　数	301 000	**定　　价**　89.00 元